国家一流专业建设点资助
安徽省质量工程项目“六卓越一拔尖”项目：体育教育卓越教师培养策略与行动方案（编号：2022zybj042）
安徽省研究生教育质量工程项目：体育管理学教学案例库（编号：2022zyxwjxalk034）

体育专业课程思政系列教材

体育产业课程思政教学设计

朱凯迪◎编著

安徽师范大学出版社
ANHUI NORMAL UNIVERSITY PRESS
·芜湖·

图书在版编目(CIP)数据

体育产业课程思政教学设计 / 朱凯迪编著 .— 芜湖：安徽师范大学出版社，2024.6
ISBN 978-7-5676-6556-9

Ⅰ.①体… Ⅱ.①朱… Ⅲ.①高等学校—思想政治教育—教学设计—中国 Ⅳ.①G641

中国国家版本馆CIP数据核字(2023)第238647号

体育产业课程思政教学设计 朱凯迪◎编著
TIYU CHANYE KECHENG SIZHENG JIAOXUE SHEJI

策划编辑：郭行洲　阎　娟
责任编辑：阎　娟　　　　　责任校对：李晴晴
装帧设计：张　玲　汤彬彬　责任印制：桑国磊
出版发行：安徽师范大学出版社
芜湖市北京中路2号安徽师范大学赭山校区
网　　址：http://www.ahnupress.com/
发 行 部：0553-3883578　5910327　5910310(传真)
印　　刷：苏州市古得堡数码印刷有限公司
版　　次：2024年6月第1版
印　　次：2024年6月第1次印刷
规　　格：700 mm × 1000 mm　1/16
印　　张：22.25
字　　数：334千字
书　　号：978-7-5676-6556-9
定　　价：66.00元

体育专业课程思政系列教材编写委员会

主　任：金　涛　岳建军

成　员：（按姓氏笔画排序）王　赦　王运良　王结春　卢　玉　吉　喆　朱凯迪　何　标　沈文清　陈建霞　周　坤　宣海德　梁　颖　黄徐根　蒋　莹　潘梦秋

序

自党的十八大以来，习近平总书记多次强调思想政治教育的重要性，指出要把立德树人作为教育的根本任务。这一指导思想为课程思政的提出奠定了理论基础，强调了培养社会主义建设者和接班人的重要性。课程思政是新时代高等教育领域坚持社会主义办学方向、落实立德树人根本任务的重要举措，对于培养社会主义建设者和接班人、提升人才培养质量、构建全面培养的教育体系等方面具有深远的影响。课程思政在不同学科中的实施策略是一个系统工程，需要根据各学科的特点和内容进行有针对性的设计和融入。

体育自古以来就是人类文明的重要组成部分。这项充满激情与活力的事业，不仅塑造着强健的体魄，更是思想政治教育的沃土。在体育的天地里，思政元素如同一道道璀璨的光芒，照亮了学生们的精神世界，赋予了体育以深远的教育意义和独特的文化魅力。在今天，随着全球化的深入发展和科技的日新月异，体育教育的重要性愈发凸显。它不仅能够培养人们的健康生活方式，还能够增强国家的文化软实力，促进社会的和谐发展。我们作为体育系列课程思政教材编写委员会，深感荣幸能够参与这一伟大事业。

我们编写这套体育系列课程思政教材，旨在将体育精神与思政教育相结合，通过体育活动来培养学生的爱国情怀、集体主义精神和社会责任感。我们希望通过这套教材，能够让学生们在享受运动乐趣的同时，也能够深刻理解体育背后的文化价值和社会责任。在编写过程中，我们注重理论与实践的结合，力求挖掘每门体育课程的独特的思政元素。例如，在运动生理课程中强调“生命珍贵”，在体育舞蹈课程中体现“韵律唯美”，在武术课程中探讨“武德哲理”等。同时将最新的体育科研成果与丰富的教学案例相结合，以期为教师和学生提供一套全面、系统、实用的教学资源。我们相信，通过这套教材的学习，学生不仅能够掌握体育技能，更能够培养积极向上的人生态度和勇于担当的社会责任感。

我们深知，体育教育是一项长期而艰巨的任务，需要社会各界的共同努力。因此，我们诚挚地希望这套教材能够得到广大教育工作者和学生的认可与支持。我们期待与您一起，共同推动体育教育的发展，为培养德智体美劳全面发展的社会主义建设者和接班人贡献力量。

最后，我们要感谢所有参与编写、审校和支持这套教材的同仁们。没有你们的智慧和汗水，就没有这套教材的诞生。我们也要感谢每一位读者，是你们的热情和期待，激励着我们不断前行。

愿体育的光芒照亮每一个人的心灵，愿思政的种子在每一片土地上生根发芽。让我们携手同行，在体育的赛道上，共同书写属于这个时代的辉煌篇章。

体育专业课程思政系列教材编写委员会

2024年5月

编写说明

一个国家要培养人才，既要育智，更要育人。党的十八大以来，以习近平同志为核心的党中央审时度势、高瞻远瞩，高度重视培养社会主义建设者和接班人，坚持把立德树人作为中心环节，把思想政治工作贯穿教育教学全过程，实现全程育人、全方位育人，努力开创我国教育事业发展新局面。课程思政建设是高校思政工作体系的中心环节之一，全面推进课程思政建设是落实立德树人根本任务的战略举措。这一战略举措，影响甚至决定着接班人问题，影响甚至决定着国家长治久安，影响甚至决定着中华民族的伟大复兴。为深入贯彻落实习近平总书记关于教育的重要论述和全国教育大会精神，贯彻落实中共中央办公厅、国务院办公厅《关于深化新时代学校思想政治理论课改革创新的若干意见》，教育部研究制定了《高等学校课程思政建设指导纲要》，形成了全面覆盖、类型丰富、环环相扣、层层递进、相互融合、相互支撑的课程思政建设指导意见，对进一步深化高校课程思政体系化建设和改革创新明确了前进方向。

课程思政建设的核心目标是寓价值观引导于知识传授和能力培养之中，帮助大学生树立正确的世界观、人生观、价值观。围绕这一核心目标，各学科、各课程必须坚持不懈用习近平新时代中国特色社会主义思想铸魂育人，紧紧围绕坚定大学生理想信念，以爱党、爱国、爱社会主义、爱人民、爱集体为主线，围绕政治认同、家国情怀、文化素养、宪法法治意识、道德修养等因素优化课程思政教育教学资源供给，系统进行中国特色社会主义和中国梦教育、社会主义核心价值观教育、法治教育、劳动教育、心理健康教育、中华优秀传统文化教育。通过课程思政建设，真正做到推进习近平新时代中国特色社会主义思想进教材进课堂进头脑，培育和践行社会主义核心价值观，加强中华优秀传统文化教育，深入开展宪法法治教育，深化职业理想和职业道德教育。

“体育产业概论”课程是体育经济与管理专业、社会体育指导与管理专业和休闲体育专业的核心课程，也是体育教育专业、体育表演专业和运动训练专业等的重要选修课程。体育产业作为经济学与体育学的交叉学科，兼有经济学类课程和体育学类课程的基本特征。因此，在设计本课程思政教学内容时，坚持以马克思主义为指导，既依照经济学类课程思政内容设计原则，加快构建中国特色哲学社会科学学科体系、学术体系、话语体系，帮助学生了解相关专业和行业领域的国家战略、法律法规和相关政策，引导学生深入社会实践、关注现实问题；也参照体育学类课程思政内容设计原则，要树立健康第一的教育理念，注重爱国主义教育和传统文化教育，培养学生顽强拼搏、奋斗有我的信念，激发学生提升全民族身体素质的责任感。最后，本教材力求结合体育产业课程教学内容、思维方法和价值理念，深入挖掘课程思政元素，有机融入课程教学，以达到润物无声的育人效果。

本书编写成员均来自安徽师范大学体育学院，既有专注于体育产业理论研究的年轻学者，承担该课程教学任务的一线教师，也有从事体育学类专业学生思想政治教育等方面工作的专职辅导员，他们在理论研究、专业教学和思政工作方面都取得了丰硕成果。除此之外，安徽师范大学体育学院部分硕士研究生参与了案例搜集整理工作。具体分工如下：第一章：朱凯迪、张琼；第二章：朱凯迪、宋程；第三章：朱凯迪、王建灯；第四章：周瑜、崔雅琴；第五章：朱凯迪、胡梦媛；第六章：夏健、崔雅琴；

第七章：朱凯迪、陈雷；第八章：朱凯迪、陈涛；第九章：朱凯迪、杜娟；第十章：刘姝；第十一章：朱凯迪、闫然；第十二章：朱凯迪、朱瑞杰；第十三章：朱凯迪、包星宇；第十四章：朱凯迪、张乐聪。全书由朱凯迪统稿，张乐聪、胡梦媛、张琼负责完成了校对工作。

本书的编写，得到安徽师范大学体育学院支持，在此表示衷心感谢！本书是以曹可强教授、张林教授主编的《体育产业概论（第二版）》教学内容为设计蓝本，同时参考和引用了国内外部分专家学者的研究成果，在此一并表示诚挚谢意！

囿于编写团队水平、精力，本书在理论和实践方面都还存在不少尚需探讨的问题，也难免存在不足之处，敬请广大读者批评指正。

编著者

2024年5月

目 录

第一章　导论思政教学设计

“体育产业概论”是普通高等学校体育经济与管理类专业的核心课程，具有很强的综合性与专业性，是体育经济与管理专业、社会体育指导与管理专业和休闲体育专业的必修课，也是体育表演、运动训练等专业的重要选修课程。因此，“体育产业概论”在高校体育学类专业课程体系中有着非常重要的地位。

第一章“导论”重点介绍体育产业的发展概况、基本概念、分类与特征等内容，旨在帮助学生从宏观上把握当前我国体育产业的发展情况。

首先介绍国内外体育产业的发展概况。三次工业革命不断引起产业结构的变化，使得体育在社会再生产中的作用发生质的变化，体育的产业地位逐步确立。体育产业在发达国家起步较早，经过多年发展，体育产业已成为一些发达国家国民经济中的主要产业，甚至成为部分国家国民经济中的支柱产业。改革开放以来，我国体育产业获得了迅猛发展，特别是2014年之后，体育产业上升为国家战略，体育产业发展对于我国国民经济增长和社会发展的作用愈发显著。当前，体育产业正呈现出商业化、社会化和国际化的发展趋势。

其次介绍体育产业的概念、属性、分类与特征。体育产业的概念有着广义和狭义之分，人们对体育产业的属性也有不同解释，但不可否认的是体育产业内部是由许多相互联系的各部分组成的整体。根据最新修订的《体育产业统计分类（2019）》，我国体育产业可分为11个大类，37个中类。关联性、经营性、国际性是体育产业的基本特征。

再次介绍体育产品的含义、类型和特征。体育产品就是人们有目的的生产劳动所创造的、能满足体育消费者某种体育需要的产品。根据自然形态，体育产品可以分为有形产品和无形产品。其中，体育无形产品，即体育服务产品具有自身的特征。

最后介绍体育市场的概念、要素和类型。体育市场也有狭义与广义之分，从市场学视角来看，体育市场就是个人或组织对体育实物产品、体育服务产品既有购买力又有购买欲望的现实和潜在的需求。体育市场由主体和客体构成，根据体育产品的不同功能，体育市场可以分为体育实物消费品市场、体育服务消费品市场和体育要素市场三大类。

本章知识的讲解，不仅能帮助学生从总体上把握体育产业的相关概念、体育产业发展的现状与趋势，也为本书后续部分的讲解起到重要的铺垫导入作用。

第一节　导论思政元素分析

从世界主要发达国家体育产业发展实践已知，体育产业是伴随产业革命和产业结构转型进程不断发展壮大的。我国改革开放后，体育作为产业的地位逐步得到确认，并不断蓬勃发展。特别是自2014年，国务院颁布第46号文件《关于加快发展体育产业促进体育消费的若干意见》（以下简称“46号文”）后，上升为国家战略的体育产业更是呈现井喷式发展态势，产业规模不断扩大、产业结构日益优化、产业效益不断提升。能够取得如此瞩目的发展成效离不开党和国家的正确领导和英明决策，正是在产业政策的引导推动、市场主体的共同努力下，我国体育产业才能在短短几十年间走过了发达国家历时百余年的发展进程。但同时我们也应该清醒认识到，当前我国体育产业发展仍存在许多不足，与发达国家发展进程还存在一定差距，因此，想要实现高质量发展，实现将体育产业发展成为国民经济支柱产业的目标尚需在党的领导下加倍努力，而实现目标的一个关键性要素就是人才助力，特别是要有更多具备“懂体育、会管理、善经营”复合专业能力的“新鲜血液”加入体育产业发展实践中。基于此，我们有必要在介绍本章专业知识的同时，运用马克思主义基本原理，结合习近平新时代中国特色社会主义思想对各种现象进行分析讨论。唯有将体育产业相关专业知识与课程思政元素结合起来，我们才能更好地引导学生努力学习体育产业专业知识，思考目前我国体育产业发展实践中出现的各种现象和现实问题，坚定理想信念，以正确的价值观在未来积极投身于建设中国特色社会主义的伟大事业中。在本章专业知识的讲授过程中，相关的思政元素主要集中表现在以下四个方面。

一、坚持和完善社会主义市场经济体制

习近平总书记提出：“构建高水平社会主义市场经济体制。坚持和完善社会主义基本经济制度，毫不动摇巩固和发展公有制经济，毫不动摇鼓励、支持、引导非公有制经济发展，充分发挥市场在资源配置中的决定性作用，更好发挥政府作用。”①

改革开放初期，体育是否能够进行经营管理曾经引起过广泛讨论，部分人持有体育是公共事业，不应进行经营管理的疑义。党的十四大正式提出建立社会主义市场经济体制的目标。随着改革开放的不断深入，体育在社会再生产中的作用发生了质的变化，体育具有产业属性成为共识。党的十八大以来，以习近平同志为核心的党中央引领中国特色社会主义进入新时代，新时代要继续坚持和完善社会主义市场经济体制，这就要求体育产业领域要坚持深化改革，充分发挥市场在体育资源配置中的决定性作用，

① 习近平著作选读：第一卷[M].北京：人民出版社，2023：24.

同时更好地发挥政府作用，全面推动体育产业高质量发展，助推体育强国建设目标如期实现。

二、体育产业供给侧结构性改革

党的十八大以来，以习近平同志为核心的党中央提出并贯彻新发展理念，着力推进高质量发展，推动构建新发展格局，实施供给侧结构性改革，制定了一系列具有全局性意义的区域重大战略，我国经济实力实现历史性跃升。党的二十大报告提出："把实施扩大内需战略同深化供给侧结构性改革有机结合起来"，推动经济实现质的有效提升和量的合理增长。

《"十四五"体育发展规划》中也提到，"紧紧围绕体育强国建设目标，以新发展理念为引领，以推动高质量发展为主题，以深化供给侧结构性改革为主线……为建成社会主义现代化体育强国开好局、起好步"。可见，深化体育产业供给侧结构性改革是未来体育产业提质增效，实现高质量发展的重中之重。自2014年体育产业上升为国家战略以来，我国体育产业发展取得瞩目实绩，但体育产业的产值结构、投资结构、需求结构和就业结构仍不够合理，因此，未来我国体育产业发展要形成新成果，必须坚持深化供给侧结构性改革，以增加有效供给、减少无效供给为原则，充分发挥市场机制、宏观调控、产业政策的作用。

三、体育产业努力成为国民经济支柱性产业

《体育强国建设纲要》中明确提出："到2035年……体育产业更大、更活、更优，成为国民经济支柱性产业。"以成为国民经济支柱性产业作为2035年体育产业的远景目标，这就要求我国体育产业在未来的发展过程中，不仅要不断提高产值规模、保持产业增速、提升产业效率，还要不断提升产业对国民经济的综合贡献率，在促进社会就业、带动相关产业发展等方面协同发力。

由于体育产业具有混合产业的属性，它不仅是第三产业的重要组成部分，同时也是一个综合性的产业集合与部门。这样的产业属性能够顺应当前经济和时代的发展趋势，有助于推动产业的融合发展。我们要通过实施“体育+”和“+体育”工程的方式，进一步提升体育产业带动相关产业发展的波及效应和有效配置资源的能力。同时，我们还要彰显体育产业经营性、关联性和国际性的基本特征，充分发挥其在国民经济中的贡献力。

四、打造人民满意的幸福产业

习近平总书记在党的二十大报告中提出：“增进民生福祉，提高人民生活品质。”“必须坚持在发展中保障和改善民生，鼓励人民共同奋斗创造美好生活，不断实现人民对美好生活的向往。”“推进健康中国建设。把保障人民健康放在优先发展的战略位置。”习近平总书记的指示表明了中国共产党始终深入贯彻以人民为中心的发展思想，把握人民愿望，努力为人民群众谋幸福。

体育与文化、旅游、健康、养老并称“五大幸福产业”。发展幸福产业，不仅能推动国民经济高质量发展，而且能不断改善民生，进一步提升人民的幸福感。体育产业是为人民提供体育产品或服务的组织和部门的集合。通过发展体育产业，我们要努力为人民群众提供更丰富、更多元化的选择，以满足人民群众对美好生活的体育需求。不断完善中国特色社会主义市场经济体制下的体育市场，丰富体育产品与服务类型，提升体育产品与服务质量，努力将体育产业打造成为人民满意的幸福产业。

第二节　导论理论教学设计

一、教学目标

1.知识目标

（1）了解国内外体育产业发展现状。

（2）掌握体育产业的概念、分类和特征。

（3）初步理解体育产品的含义与特征。

（4）了解体育产品和体育市场的类型。

2.能力目标

（1）通过本章学习，使学生在了解发达国家体育产业发展情况的基础上，把握我国体育产业的发展状态，提高对我国体育产业发展的整体情况的认识。

（2）文献检索和文献阅读能力。本章主要内容为体育产业的概述和现状。现实生活中，与我国相关的产业数据在官方网站都可以获得。通过这一章的学习，学生的文献检索和阅读能力都得到了锻炼。

（3）培养学生运用基础理论观察体育产业的经济效应和发展机遇的能力。初步认识体育市场和体育产品，了解我国体育产业的基本特点。

3.价值目标

（1）体育产业概论部分大致反映了中国体育产业的发展现状。通过学习这部分内容，学生能够从总体上认识我国体育产业发展的成就，进一步坚定“四个自信”，增强国家荣誉感和民族自豪感。

（2）体育产业与相关产业融合发展，催生出“体育+”的多种新兴业态，这些业态引导人们过上健康的生活。

（3）理论与实践的融合。结合国家正在实施的一系列促进经济高质量发展的政策措施，实现理论与实践的融合。

二、教学重难点

在教学时添加能够反映社会进步和体育改革的时事新闻。教师在重视传授课程的基本理论和知识的同时，也应该更加重视课堂教学内容的层次和范围，让学生了解体育行业的特点，即体育行业既有科学性，又有传承性；既有时代性，又有超前性。引导学生对体育产业发展进行深入了解，对中国体育产业发展可能面临的问题进行整体分析，并结合中国国民经济的发展现状进行思考。

三、教学手段与方法

1. 启发式课堂教学

启发式课堂教学主要是指在课堂上通过启发式提问，引导学生思考和解析知识点与问题。学生根据自己的分析结果查证文献资料，从而培养学习兴趣，锻炼思考能力。

2. 组织线上线下讨论

充分利用各类资讯链接，利用微信群推送文献观点解析，结合主题进行分组讨论，不断增强学生对所学知识的理解和应用能力。

3. 课程思政融入教学

将本章内容所包含的思政元素结合到实际案例中。例如：从“体育产业供给侧结构性改革”引申到“体育产业助力体育强国发展”，从“体育产业努力成为国民经济支柱性产业”引申到“体育产业正逐渐成为为人民谋幸福的产业”。

四、思政要点设计和教学过程

本章节的教学内容、知识点及所对应的思政元素设计如表1-1所示。

表1-1 思政要点设计

教学内容	知识点	思政元素
导论	1.体育产业的形成与发展 2.国内外体育产业的发展概况	1.通过对我国体育产业发展的历史过程的梳理，让学生对坚持和完善社会市场经济体制的初衷、目的有深入的了解，深入把握体育产业发展趋势 2.通过比较世界体育产业发达国家的经验，认识到虽然我国体育产业发展的基础现在还比较薄弱，但其发展潜力较大、发展后劲较强，正朝着成为国民经济支柱产业目标努力
体育产业的基本内容	1.体育产业的概念 2.体育产业的分类 3.体育产业的特征	通过对体育产业基本内容的介绍，让同学们了解到体育产业是和人民群众生活息息相关的。引导学生了解体育产业发展的重要意义，促进全民健身，增强人民群众的获得感和幸福感。体育产业正努力成为人民满意的幸福产业
体育产品与市场	1.体育产品的含义、类型和特征 2.体育市场的概念、要素和类型	了解体育市场对供给侧结构性改革的影响；了解体育产业供给侧结构性改革的主要目的是充分发挥市场在资源配置中的作用，实现资源优化配置，实现产业结构与市场化发展的协调一致

（一）体育产业发展概况

1.体育产业的形成与发展

产业的形成和发展，主要是由社会的分工来决定的。随着社会的不断进步、生产生活水平的不断提高，许多国民经济的产业部门开始逐步形成，这就使得社会生产经历了三次分工。到19世纪后期，工业的范围已经扩展到一切以资讯、知识和精神为特征的生产部门，为生产和生活服务。因此文化教育、体育都随之被归类到了产业体系中。20世纪以来，体育产业在全球范围内得到了突飞猛进的发展。

2.国外体育产业的发展

体育产业在发达的市场经济国家已有多年的经营历史。几十年来，体育的资金需求不断扩大，体育的经济功能在经济不断发展的大环境下不断增强。体育产业的发展态势也开始逐渐向好，与初期相比主要表现在商业化、国际化的程度逐渐加深。经过不断的发展与融合，体育产业在一些国家已经成为国民经济的主要产业，甚至成为支柱产业之一。

根据统计数据显示，全球体育产业年产值已经超过4000亿美元，属于世界上增长比较快的行业。根据科尔尼咨询公司的统计：美国体育产业增长速度是GDP的1.9倍，英国体育产业的增长速度是GDP的3.8倍，同样的数据，在日本是3倍，在巴西、墨西哥和印度三个发展中国家，分别是1.7倍、3倍和2.1倍。随着民众收入水平的提高，人们对运动的需求不断增加，正积极向运动消费行为转化，为进一步发展体育产业打下坚实基础。

3.我国体育产业的发展

我国体育产业的飞跃式发展得益于改革开放以来中国经济的高速增长和社会事业的蓬勃发展。体育产业在社会发展和国民经济增长中所发挥的作用也越来越显著，体育产业规模不断扩大，领域不断拓展，市场体系初步形成，产业政策日益完善。

（1）产业规模持续扩大，服务业贡献地位提升。

体育产业规模在“十三五”时期的增长是比较显著的。其总产出在2016年至2019年从19011.3亿元增长到22948.3亿元。而其中体育产业的增加值在2019年达到11248亿元，与2016年的6474.8亿元相比接近翻倍。在体育产业内部，体育服务业的增加值占比从55.0%增加到67.7%。

（2）项目产业持续发展，驱动作用开始显现。

项目产业中主要就是项目产业链的发展，这与传统的细分行业有着明显的不同。项目产业链的主要特点是内容比较丰富。目前有四大产业群被列为国家重点扶持的项目产业，即水上运动、山地户外运动、冰雪运动和航空运动，其在项目产业链中也属于核心组成部分，并且国家体育总局等多个部门还专门印发了四大项目产业群发展规划。

（3）产业载体加速形成，示范引领作用显著。

产业载体是支撑体育产业快速发展的顶梁柱，产业载体的加速形成能够起到推动和承载产业发展的作用。国务院办公厅颁布的《关于促进全民健身和体育消费推动体育产业高质量发展的意见》（国办发〔2019〕43号）中明确提出发展建设三类产业载体，即体育服务综合体、国家体育产业基地和体育产业创新试验区。经过多年的艰苦摸索与辛勤培育，一批国家体育产业基地、体育特色小镇、体育服务综合体等得到迅速发展，取得显著的成效，成为中国体育产业飞速发展的重要助推力量。

（4）产业政策日益完善，体育产业发展得到保障。

党的十八大以来，党中央和国务院高度重视发展体育产业，围绕加快发展体育产业、促进体育消费等出台了一系列文件。如2014年国务院印发的《关于加快发展体育产业促进体育消费的若干意见》（国发〔2014〕46号），把体育产业作为推动经济社会持续发展的重要力量，并提出力争到2025年体育产业总规模超过5万亿元。

（二）体育产业的概念、分类与特征

1.体育产业的概念

（1）广义的体育产业。

从理论规范的角度出发，体育产业的定义为：提供体育服务和产品的活动以及与这些活动有关联的活动的集合。

（2）狭义的体育产业。

根据国际上广泛采用的三次产业分类法，体育被认为是第三产业，所以只能在第三产业所涵盖的范围之内对体育产业的基本内容作出限定。体育产业被定义为向社会提供各种体育劳务的部门。

2.体育产业的属性

体育产业的属性，是根据中共中央、国务院于1992年6月颁布的《关

于加快发展第三产业的决定》中对体育产业的定义来界定的。体育产业属于第三产业，也是具有显著产业属性的现代服务业的组成部分。

三大产业之间的界限随着科技的进步，尤其是服务业在第二产业中的发展而变得模糊，并有互相融合的趋势，同样的情况也出现在体育产业中。体育产业充分利用自身的优势，开始加强与文化、卫生、经济、养老等国民经济相关部门的融合发展，不断形成新的业态，以满足人民群众多层次、多样化的需求，不断优化体育服务和制造体育用品。所以说，体育产业不仅仅是第三产业的一个组成部分，还是一个综合的行业板块。

3.体育产业的分类

无论是体育产业发达的欧美国家，还是以中国为代表的处于体育产业发展初期的国家，均是依据本国的经济体制来作为体育产业分类的理论基础和标准的，因此分歧较大。我国根据《体育产业统计分类（2019）》采用线分类法和分层次编码方法，将体育产业划分为三层，分别用阿拉伯数字编码表示。第一层为大类，用2位数字编码表示，共有11个大类；第二层为中类，用3位数字编码表示，前两位为大类代码，共有37个中类；第三层为小类，用4位数字编码表示，前三位为中类代码，共有71个小类。

4.体育产业的特征

（1）经营性。

作为产业形态的体育，从根本上讲是一种经济活动。相对于体育事业的公益性运营模式，体育产业的经营性特征更加明显。

（2）关联性。

体育行业可以带动相关行业的发展。体育行业具有前置后驱的行业联动效应。一个部门在体育产业内部的发展，可以直接带动其他相关部门的发展，比如旅游业、纺织服装业、冶金钢铁业、餐饮业、交通运输业等。

（3）国际性。

体育活动是一种文化形式，具有很强的规则性。体育产业国际化融合和竞争的趋势随着高度开放的互联网技术和日益全球化的经济发展而日趋激烈。与此同时，国际体育组织的权威性的加强，重大体育赛事的多国竞办以及体育贸易业务的跨国拓展都足以说明：体育产业是一个国际化、全球一体化、开放程度很高的产业。

（三）体育产品与市场

1.体育产品的含义

产品是市场活动最基本的要素，也是市场活动的基础。经济学上的产品通常指人们有目的的生产劳动所创造的，能满足人们某种需要的物品。产品一般分为两大类，一类是实物形态的劳动成果，另一类是非实物形态的劳动成果。所谓体育产品是指人们有目的的生产劳动所创造的、能满足体育消费者某种体育需要的产品。

2.体育产品的类型

体育产品多种多样，为了便于分析把握，可以从不同的角度对运动产品进行分类。

（1）按照体育产品的自然形态分类：有形体育产品、无形体育产品。

（2）按照体育产品的作用分类：权益型体育产品、功能型体育产品和服务型体育产品。

（3）按照体育产品的消费对象分类：最终消费体育产品、商务消费体育产品。

3.体育产品的特征

体育有形产品具有一般产品的共性特征，体育无形产品也就是体育服务产品具有自己的特点。这里着重介绍体育无形产品也就是体育服务产品的特点。

（1）体育服务产品是一种流动形态的消费品。

体育服务产品与实体产品的一个重要区别就在于它的形态是非实物的，主要表现在两个方面。第一，体育服务产品的主要内容是体育服务，即在体育活动中获得精神娱乐享受的服务，如体育参与者为获得体育活动的精神娱乐而花费一定的时间、精力和费用；第二，体育服务产品的价值不是凝结在某一特定的实物上，而是凝结在无形的体育服务之中。体育服务产品的价值只有在体育消费者参与体育服务的消费中才能得到真正实现。

（2）体育服务产品生产、交换和消费的同步性。

生产和消费体育服务产品，地点相同，时间相同。既是体育工作者制作体育服务产品的过程，也是广大观众观看体育比赛和演出的过程。

（3）体育服务产品的易逝性。

体育服务产品的非实物特性，使得产品生产出来后，没有存在时间，必须同步交换和消费。换句话说，体育服务产品无法提前生产，也不能存储。

（4）体育服务产品所有权的专一性。

在市场买卖过程中，实物产品的所有权（如体育书刊、绘画等）将发生转移，即由卖方向买方转移。而体育服务市场的购买和销售活动则不同，在购买和销售过程中，体育服务产品的所有权并没有发生变化。消费者购买到的不是体育服务产品的所有权，而是体育服务产品的消费权。

4. 体育市场的概念

（1）广义的体育市场：是指体育服务产品和体育实物产品经营交换的场所及交换关系的总和。

（2）狭义的体育市场：是指参加和观看体育活动以及直接买卖体育服务产品的场所。

（3）从市场学角度理解的体育市场：是指个人或组织对体育实物产品、体育服务产品既有购买欲望又有购买力的现实和潜在的需求。

5. 体育市场的要素

（1）体育市场主体。

体育市场主体是指包括体育市场供给方、需求方和中介机构（经纪人）在内的体育市场活动的参与者，即政府、企业、家庭和个人。

（2）体育市场客体。

体育市场客体是指用于交换各种不同的体育服务产品和体育物质产品的媒介。它是发生交换关系的体育市场主体之间的权利转换，是物质内容和交换形式的统一。

6.体育市场的类型

（1）体育健身娱乐市场：旨在增进健康，强健体魄，陶冶情操，愉悦身心。

（2）体育竞赛表演市场：各种高水平体育比赛、体育表演的组织或中介机构，以满足大众对高水平体育竞赛的观赏需求。

（3）体育培训市场：体育培训服务是全方位、多层次的，既有群众喜闻乐见的体育健身技术指导、咨询等，也有各类专门的体育人才的培训，更有各类其他人才。

（4）体育用品市场：是指购买体育商品的市场，直接用于个人、家庭或团体、运动队的运动消费。

（5）体育信息市场：是指体育书籍、报纸、杂志的发行，体育广告的经营与发布，体育电视及广播的转播与经营，体育新技术与方法的研究与推广应用等。

（6）体育人才市场：全国性、区域性人才市场的建立，为体育人才市场的发展提供了经验和社会基础。提供高水平竞技体育师资力量、社会体育指导员和体育管理人员等，满足社会对体育专项人才的需求。

（7）体育金融保险市场：是为运动员个人或团队提供保险，发行体育彩票、体育邮票和体育奖券，建立体育基金和体育上市公司等服务的市场。

第三节　导论案例教学设计

案例一　习近平总书记关于体育工作重要论述摘编

一、案例描述

党的十八大以来，习近平总书记高度重视体育工作，亲自谋划和推动体育事业发展，多次接见体育工作者，发表重要讲话、作出重要指示批示，提出明确要求，形成了习近平总书记关于体育的重要论述，为体育改革发展指明了前进方向、提供了根本遵循。以习近平同志为核心的党中央站在中华民族伟大复兴的战略高度，重视发展体育事业，使得体育事业在国家总体布局和战略布局中的重要地位更加突出、发展路径更加清晰。

我国体育事业同其他各项社会事业一起，为实现全面建成小康社会、建成富强民主文明和谐的社会主义现代化国家的奋斗目标增添了动力、凝聚了力量。

——2013年9月1日，习近平会见全国体育先进单位和先进个人代表等时强调[①]

体育是社会发展和人类进步的重要标志，是综合国力和社会文明程度的重要体现，能为经济社会发展增添动力，凝聚力量。

——2014年8月17日，习近平会见国际奥委会主席巴赫时强调[②]

体育是社会发展和人类进步的重要标志，是综合国力和国家软实力的重要体现。

——2016年8月25日，习近平在北京人民大会堂会见第31届奥林匹克运动会中国体育代表团全体成员时的讲话[③]

加快建设体育强国，就要坚持以人民为中心的思想，把人民作为发展体育事业的主体，把满足人民健身需求、促进人的全面发展作为体育工作的出发点和落脚点……要把发展体育工作摆上重要日程，精心谋划，狠抓落实，不断开创我国体育事业发展新局面，加快把我国建设成为体育强国。

——2017年8月28日，习近平在会见全国体育先进单位和先进个人代

① 习近平会见全国体育先进单位和先进个人代表等时强调 发展体育运动增强人民体质 促进群众体育和竞技体育全面发展[N].人民日报，2013-09-01(1).

② 习近平会见国际奥委会主席巴赫[N].人民日报，2014-08-17(2).

③ 习近平会见第31届奥运会中国体育代表团[EB/OL].(2016-08-25)[2023-07-15].http://politics.people.com.cn/n1/2016/0825/c1024-28666603.html.

表等时强调[①]

要树立健康第一的教育理念，开齐开足体育课，帮助学生在体育锻炼中享受乐趣、增强体质、健全人格、锤炼意志。

——2018年9月10日，习近平出席全国教育大会时讲话[②]

体育是提高人民健康水平的重要途径，是满足人民群众对美好生活向往、促进人的全面发展的重要手段。“十四五”时期，要科学研判体育发展面临的新形势，坚持问题导向，聚焦重点领域和关键环节，深化改革创新，不断开创体育事业发展新局面。

——2020年9月22日，习近平在教育文化卫生体育领域专家代表座谈会上的讲话[③]

建设体育强国，是全面建设社会主义现代化国家的一个重要目标。

——2021年1月21日，习近平在北京河北考察并主持召开北京2022年冬奥会和冬残奥会筹办工作汇报会时指出[④]

我们要坚持以增强人民体质、提高全民族身体素质和生活质量为目标，高度重视并充分发挥体育在促进人的全面发展中的重要作用，继续推进体育改革创新，加强体育科技研发，完善全民健身体系，增强广大人民群众特别是青少年体育健身意识，增强我国竞技体育的综合实力和国际竞争力，加快建设体育强国步伐。

——2022年4月8日，习近平在北京冬奥会、冬残奥会总结表彰大会上的讲话[⑤]

---

① 习近平在会见全国体育先进单位和先进个人代表等时强调 开创我国体育事业发展新局面 加快把我国建设成为体育强国[N].人民日报，2017-08-28(1).

② 习近平出席全国教育大会并发表重要讲话[EB/OL].(2018-09-10)[2023-07-15].https://www.gov.cn/xinwen/2018-09/10/content_5320835.htm.

③ 习近平主持召开教育文化卫生体育领域专家代表座谈会[EB/OL].(2020-09-22)[2023-07-15].https://www.chinanews.com/gn/2020/09-22/9297469.shtml.

④ 习近平在北京河北考察并主持召开北京2022年冬奥会和冬残奥会筹办工作汇报会[EB/OL].(2021-01-20)[2023-07-15].https://www.gov.cn/xinwen/2021-01/20/content_5581375.htm.

⑤ 习近平在北京冬奥会、冬残奥会总结表彰大会上的讲话[EB/OL].(2022-04-08)[2023-07-15].https://www.gov.cn/xinwen/2022-04/08/content_5684205.htm.

加强青少年体育工作，促进群众体育和竞技体育全面发展，加快建设体育强国。

——2022年10月16日，习近平在党的二十大报告中指出

二、案例的思政元素

1.体育产业发展要贯彻习近平总书记关于体育的重要讲话精神

党的十八大以来，习近平总书记高度重视体育事业发展，从实现民族复兴、国家强盛的战略高度出发，提出了体育事业发展的新要求。国家围绕加快推进体育改革创新发展，推动体育强国建设，促进青少年健康成长，实施全民健身国家战略等方面，制定了相关政策，为推动体育产业高质量发展提出了一系列新理念、新思想、新战略。

习近平总书记曾指出，要把体育事业融入实现“两个一百年”奋斗目标大格局中去谋划，并指出体育强国梦是中国梦的重要组成部分。将体育事业发展融入“两个一百年”奋斗目标体现了习近平同志从更高的视角去看待体育强国的建设，这也从侧面印证了习近平体育强国梦的实现是党目前需要为之奋斗的目标。将体育事业发展融入“两个一百年”奋斗目标中，其具体内涵是：第一，全面建成小康社会需要全民健康。人民身体健康是全面建成小康社会的重要内涵，是每个人成长和实现幸福生活的重要基础。第二，要让体育强国建设成为中华民族伟大复兴的一个标志。体育是社会发展和人类文明进步的重要标志，是综合国力和社会文明程度的重要体现。

2.体育产业发展要践行中国化、时代化的马克思主义

随着中国经济的快速发展，体育产业也经历了快速发展。在实践中国化、时代化的马克思主义的过程中，体育产业发展应该从以下四个方面践行。第一，优化资源配置。体育产业要优化资源配置，加大对体育科技研发、赛事和场馆建设等领域的投入。同时要发挥政府在资源配置中的主导作用，推动社会力量参与体育产业的投资运营。第二，加强人才培养。体

育产业要加强人才培养，提高体育从业人员的专业素质和综合能力，同时要建立一套完整的人才培养体系，包括教育培训、职业发展等方面的支持和帮助。第三，推动创新发展。体育产业要推动创新发展，加强科技创新应用，推动体育产业的数字化、智能化、信息化、互联网+等领域的创新。同时，要鼓励创新创业，支持体育创业园区和创新企业的发展。第四，强化国家形象。体育产业要强化国家形象，提高国际影响力，促进中外体育文化交流。可以通过举办国际赛事、加强海外交流等方式来推动中国体育产业的发展和提升国家形象。

3.体育产业高质量发展助力体育强国建设

《体育强国建设纲要》强调，体育产业是建设体育强国的重要内容，体育强国不仅是竞技体育强国、群众体育强国，也是体育产业强国。体育产业是幸福产业、朝阳产业、绿色产业，新时代体育产业正持续迈向高质量发展阶段，其在体育强国建设中的地位逐步提升，作用不断增强。

发展体育产业是建设体育强国的必然要求，与群众体育、竞技体育有着密不可分的关系。竞技体育为体育产业提供高水平和高质量的竞赛资源，群众体育为体育产业提供了消费人群和消费基础；反过来，体育产业的高质量发展，有助于我国竞技体育综合实力的持续提升，有助于满足群众对于体育产品与服务的多元化、多层次的需求。所以，新时代体育产业发展有助于体育事业各组成部分协同共进，共同推动体育强国建设。可以说，体育产业的发展是体育发展方式转变的重要体现，是体育强国建设的必然要求。

三、案例使用说明

（一）教学用途与教学目标

1.教学用途

本案例适用于在学习习近平总书记对我国体育产业发展的重要论述的

基础上，对体育产业的内涵、发展历程、发展规划等重点知识的教学，通过相关知识理论和实践案例使学生深入了解我国体育产业的基本内容。

2.教学目标

（1）知识层面。

了解近年来习近平总书记关于体育工作所发表的重要讲话、作出的重要指示批示等内容。

了解我国体育产业的发展历程与取得的重要成就。

（2）能力层面。

教师通过对会议和重要论述的讲解，帮助学生系统地了解习近平总书记对我国体育和体育产业发展作出的重要部署，形成全面、系统地分析问题和解决问题的思维能力。

（二）案例讨论的准备工作

（1）学生预习相关知识，对中国体育产业发展历程有初步的了解。

（2）布置学生课前查阅2014年体育产业上升为国家战略后，在习近平总书记的指示下，体育产业作出了哪些改革，并了解中国体育产业发展过程中产生的优秀案例。

（三）案例分析要点

1.启发思考题

（1）请根据习近平总书记在党的二十大报告中提到的“加强青少年体育工作”的内容，结合实际进行简要分析。

（2）结合案例，以中国体育产业的发展现状为依据，对中国体育产业未来的发展前景进行探讨和分析。

2.教学组织方式

（1）教学模式。

教学模式如图1-1所示。

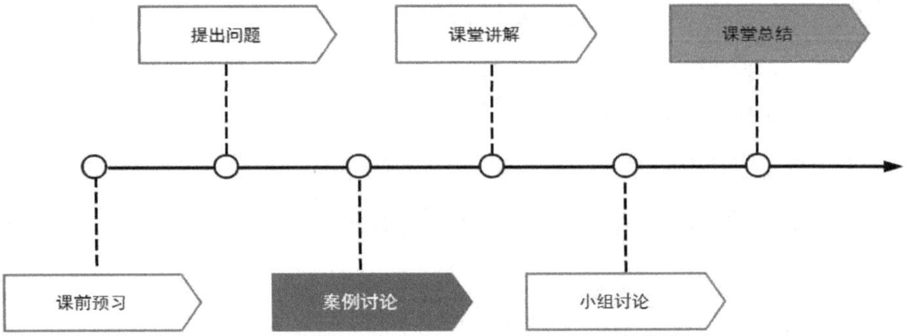

图1-1　教学模式

（2）课堂安排。

由于对体育产业及体育产业相关领域的认识和了解需要从描述体育产业开始，本章内容可以说是学习体育产业知识起步的一章，所以关于体育产业的基本概念及发展规划的相关知识点讲授建议用30分钟时间完成。

案例的教学组织安排如表1-2所示。

表1-2　教学组织安排

课堂安排	时间	内容
案例分析	15分钟	提出课前预习中存在的问题
		阅读并分组讨论案例所蕴含的思政元素
		教师讲解案例重点部分
		思考并分组讨论第三部分“案例使用说明”中的两个思考题
	5分钟	教师对各小组关于两个思考题的回答进行总结概括
扩展讲解和讨论	20分钟	教师介绍体育产业的分类和特征、体育产品和体育市场基本理论知识
		学生查找有关新时期背景下习近平总书记对体育产业相关领域作出的重要指示，小组讨论后组内成员回答并由教师补充
		学生发表对体育产业发展整体态势的认识，教师作出评析

（四）总结

通过本案例的学习，首先，让学生能够运用辩证唯物主义的立场和方法论去辩证地、科学地认识我国体育产业相关的概念和观点，准确地把握在马克思主义和习近平新时代中国特色社会主义思想指导下体育产业的概念和与之相关的其他概念的内在本质；其次，使学生深刻理解坚持以中国化、时代化的马克思主义为指导对推动现代化体育产业建设的重要性；最后，使学生对体育产业在国民经济中的重要作用有初步的认识。

案例二　奋力开创体育强国建设新局面（节选）

一、案例描述

体育强则中国强，国运兴则体育兴。党的十八大以来，习近平总书记高度重视体育工作，亲自谋划和推动体育事业发展，多次接见体育工作者，发表重要讲话、作出重要指示批示，提出明确要求，形成了习近平总书记关于体育的重要论述，为体育改革发展指明了前进方向、提供了根本遵循。

群众体育蓬勃开展。全民健身国家战略深入推进，人民群众健康水平持续提高，全民健身意识极大增强。根据2020年全民健身活动状况调查和第五次国民体质监测结果，我国经常参加体育锻炼人数比例达37.2%，城乡居民达到《国民体质测定标准》合格以上的人数比例达90%以上。全民健身公共服务体系不断完善，人民群众的获得感、幸福感、安全感不断增强。体教融合深入推进，青少年体育取得新的进展。

竞技体育成绩辉煌。10年来，我国运动员共获得986个世界冠军，创造世界纪录127次，体育健儿用成绩践行了“使命在肩、奋斗有我”的人生誓言。仁川2014年亚运会，中国体育代表团连续第9次高居金牌榜榜首……坚持“零容忍”“零出现”，坚决推进反兴奋剂斗争，全面强化拿道德的金牌、风格的金牌、干净的金牌意识，实现了运动成绩和精神文明双丰收。

北京冬奥会精彩非凡。北京2022年冬奥会、冬残奥会是我国在重要历史节点举办的重大标志性活动。习近平总书记把关引领，亲自谋划、亲自推动，5次深入队伍备战实地考察，4次召开专题会听取工作汇报，足迹遍布3个冬奥赛区，作出一系列重要指示批示，为举办一届精彩、非凡、卓越的北京冬奥会提供了根本遵循。我国很多冬奥项目实现了从无到有的历史性发展，有的项目甚至达到了世界先进水平。

体育产业快速发展。体育产业规模总体水平大幅提高，发展环境不断向好，市场潜力持续释放，在国民经济中的地位和作用显著提升。2012—2020年，体育产业增加值占国内生产总值的比重从0.60%提升至1.06%，体育产业对GDP贡献度不断提升。目前，基本形成了以竞赛表演、健身休闲为引领，体育场馆服务、体育培训、体育制造、体育传媒等协同发展的体育产业体系。

体育文化繁荣发展。以"为国争光、无私奉献、科学求实、遵纪守法、团结协作、顽强拼搏"为主要内容的中华体育精神深入人心。里约2016年奥运会、2019年女排世界杯，中国女排团结奋战，奏响了"祖国至上、团结协作、顽强拼搏、永不言败"的新时代女排精神之歌。体育运动项目文化建设进一步加强，项目文化内涵日益丰富，项目文化标识各具特色。

体育对外交往日趋活跃。体育交流与合作不断深化，我国在国际体坛的影响力和话语权不断提升。持续巩固拓展双边体育交流与合作，通过体育援助和抗疫合作，充分展示负责任大国形象。通过体育助推国之交、民相亲，向世界展现出中国的开放自信、友善包容，用体育谱写了中华文明与世界文明交流互鉴的新篇章。

体育法治不断完善。体育法律规范体系逐步健全，依法治体水平不断提升，法治政府建设取得显著成就。2022年6月24日，第十三届全国人民代表大会常务委员会第三十五次会议表决通过了新修订的《中华人民共和国体育法》。持续深化体育领域"放管服"改革，进一步厘清体育行政部门的权力边界，编制权责清单，转变政府职能，减少审批事项，放宽市场准入，加强事中事后监管，不断优化政务服务。

牢牢把握加强党对体育事业全面领导的根本要求。经过70多年的奋斗，我国体育事业发展取得了突出成就，已经成为名副其实的体育大国，但体育发展不平衡不充分的问题依然突出。坚持和完善举国体制、统筹发展好全国的体育事业，加强党的领导是根本保证。体育是社会发展和人类进步的重要标志，利在当代、关乎未来，加强党的领导尤为重要。要始终坚持党管体育发展方向、管改革发展、管干部、管人才，把党的体育方针全面贯彻到体育工作各方面，使体育领域成为党领导的坚强阵地。

牢牢把握发展体育运动、增强人民体质的基本方针。体育是一项重要的民生事业，体育强国的基础在于群众体育，以人民为中心是我国体育事业发展的根本价值追求，满足人民群众健身需求、促进人的全面发展是体育工作的出发点和落脚点。习近平总书记深刻指出，建设体育强国、健康中国……构建更高水平的全民健身公共服务体系，让全体人民共享体育发展成果，增强人民群众的获得感、幸福感、安全感。

牢牢把握深化体育改革创新的鲜明导向。习近平总书记把体育改革纳入全面深化改革统筹谋划，强调要加快推进体育改革创新步伐，更新体育理念，借鉴国外有益经验，为我国体育事业发展注入新的活力和动力。要按照习近平总书记提出的“思想再解放、改革再深入、工作再抓实”的要求，深化体育改革创新，更加注重改革的系统性、整体性、协同性，加快推进体育治理体系和治理能力现代化。

资料来源：高志丹，奋力开创体育强国建设新局面，中国政府网，https://www.gov.cn/xinwen/2022-10/14/content_5718319.htm，有改动。

二、案例的思政元素

1.体育产业持续发展推动国民经济“稳中求进”

“稳”字基调是近年来国家经济工作的总体导向，是中央基于对国内外经济形势的科学审视而作出的战略性决策。近年来的经济工作更是突出

"稳字当头，稳中求进"。坚持稳字当头、稳中求进，必须把握"稳"与"进"的辩证法："稳"为"进"赢得了空间和时间，"进"则使"稳"的效果和层次得到了提升。做好经济工作的重要方法就是两者相互衔接、相得益彰。我国经济有"稳"的基础，更有"进"的力量，而体育产业正是我国经济前进的重要助推力量。我国体育产业规模持续增长，逐步成为国民经济的重要组成部分。从产业规模上看，我国体育产业始终保持稳步增长态势，由2013年的1.1万亿元增长至2021年的3.1175万亿元。从国民经济贡献上看，体育产业逐步成为国民经济的重要组成部分。我国体育产业总产值占GDP比重逐年增加，2013年体育产业总产值占比仅为0.55%，2021年已呈现翻倍式增长。

从增长速度看，在我国经济发展的特殊情况下，多数行业增加值出现下降，而体育产业抓住发展机遇，增加值保持稳定上升。以体育服务业中非接触性聚集性、管理活动为主的产业为例，其中，体育传媒与信息服务增速是最高的，增长18.9%；其次是体育教育与培训，增长5.7%。随着全民健身战略和健康中国战略的深入实施，我国体育产业中所蕴含的巨大市场潜力和强劲发展动力正逐渐表现出来。

2.体育产业新业态不断满足人民对美好生活的体育需求

我国体育产业新业态伴随着人民对消费与健康需求的升级，出现了体育产业结构持续优化，组织不断创新，融合更加深入，产业链条逐渐完善等发展趋势。其具体表现为以下几点。一是健康与体育产业的完美布局。新冠疫情之后，健康成为国民关注的重点，并开始融入所有政策中，积极促进各行业之间的融合，催生健康新产业、新业态、新模式，实现体育产业与健康产业的全面对接。二是互联网重塑消费链，"互联网+"模式纵向创新。自2015年《国务院关于积极推进"互联网+"行动的指导意见》发布以来，以互联网为基础设施和创新要素的经济社会发展新形态不断涌现。其中，"互联网+传统产业"有效激发了传统经济形态的创新发展活力，促进了传统经济提质增效升级和形成经济发展新动能。三是消费主力变化，消费结构进一步调整。服务型消费快速发展，线上线下消费渠道边界越发融合。四是“体育+”模式需要接受实践检验。体育发展要双赢驱动，既要做“互联网+”，也要做“体育+”。目前“体育+”新业态还处于自组织性融合发展阶段，未来体育新业态还需要接受实践的检验，在实践中不断完善，从而满足人民对美好生活的体育需求。

3.体育产业发挥逆经济效应缓解经济下行压力

党的二十大报告提出：“我们要坚持以推动高质量发展为主题，把实施扩大内需战略同深化供给侧结构性改革有机结合起来，增强国内大循环内生动力和可靠性，提升国际循环质量和水平，加快建设现代化经济体系，着力提高全要素生产率，着力提升产业链供应链韧性和安全水平，着力推进城乡融合和区域协调发展，推动经济实现质的有效提升和量的合理增长。”①中央经济工作会议强调，要更好统筹供给侧结构性改革和扩大内需，通过高质量供给创造有效需求，支持以多种方式和渠道扩大内需，并将“着力扩大国内需求”作为改善社会心理预期、提振发展信心的五大重点任务之首，并特别强调“要把恢复和扩大消费摆在优先位置”，这就意味着，扩大内需将成为2023年甚至未来多年经济工作的核心主线。经济下行压力进一步加大，外部环境错综复杂，使中国经济面临的风险有所增加。体育产业作为经济新增长点，是未来国民经济的支柱性产业，在我国经济整体下行的环境中，应抓住发展机遇突出重围，显示出巨大市场潜力和强劲发展动力，发挥出逆势而上的逆经济效应，成为推动国民经济发展的重要力量。

近年来，体育产业大力推进供给侧结构性改革，实施创新驱动发展战略，推动数字化体育产业转型升级，无论是健身休闲企业，还是竞赛表演企业，纷纷选择向“科技”主导的线上体育靠拢，云健身、线上赛等智能“互联网+”形式的体育产品不断涌现，丰富着广大人民群众的居家生活，提升着体育产业的含金量。体育行业和体育企业与时俱进，形成合力，适应新时代人民群众健身需求的变化，努力开发更多具备科技含金量的健身

① 习近平.高举中国特色社会主义伟大旗帜 为全面建设社会主义现代化国家而团结奋斗：在中国共产党第二十次全国代表大会上的报告[M].北京：人民出版社，2022：28-29.

产品，走内涵式发展道路。

一方面，以健身为内容的体育产业要与时俱进，利用AI（人工智能）、VR（虚拟现实）、IOT（物联网）等新技术、新手段，基于互动性、场景化、体验性等原则，将健身活动与新技术相结合，升级智能化健身器材。另一方面，体育企业也在进行改变，增强责任担当，不断提升产品与服务品质，以人民群众日益增长的健身需求为立足点，开发线上线下融合的高品质健身课程，走高质量发展道路。体育产业在政府和地方惠民政策的支持下，能够持续促进体育与健康产业的有机融合，提升百姓健康意识，促进体育消费市场发展。

三、案例使用说明

（一）教学用途与教学目标

1.教学用途

本案例论述了我国体育产业近十年的发展概况，适用于体育产业导论部分的教学，全面展示了我国体育产业具有代表性的发展领域、发展现状，以及未来趋向。

2.教学目标

（1）知识层面。

通过学习使学生正确理解体育产业的概念、功能等体育产业基本理论，充分认识体育产业的内涵与意义，了解我国体育产业近十年作出了哪些重大变革和取得哪些突破性进展。

（2）能力层面。

在教学过程中，教师对学生进行引导，使学生在学习案例知识的过程中学会将基本理论和知识与实际中的社会进步和体育改革的新动向结合起来。提高学生理论分析能力，培养其辩证思维能力。

（二）案例讨论的准备工作

（1）要求学生事先预习案例一的内容，对中国体育产业相关内容有初步的了解。

（2）教师需要搜集近期体育产业新闻视频中含有体育经济发展、体育产业政策方面的内容，帮助学生全面了解近年来我国体育产业发展实况。

（三）案例分析要点

1.启发思考题

通过案例资料的介绍，了解我国体育及体育产业的发展情况、方式以及对我国经济的实际影响，思考以下问题：

（1）思考近年来我国健身休闲业的发展成果，并举例说明。

（2）结合案例分析近十年来我国体育产业能够实现快速发展的主要原因。

2.教学组织方式

在讲授完本节相关知识点后，紧接着可以将思政元素融入体育产业的课堂教学中，具体教学环节如表1-3所示。

表1-3　教学组织安排

学习阶段	学习内容	时间限制	学习目标
课前	预习课本知识，查阅相关资料，了解我国体育产业基本形势	提前3天	熟悉案例背景
课中	1.播放体育产业相关新闻视频，教师讲解目前我国体育产业发展形势 2.课堂讨论，教师引导，围绕体育产业近十年的发展历程，以及新时代背景下体育产业对我国国民经济的贡献进行讨论	20分钟	1.进一步熟悉案例背景 2.结合理论分析问题，加深对理论知识的理解
	分组讨论	每组3分钟	认识体育产业经济的发展状况

续　表

学习阶段	学习内容	时间限制	学习目标
课后	请同学们继续关注我国体育产业发展的成果和案例		增进记忆,巩固知识

（四）总结

结合实际情况来看，未来体育产业在我国国民经济中的地位和作用将会愈发显著。但是，由于我国体育产业起步较晚，还有较大发展空间，亟待更多的体育产业人才开拓耕耘。通过案例的学习，学生对体育产业发展的机遇与挑战有了一个清晰的认识，并学会运用辩证唯物主义的立场与方法对问题进行有针对性的分析。

第二章　体育产业资源思政教学设计

本章阐释了体育产业资源的概念、特点及分类，对体育产业资源配置的原则、方法、内容以及体育产业资源配置效益的评价作了详细的介绍，重点分析了体育产业资源开发与保护的基本思路与趋势。

首先，关于体育产业资源的概念、特点和分类。体育产业资源是指凡能影响体育产业发展并能在参与体育产业发展中产生一定社会、经济效应的物质和非物质形态的事物或现象。体育产业资源作为体育资源的一部分，与体育资源一样也具有界限的模糊性、存在的差异性和量的有限与无限性等特点。根据体育产业资源综合性程度的不同，重点介绍单一性体育产业资源和综合性体育产业资源。

其次，关于体育产业资源配置的内容、方式及配置效益的评价。资源的最优配置包括两个方面：一是时间上的最优配置，即动态优化；二是空间或部门间的最优配置。体育产业资源配置有以市场需求为中心、以政府目标为中心和以资源优势为中心的配置方式。体育产业资源配置效益的评价的意义在于评估评价体育产业资源配置的合理性、有效性，为掌握资源流动状况，实现有效管理提供依据。

再次，关于体育产业资源开发的概念、原则和方法。体育产业资源开发是指通过适当的方式，把潜在的体育产业资源改造为可供利用的资源内容或有效发挥、改善和提高体育产业资源利用率的经济过程。就其开发方式而言，一般可分为外延开发和内涵开发两种方式。

最后，关于体育产业资源保护的概念、手段以及正确处理体育产业资源开发与保护的关系。体育产业资源保护是指在体育产业发展中，采用一定的手段、技术或方法使体育产业资源不受损毁或破坏。保护的手段有经济手段、行政手段、法律手段。要正确处理体育产业资源开发与保护的关系，一是要把握好体育产业资源中“度”的问题，二是要积极贯彻“在开发中保护、在保护中开发”的方针，三是必须走可持续发展的道路。

第一节　体育产业资源思政元素分析

本章为“体育产业资源”，包括体育产业资源的概念和分类、资源配置、资源开发与保护三个部分内容。这部分课程的专业知识中蕴含许多思政元素。随着经济社会的迅猛发展与人民生活水平的不断提高，人们消费结构不断升级，特别是我国成功申办2022年北京冬奥会与“三亿人参与冰雪运动”目标的开展实施，使我国参与冰雪运动的人数快速增长，冰雪运动已成为社会热点话题与生活消费新时尚。因此，我们有必要在讲授这部分知识时，结合我国体育产业的实际发展情况，运用马克思主义的立场、观点和方法对相关的体育现象进行讨论和分析，帮助学生正确地理解体育产业资源。唯有将相关专业知识与课程思政元素结合起来，我们才能更好地引导同学们学习和掌握体育产业资源的理论知识，思考目前我国体育产业发展中出现的各种现象，以及正确理解中国特色的宏观经济调控体系和政策手段。在这部分内容的讲授过程中，相关思政元素主要集中表现在以下四个方面。

一、创新和完善宏观调控，更好发挥政府作用

党的二十大报告指出：“坚持和完善社会主义基本经济制度，毫不动摇巩固和发展公有制经济，毫不动摇鼓励、支持、引导非公有制经济发展，充分发挥市场在资源配置中的决定性作用，更好发挥政府作用。”① “政府”和“市场”的关系是中国经济体制改革必须处理好的核心问题。具体来说，首先，社会主义市场经济的突出特点和最大优势是党在社会主义市场经济中发挥总揽全局、协调各方的领导作用。党在尊重社会发展和经济发展客观规律的基础上，坚定政治立场，引领和规范社会主义市场经济发展方向，确保经济改革和经济发展的方向正确，发挥方向引领和价值引领作用。其次，政府和市场两者各有分工、有所侧重，充分有效地释放各自的优势。在社会主义市场经济发展中，“两个作用”之间并不是割裂关系，而是相互联系，构成有机统一体。“更好发挥政府作用”是“充分发挥市场在资源配置中的决定性作用”的前提和保证。处理好两者之间的关系，彰显出两者各自的优势，重要的是要明确政府与市场各自的作用范围和职能。社会主义国家和政府既从经济基础方面又从上层建筑方面指导人民进行相关经济生产，从而指导和影响着经济生产。在这一过程中，政府可以高效地动员、集结和调配资源，立足于不断满足人民日益增长的美好生活需要的经济社会发展总体目标，克服市场经济所存在的固有的弊端，弥补市场的不足，引导社会主义市场经济向正确方向发展。

二、体育助力乡村振兴战略

2021年10月25日国家体育总局发布的《“十四五”体育发展规划》（以下简称《规划》）中强调：“推动体育元素融入乡村振兴战略，鼓励各

① 习近平.高举中国特色社会主义伟大旗帜　为全面建设社会主义现代化国家而团结奋斗：在中国共产党第二十次全国代表大会上的报告[M].北京：人民出版社，2022：29.

地依托可利用的水域、空域、森林、草原等特色自然资源，大力发展户外运动，推动体育与旅游、健康、养老等产业融合发展，带动村民就业创收。

鼓励有条件的乡村在开发山地、河流、古驿道、乡道时，统筹规划建设健身休闲绿道、登山步道、山地户外营地、汽车自驾营地、航空飞行营地、运动船艇码头、徒步骑行驿站、滑雪场、研学旅行基地、体育培训基地、训练基地等，打造具有田园风光、乡土风情的体育特色村庄。

支持有条件的乡村因地制宜举办群众喜闻乐见、丰富多彩的体育赛事活动，鼓励跨区域联合举办，打造50项‘最美乡村体育赛事’。鼓励乡村开通体育短视频账号、体育旅游小程序等平台，打造一批乡村体育旅游精品线路。

培养一批面向基层的社会体育指导员，加强乡村体育健身指导，强化村民主动健康意识，提升身心健康水平，丰富精神文化生活。”①

《规划》以体育为载体，为城乡统筹协调发展、加快乡村振兴创设新平台、构建新机制、注入新活力，对于满足城乡居民体育需求，提振消费活力，构建以国内大循环为主体、国内国际双循环相互促进的新发展格局具有重要意义。

三、绿水青山就是金山银山

在快增长与好增长之间进行抉择是难以回避的问题。当快增长与好增长发生冲突时，正确的理念是选择好增长而不是快增长。良好生态环境既是最公平的公共产品，也是最普惠的民生福祉。党的十八大以来，以习近平同志为核心的党中央将生态文明建设放到治国理政的重要位置上，以“绿水青山就是金山银山”的理念为先导，推动我国生态环境保护发生历史性、转折性、全局性变化。当前，我国社会主要矛盾已经转化为人民日益

① 体育总局.“十四五”体育发展规划[EB/OL].(2021-10-25)[2023-07-15].https://www.sport.gov.cn/n315/n330/c23655706/part/23656158.pdf.

增长的美好生活需要和不平衡不充分的发展之间的矛盾。“绿水青山就是金山银山”理念秉承经济发展与生态环境保护相互支撑、互融互促的思维方式，倡导通过发展绿色经济、循环经济、低碳经济助推产业结构优化升级，在转变经济发展方式、推动经济持续发展的同时提升人民群众生活品质。而体育产业发展有别于资源依赖性产业，不以破坏生态环境作为产业发展的条件，并且其发展能够为区域生态环境的保护及开发提供良好的途径，对于区域可持续发展具有积极的推动作用。区域可持续发展中生态环境持续发展是基础，经济持续发展是条件，社会持续发展是目的。体育产业的发展比传统产业的发展更有利于生态环境的保护，同时体育产业作为新兴发展产业，对于经济的促进作用相比于传统产业有着更突出的优势。

践行“绿水青山就是金山银山”这一理念，将在不断推动解决新时代我国社会主要矛盾中实现经济发展与生态环境保护共进共赢，为实现人的全面发展创造必要条件。

四、体育产业供给侧改革

2019年国务院办公厅发布的《体育强国建设纲要》指出：“到2035年……体育治理体系和治理能力实现现代化……体育产业更大、更活、更优，成为国民经济支柱性产业。”[①]在新时代背景下，体育产业供给侧结构性改革与体育强国建设是一种互融共通的耦合关系。一方面，体育产业供给侧结构性改革对体育强国建设具有促进作用。供给侧结构性改革是对资源的优化和重组，体育资源涵盖了教育、文化、经济、科技等多个方面的资源，各个方面的资源协调共享，进一步激发体育市场活力，优化体育产业资源。体育强国是我国体育事业发展的美好愿景，是在体育大国的基础上实现了进一步的强化和优势互补，是一种资源共享、文化协调、绿色运营、开放式的发展新模式新路径。体育产业供给侧结构性改革是体育强国建设过程

① 国务院办公厅.体育强国建设纲要[EB/OL].(2019-09-02)[2023-07-15].https://www.gov.cn/zhengce/zhengceku/2019-09/02/content_5426485.htm.

中最为重要的一环，代表了一种基础性的发展力量，能够在实际意义上推动各项体育事业迅速发展，协同共进，为体育强国建设添砖加瓦。可见，体育产业供给发展与体育强国建设理念是一种推动和引领并存的关系，供给侧改革使得这种关系更加凸显，资源供给与需求的关系进一步彰显了体育产业供给侧结构性改革与体育强国建设确实存在一种耦合关系。另一方面，体育强国建设对体育产业供给侧结构性改革具有引领作用。《体育强国建设纲要》的出台与实施为体育产业的发展指明了新的方向，在加快发展体育产业的基础上实现培育经济发展新动能。体育强国建设促进了体育产业供给侧结构性改革，使得互联网信息技术、云端数据库、人工智能与体育产业实体经济协同互融，创新了生产方式、服务方式以及商业运营模式，推动了体育产业供给侧结构性改革的深度发展。现代体育产业体系的打造既是我国体育产业高质量发展的基本要求，也是国家现代化经济体系建设的重要组成部分，对培育经济发展新动能具有重要意义。未来落实现代体育产业体系建设任务，在理念上要走创新、协调、绿色、开放、共享发展之路。实操层面，必须从我国体育产业发展实际出发，遵循现代体育产业发展的内在逻辑和规律，顺应经济社会发展的新特点、新趋势，加快转变体育发展方式，使体育产业实现更高质量、更有效率、更可持续的发展。

第二节　体育产业资源理论教学设计

一、教学目标

1.知识目标

（1）通过对体育产业资源概念的阐述，帮助同学们理解体育产业资源的概念、类型及范畴体系。

（2）了解体育产业资源配置的内容、方法及意义。

（3）了解体育产业资源开发与保护的方法与思路。

2.能力目标

（1）在教学过程中，通过教师与同学的交流，让学生能够理解进行体育产业资源配置的意义。

（2）在课堂教学知识的讨论过程中，提倡同学们采取分组讨论的形式，结合自己家乡的发展实际，用体育产业资源配置方法来分析当地体育产业发展。

（3）通过课堂展示、小论文以及主题讨论等多种方式，让学生理解和掌握体育产业资源开发应遵循的原则。

3.价值目标

（1）让学生能够正确认识体育产业资源配置对体育产业发展的积极意义。

（2）让学生能够正确理解体育产业资源开发与保护的基本思路与趋势。

二、教学内容分析

本章主要研究体育产业资源的配置与体育产业资源开发与保护之间的关系，主要设置三节，分别为体育产业资源的概念和分类、体育产业资源配置、体育产业资源开发与保护。

1.教学内容

（1）体育产业资源的概念与分类的主要内容：体育产业资源的概念，体育产业资源的特点，体育产业资源的分类。

（2）体育产业资源配置的主要内容：体育产业资源配置的内容，体育产业资源配置的方式，体育产业资源配置效益的评价。

（3）体育产业资源开发与保护的主要内容：体育产业资源的开发，体育产业资源的保护。

2.教学重点

（1）理解掌握体育产业资源分类的原则和体育产业资源的类型。

（2）掌握体育产业资源配置的概念以及方式。

（3）了解体育产业资源开发的方法以及体育产业资源保护的手段。

3.教学难点

（1）理解掌握体育产业资源分类的依据。

（2）理解体育产业资源开发的原则。

（3）了解体育产业资源保护的手段。

三、教学手段与方法

1.启发式课堂教学

启发式课堂教学包括通过在课堂对学生进行启发式提问、引导式提问、知识难点与观点解析等，激发学生的学习兴趣，并由学生根据自己的分析和对现实问题的观察得出结论，从而培养学生的思维能力。

2.课堂思辨式讨论

借助PPT课件、图形表达、案例展示、视频播放等多种教学方式，营造轻松活跃的学习氛围，避免学生对体育产业课程的学习产生畏难情绪。

3.组织线上线下讨论

充分利用各类资讯链接，利用微信群推送文献观点解析，结合主题进行分组讨论、知识大赛、小测验等，不断增强学生对所学知识的理解和应用能力。

四、思政要点设计和教学过程（表2-1）

表2-1　思政要点设计

教学内容	知识点	思政元素
体育产业资源的概念与分类	1.体育产业资源的概念 2.体育产业资源的特点 3.体育产业资源的分类	理解“充分发挥市场在资源配置中的决定性作用，更好发挥政府作用”的意义

续　表

教学内容	知识点	思政元素
体育产业资源配置	1.体育产业资源配置的内容 2.体育产业资源配置的方式 3.体育产业资源配置效益的评价	1.深入理解社会主义市场经济体制 2.认识到体育助力乡村振兴战略的重要性
体育产业资源开发与保护	1.体育产业资源的开发 2.体育产业资源的保护	1.认识到可持续发展的重要性 2.认识到新时代生态文明建设的重要意义

（一）体育产业资源的概念与分类

1.体育产业资源的概念

体育产业资源是指凡能影响体育产业发展并能在参与体育产业发展中产生一定社会、经济效应的物质和非物质形态的事物或现象。

2.体育产业资源的特点

（1）界限的模糊性。

（2）存在的差异性。

（3）量的有限与无限性。

3.体育产业资源的分类

（1）体育产业资源分类的原则：根据体育资源存在的同质性和差异性，按一定目的、一定需要进行集合归类的科学区分过程。分类原则应遵循以下三点：①整合性；②独立性；③实效性。

（2）体育产业资源的分类：体育产业资源就是指能够支持各种体育产业部门进行业务活动所动用的所有资源的总和。对体育产业资源的分类可采用多种标准，不同的分类方式可为人们从不同角度认识和管理体育产业资源提供依据。

(二)体育产业资源配置

1. 体育产业资源配置的内容

(1)概念:资源配置是指经济社会为达到最优或最适度的境界而对其资源在各部门或个体之间、各种用途之间的配置。

(2)内容:由于体育产业资源的稀缺性和多用途性,各种体育产业资源如何在体育活动中发挥作用就必须由资源的配置决定。资源的最优配置包括两个方面:一是时间上的最优配置,即动态优化;二是空间或部门间的最优配置。

2. 体育产业资源配置的方式

(1)以市场需求为中心的配置方式。

(2)以政府目标为中心的配置方式。

(3)以资源优势为中心的配置方式。

3. 体育产业资源配置效益的评价

(1)内涵:体育产业资源配置效益包括多个层面,既有作为产业实体必须考虑的经济效益,也有作为社会主义文化事业重要组成部分应该实现的社会效益;既有微观层面的用户效益,也有中观层面的经济效益。

(2)影响因素:①体育市场需求;②体育产业资源配置主体;③环境因素。体育产业资源配置是一个复杂的系统,它与其存在的环境之间是相互联系、相互依存、相互作用的。

(3)评价:资源配置是体育产业战略调整的主要手段,也是企业经营管理的日常工作。对体育产业资源配置效益的评价,实质上就是从投入产出的角度,对投入的资源和产生的效益进行分析,从而对体育产业资源配置的布局是否合理、结构是否完备、使用是否高效进行判断,进而帮助人们分析体育产业资源配置的关键点、优势以及可能存在的相关问题,寻找和确定优化资源配置的取舍与进退,从而最终获得最优效益。

（三）体育产业资源开发与保护

1.体育产业资源的开发

（1）概念：通过适当的方式，把潜在的体育产业资源改造为可供利用的资源内容或有效发挥、改善和提高体育产业资源利用率的经济过程。

（2）原则：在进行体育产业资源开发时必须遵循以下原则：①充分利用好现有资源，将资源优势转化为优势资源；②以全面认识、综合开发为原则，客观认识资源的流动弹性；③以突出重点目标、兼顾综合效益为原则；④以系统观、动态观为原则，实现统一管理；⑤以可持续发展为原则。

（3）方法：体育产业资源的开发方式一般可分为外延开发和内涵开发。

2.体育产业资源的保护

（1）概念：资源保护的实质就是通过对已有资源的看护、管理，使其不受损害、侵犯或丧失。体育产业资源保护就是指在体育产业发展中，采用一定的手段、技术或方法使体育产业资源不受损毁或破坏。

（2）保护手段：①经济手段；②行政手段；③法律手段。

（3）正确处理体育产业资源开发和保护的关系：首先，要把握好体育产业资源中“度”的问题；其次，要积极贯彻“在开发中保护、在保护中开发”的方针；最后，必须走可持续发展的道路。

第三节　体育产业资源案例教学设计

案例一　广西马山打造“体育+”融合发展新模式

一、案例描述

广西壮族自治区马山县是国家扶贫开发工作重点县及滇桂黔石漠化治

理片区县，2015年精准识别建档立卡贫困户23691户共94366人、贫困村75个，贫困面广，贫困程度深，脱贫攻坚任务艰巨。多年来，马山县一直探索如何把“绿水青山”打造成为群众脱贫致富的“金山银山”。马山县积极推进山地户外运动的蓬勃发展，以“体育运动+文旅+脱贫攻坚+县域经济发展”的模式，打造了一个以攀岩文化为主题的独具魅力的小镇，并组织了一系列精彩纷呈的比赛，以此来达成经济社会发展、自然环境改造、人类健康的合力，最终将“绿水青山”的理念落实到“金山银山”的实践中。

马山县坚持“靠山吃山”，以创建攀岩小镇为突破口，全力推进山地户外运动产业发展。成立攀岩小镇项目建设指挥部，县委、县政府主要领导亲自挂帅。南宁市政府从2019年起每年安排8000万元支持马山攀岩小镇建设，县本级每年统筹安排5000多万元专项资金，用于完善旅游和山地户外运动设施。目前，马山攀岩小镇已开发22面岩壁、553条专业攀岩线路，打造出“中国山地马拉松最美赛道”、环广西公路自行车世界巡回赛“皇后赛段”、乔老河体育旅游片区等一批特色鲜明的山地户外运动精品。

马山县采取“中国登山协会+政府+企业”强强联合的“三位一体”合作模式。争取中国登山协会发挥业界领军作用，为马山攀岩体教融合、攀岩国家青少队基地建设、攀岩户外大众体育与旅游结合以及一系列重大国际攀岩赛事活动在马山举办提供专业支撑。目前，已成功举办4届中国—东盟山地马拉松系列赛、全国青少年U系列攀岩联赛总决赛、全国少年攀岩锦标赛等十多项重大赛事，参赛运动员共计1万多人次。

马山县积极推进“体育+”“+体育”产业的融合发展，努力打造出一个全新的经济增长模式，激发更多的消费潜能。马山攀岩文化特色小镇的建立，不仅极大推进了当地的体育旅游业的发展，而且也使其拥有了完善的设施，满足了各种攀岩赛事、教育培训以及经验项目的需求，使其变成广西乃至我国最流行的攀岩文化特色体育运动的核心场所，尤其是其丰富多彩的大众化攀岩经验项目，吸引了海内外的游客前往参与，并收获了良好的口碑。

资料来源:广西马山打造“体育+”融合发展新模式,国家体育总局网,https://www.sport.gov.cn/n20001280/n20067608/n20067635/c23458371/content.html,有改动。

二、案例的思政元素

1.体育助力乡村振兴

我国是一个自然和社会资源都较为丰富的国家，既具有开展各类体育运动的自然条件和一定规模的基础设施，又具有消费潜力较大的消费群体和崇尚体育的社会传统。因此，应制定合理的产业发展规划，充分借助现有的自然资源，通过提高专业化水平和培育特色产业来促进体育产业的发展，以满足人们日常需要为指引，提高我国体育产业的专业化水平，形成一批社会分工明确、服务配套规范、经济运作独立的体育服务机构；借助独特的自然条件，加强与旅游部门的联系，形成一批具有我国鲜明特色的体育服务项目，如登山、攀岩、漂流等。

通过促进农村体育产业与旅游、文化、养老等产业融合，形成新业态、新模式，以发展农村体育经济，促进乡村振兴战略的稳步实施。一是促进农村体育产业与旅游产业融合。可在农村打造精品体育旅游线路、精品项目、精品目的地等，加强农村体育与旅游深度融合，增强体育旅游业在体育扶贫工作中的重要作用，给困难家庭提供临时就业岗位，进而起到改善民生、增加就业的积极作用。二是促进农村体育产业与文化产业融合。培育体育消费文化，是推动广大农村地区广泛开展全民健身活动的重要动力。要把体育运动项目融合到当地文化之中，开展适宜于各地民风民俗的体育运动项目，如发展武术、龙舟等民族民间健身休闲项目，发展地域特色精品赛事，打造“一村一品”“一镇多品”等赛事活动，推动体育竞赛与文化表演相结合，发展农村体育经济。三是促进农村体育产业与养老产业融合。随着我国人口老龄化进程的不断加快，促进农村体育产业与养老产业融合，可丰富老年群体的体育消费需求，进而发挥体育养老服务业在乡村振兴战略中的积极作用。

2.对立统一规律——在开发中保护，在保护中开发

马克思主义认为，事物内部存在对立统一的关系，这是事物发展变化的内在动力。资源开发利用既要支撑当代人过上幸福生活，也要为子孙后代留下生存根基。要解决这个问题，就必须在转变资源利用方式、提高资源利用效率上下功夫。自然资源是生态产品的来源，也是经济社会发展的物质基础。自然资源开发利用必须坚持“节约优先，保护优先，自然恢复为主”的方针，协调处理好绿水青山和金山银山的关系，做到在保护中开发，在开发中保护，这是实现可持续发展的内在要求，也是推进现代化建设的重大原则。

体育产业资源作为体育产业经营开发活动的基础，是实现其发展的前提，为保证在体育产业发展的过程中体育产业资源不受到损毁或破坏，国家体育总局在印发的《体育产业“十二五”规划》中就明确指出：“加强体育无形资产开发和保护。加强对体育组织、体育赛事和活动的名称、标志、版权等无形资产的开发，依法保护知识产权。完善中国奥委会、中华全国体育总会、全国性单项体育协会等体育社团的市场开发模式，理顺和明确各相关主体在市场开发活动中的权利义务。强化知识产权对体育产业发展的导向作用，提升知识产权创造、运用、保护和管理水平，积极探索体育无形资产开发模式。”[①]这也充分表明我国体育主管部门对体育产业资源开发与保护的决心。

① 体育总局.体育产业“十二五”规划[EB/OL].(2011-04-29)[2023-05-25].https://www.gov.cn/gongbao/content/2011/content_2004745.htm.

三、案例使用说明

（一）教学用途与教学目标

1. 教学用途

本案例用于《体育产业概论》（第二版）第二章体育产业资源中“体育产业资源开发与保护”的教学。

2. 教学目标

（1）知识层面。

理解概念：宏观调控、乡村振兴、可持续发展。

掌握理论：了解“体育+”“+体育”的产业融合发展新思路对乡村振兴的积极影响。

（2）能力层面。

通过对案例的学习让学生认识到体育助力乡村振兴的重要性。

（3）素质层面。

通过对广西马山打造“体育+”融合发展新模式的案例分析，引导学生加深对体育赋能乡村振兴、发展乡村体育、推动乡村高质量发展的认识。

（二）案例讨论的准备工作

（1）要求学生事先预习与体育产业资源相关的理论和知识，对体育产业资源的保护与开发、体育产业资源的配置有大致的了解。

（2）了解体育发展的“体育+”新模式。

（三）案例分析要点

1. 启发思考题

（1）宏观调控的作用是什么？

（2）体育如何助力乡村振兴？

（3）为什么说绿水青山就是金山银山？

2.教学组织方式

本案例计划安排1个课时（45分钟）。案例的教学组织安排如表2-2所示。

表2-2　教学组织安排

学习阶段	学习内容	时间限制	学习目标
课前	复习课本知识，查阅相关资料，了解我国当前体育产业发展的现状	提前3天	熟悉案例背景
课中	教师或学生展示当前我国体育产业资源开发、利用和保护的现状	10分钟	进一步熟悉案例背景
	课堂分小组讨论	15分钟	结合理论分析问题，将小组案例分析报告作为一次平时成绩
	随机抽取四个小组进行发言	每个小组发言时长不超过2分钟，控制在8分钟内	观点正确，论证充分，逻辑严谨，理论结合实际
	进行归纳总结，注意思政元素和体育产业资源的结合，引导学生学会结合国家政策来分析我国体育发展的现状	12分钟	归纳用到的关键理论，并对各组表现做一个简单点评
课后	请学生继续关注我国体育产业发展的现状及取得的成绩		增进记忆，巩固知识

（四）总结

本案例的学习，能加深学生对体育赋能乡村振兴的认识，不仅能促进乡村经济发展，还能带来人口素质的综合提升，除此之外，对于乡村治理、生态环境改善等，同样会起到助推作用。发展乡村体育，让体育推动乡村高质量发展，不仅可以让百姓更有获得感和幸福感，也是建设体育强国的题中之义。

案例二　冰墩墩持续火爆　顶流IP产业化潜力巨大

一、案例描述

自2022年3月1日12：00起，冬奥会吉祥物手伴冰墩墩、雪容融开始进入预售模式。尽管预售商品付款后45天才能发货，但是依然让不少人感到兴奋和激动。

“冬奥会以及冰墩墩的火爆直接带动了冰雪经济，比如体育设施、体育用品以及旅游、交通、餐饮、住宿等消费支出，而冰墩墩的IP效应也带动了文创相关设备和用品的产销，比如吉祥物、摆件、挂件等。”无锡数字经济研究院执行院长吴琦对《经济参考报》记者表示。

“破圈”的“冰墩墩”已经成为北京冬奥会乃至中国文化的一个新IP。其火爆的背后，也给文旅IP产业化带来了更多想象空间。

顾超群认为，文旅IP的打造需要坚持长期投入和长期培育，并持续经受市场考验。要围绕IP形成系列消费产业链，借助IP的庞大流量及品牌魅力对关联产业赋能，发挥好乘法效应。“文旅IP的培育、打造，需要向中国优秀文化寻求创作灵感、题材，也需要借助文创力量、科技力量将创意变成内容、体验，变成年轻人喜爱的内容，从而更好地拉动整个文旅消费。”他说。

尽管我国文旅IP产业化发展速度较慢，但业界普遍认为，要想打造出高质量的IP，实现“长红”的效果，还需要加快补齐短板。

吴琦认为，未来一定会努力打造高质量的IP，通过深入的市场分析和有效的内容策划，以及不断的技术创新，来满足消费者的多样性和个性。例如，冬奥会之后，我们将会不断地改良和完善冰墩墩，以满足消费者的多样性和个性，同时也会不断推出更加先进的产品。为了更好地推广冰墩墩IP，我们应该大力改造IP产业链，并大力推广IP衍生品及其周边商品。同时进一步强化知识产权保护，结合IP开发运营的特征，完善好相关的法律法规，要做好冰墩墩IP原创设计的知识产权保护。

"十四五"的目标在于建设具有浓厚历史底蕴的世界顶尖的旅游景区、度假区，并且在全球范围内推广具有鲜明地域文化特征的国家级休闲城市及街区，这将对推进文化旅游产业的高质量发展，创建具有本土特色的IP，起到推动、激励、典型的作用。

资料来源：班娟娟，冰墩墩持续火爆　顶流IP产业化潜力巨大，经济参考报，2022-03-02(8)，有改动。

二、案例的思政元素

1.做好体育无形资产评估，促进体育产业高质量发展

党的十九大报告指出：要加快推进体育强国建设。2019年9月，国务院办公厅发布了《关于促进全民健身和体育消费推动体育产业高质量发展的意见》(国办发〔2019〕43号)，其中提出："推动体育赛事转播权市场化运营。建立体育无形资产评估标准、完善评估制度。支持各类体育协会采用冠名、赞助、特许经营等方式开发其无形资产。"[①]为落实党中央、国务院要求，推动我国体育产业高质量发展，丰富和完善资产评估准则体系，规范资产评估机构及其资产评估专业人员执行体育无形资产评估业务行为，保护资产评估当事人合法权益和公共利益，在财政部和体育总局的指导和支持下，中国资产评估协会于2022年1月12日发布了《体育无形资产评估指导意见》(简称"指导意见")。

指导意见明确了体育无形资产的基本属性，并结合了体育无形资产的体育元素和无形资产元素，突出了体育资源的特有属性和权利主体的多样

① 国务院办公厅关于促进全民健身和体育消费推动体育产业高质量发展的意见[EB/OL].(2019-09-30)[2023-05-25].https://www.gov.cn/gongbao/content/2019/content_5433722.htm.

性。其不仅对著作权资产、商标资产、特殊标志资产、域名资产、专利资产、商业秘密资产、合同权益资产、客户关系资产、特许经营权资产和奥林匹克标志资产等常见体育无形资产类别分别进行介绍，也从与体育赛事相关的无形资产、与体育专业人员相关的无形资产、与体育组织相关的无形资产和与体育场馆相关的无形资产等角度，分别阐述了体育无形资产的价值影响因素。指导意见还指出，执行体育无形资产评估业务，应当了解体育具有为经济建设、国防建设和社会发展服务的功能，体育无形资产可能同时产生经济效益和社会效益。对竞技体育、群众体育等无形资产进行评估时，应当在切实可行的情况下关注其社会效益对价值的影响。

2.增强文化自信自强，促进体育文化健康繁荣发展

党的二十大报告指出："繁荣发展文化事业和文化产业。坚持以人民为中心的创作导向，推出更多增强人民精神力量的优秀作品，培育造就大批德艺双馨的文学艺术家和规模宏大的文化文艺人才队伍。坚持把社会效益放在首位、社会效益和经济效益相统一，深化文化体制改革，完善文化经济政策。实施国家文化数字化战略，健全现代公共文化服务体系，创新实施文化惠民工程。健全现代文化产业体系和市场体系，实施重大文化产业项目带动战略。加大文物和文化遗产保护力度，加强城乡建设中历史文化保护传承，建好用好国家文化公园。坚持以文塑旅、以旅彰文，推进文化和旅游深度融合发展。广泛开展全民健身活动，加强青少年体育工作，促进群众体育和竞技体育全面发展，加快建设体育强国。"①

运动项目文化是体育文化的"特质"，体育文化的表达须落实到具体的运动项目文化上，《"十四五"体育发展规划》提出："推动运动项目文化建设……打造重点运动项目文化建设示范工程。培养和塑造具有良好社会形象、广泛社会影响的体育明星，发挥榜样作用……加强体育文化创作及平台建设。鼓励开展体育文学、体育音乐、体育雕塑、体育摄影、体育影视、体育动漫、体育标识等创作。加强体育融媒体建设，推动建立以内

① 习近平.高举中国特色社会主义伟大旗帜 为全面建设社会主义现代化国家而团结奋斗：在中国共产党第二十次全国代表大会上的报告[M].北京：人民出版社，2022：45.

容建设为根本、先进技术为支撑、创新管理为保障的体育全媒体传播体系。组建中国体育传媒集团公司。推动中国体育博物馆新馆建设，做好体育文物藏品征集和收藏管理保护工作。支持各地建设体育博物馆、体育名人堂和体育档案馆，鼓励建设线上体育博物馆、红色体育博物馆。打造体育文化品牌活动，推动体育文化展示平台建设，促进中国体育文化博览会创新发展。”①

三、案例使用说明

（一）教学用途与教学目标

1.教学用途

本案例用于《体育产业概论》（第二版）第二章体育产业资源的教学。

2.教学目标

（1）知识层面。

掌握概念：体育产业消费升级、高质量发展。

掌握理论：体育产业消费升级对我国经济发展的促进作用，对高质量发展的必要性。

（2）能力层面。

系统思维能力：根据案例材料，设置两个由浅入深，由知识到能力的问题，通过解答问题，帮助学生形成“理论到实践，实践到理论”的思维方式，使学生能够认识到冰墩墩火爆原因的背后所蕴含的体育文化。

（二）案例讨论的准备工作

（1）学生预习《体育产业概论》（第二版）第二章中体育产业资源配置的方式及体育产业资源开发的内容，重点理解体育产业资源开发的

① 体育总局.“十四五”体育发展规划[EB/OL].(2021-10-25)[2023-07-15].https://www.sport.gov.cn/n315/n330/c23655706/part/23656158.pdf.

方式。

（2）学生通过预习第二章，结合当前我国居民的消费水平和消费模式，来分析我国当前体育发展的新模式和资源利用的新方式。

（三）案例分析要点

1.启发思考题

（1）通过案例，结合实际分析冬奥会吉祥物冰墩墩火爆的原因。

（2）结合案例，分析探讨如何打造一批具有中国特色和领先水平的超级IP。

2.教学组织方式

本案例计划安排1个课时（45分钟）。案例的教学组织安排如表2-3所示。

表2-3　教学组织安排

学习阶段	学习内容	时间限制	学习目标
课前	学生复习课本知识，查阅相关资料，了解我国当前体育产业发展的现状	提前3天	熟悉案例背景
课中	教师或学生展示当前我国体育产业资源开发、利用和保护的现状	10分钟	进一步熟悉案例背景
	课堂分小组讨论	15分钟	结合理论分析问题，将小组案例分析报告作为一次平时成绩
	随机抽取四个小组进行发言	每个小组发言时长不超过2分钟，控制在8分钟内	观点正确，论证充分，逻辑严谨，理论结合实际

续 表

学习阶段	学习内容	时间限制	学习目标
	教师进行归纳总结,注意思政元素和体育产业资源的结合,引导学生学会结合国家政策来分析我国体育发展的现状	12分钟	归纳用到的关键理论,并对各组表现做一个简单点评
课后	请学生继续关注我国体育产业发展的现状及取得的成绩		增进记忆,巩固知识

（四）总结

通过案例学习，学生认识到运动项目文化是体育文化的“特质”，体育文化的表达须落实到具体的运动项目文化上。我们要持续推动运动项目文化的建设，从而发掘出更多优秀体育文化，打造出具有中国特色的超级IP文化。

第三章　体育产业统计思政教学设计

体育产业统计是体育产业的重要组成部分，是体育产业发展过程中的核心力量，伴随着相关体育部门对体育产业统计工作的多方面多层次需要，体育产业统计工作体系在我国体育产业发展的过程中被不断激活完善。

本章内容的第一部分是通过介绍体育产业统计的概念使学生了解我国体育产业统计工作的目的和任务。体育产业统计是指通过多种方式，通过科学统一的调查统计、测算研究，摸清体育产业的发展规模、结构和布局，量化描述“体育强国”目标和数据监测实施的过程。体育产业统计工作是了解产业现状、把握产业发展规律、制订产业政策和规划、查找存在问题、检查评估政策效果、明确发展重点和方向的重要手段和依据，是一项十分重要的基础性工作，是促进一个产业发展的重要基础和抓手。

本章内容的第二部分是对各国体育产业统计分类和各国体育产业统计发展趋势、发展状况进行比较，介绍国内外体育产业统计发展情况和中国体育产业统计状况，结合体育产业统计方案，对不同分类标准下的统计内容和方式方法，以及体育产业统计的口径、方法和运行方式进行了阐述，同时也阐述了体育产业统计的目的、意义、范畴、统计方法和方式。目前在国际上尚未形成统一、规范的关于体育产业的定义、分类范围和统计方法。各国从不同的研究目的和要求出发，从不同角度开展了体育产业统计理论的研究和实际工作。

本章内容的第三部分通过对体育产业统计工作的分析来掌握我国体育产业统计的发展态势。体育产业统计工作是一项基础而又复杂的工作，也是掌握体育产业发展态势的有效方法，要全面掌握体育产业发展新态势、呈现的新趋势，就必须开展符合体育产业发展实际的专项产业工作，实现体育产业统计工作的标准化、科学化、及时化，注重统计方法的创新和统计内容的不断丰富，与国家统计分类体系及统计口径相对接，这有利于指导各地开展产业统计、摸清家底、制定发展目标，助推我国体育产业加速发展。

最后，本章对于知识内容的讲解是结合了《体育产业概论》书本中的知识来拓展的，通过分析体育产业统计概况、体育产业统计发展和发展趋势，设定四个学习目标：掌握体育产业统计的目的和意义、了解不同国家的体育产业统计情况、了解我国体育产业统计指标内容、了解体育产业统计发展态势。同时也通过论述体育产业统计发展状况和体育产业统计分类相关知识帮助学生更好地了解体育产业统计的发展情况与趋势，在专业知识的学习中领会思政元素，思考体育产业统计的重要性及其对人类体育事业的作用。

第一节　体育产业统计思政元素分析

专业知识与政治元素紧密联系在体育产业课程“体育产业统计”部分。贯穿我们党百年奋斗历史的一条红线，就是中国共产党全心全意为人民服务的宗旨，是为中国人民谋幸福、为中华民族谋复兴的初心和使命。因此在介绍这部分知识时，只有结合专业知识和课程思政元素以及我国社会主义建设，才能更好地引导学生学习体育产业的相关知识，引导学生正确理解坚定不移走中国特色社会主义道路的深刻内涵。本章内容所蕴含的课程思政元素，主要包括以下四个方面。

一、现象与本质具有对立统一关系

我国的体育产业统计体系是依据中国体育产业统计的战略发展目标，运用系统论的观点与方法，在借鉴国外构建体育产业统计体系研究有益经验的基础上，立足于我国体育产业的国情，充分考虑我国体育产业统计未来发展的需求，最终构建成的符合中国国情的体育产业统计体系。

唯物辩证法是一种研究自然、社会、历史和思维的哲学方法，是辩证法的三种基本历史形式之一，是由马克思首先提出，经其他马克思主义者（比较突出的如恩格斯、列宁、斯大林、毛泽东等）发展而形成的一套关于世界观、认识论和方法论的思想体系，是马克思主义哲学的核心组成部分。唯物辩证法指出：现象和本质是揭示客观事物的外在联系和内在联系相互关系的一对范畴。本质是事物的根本性质或组成事物基本要素的内在联系，现象是事物的外部联系和表面特征。“与万物普遍联系”和“按自身规律永恒发展”是世界存在的两个总的基本特征，从总体上揭示了世界的辩证性质。唯物辩证法的基本规律和各个范畴，从不同侧面揭示了这两个基本特征的内涵和外延。矛盾（即对立统一）的观点是唯物辩证法的核心。

结合本章知识点可知，我国的体育产业统计体系仍不够成熟，相较于一些国家体育产业统计体系工作，我国体育产业统计制度仍不够完善。由于体育产业统计工作是一项复杂的工作，因此在发展我国体育产业统计工作时，我们不能照搬照抄他国经验，要运用辩证的眼光看待事物，取其精华、弃其糟粕，吸取对完善我国体育产业统计体系具有发展意义的相关精髓，从而保证我国体育产业统计发展态势的稳定。通过辩证的方法去更好地明确我国体育产业统计工作的目的和任务，运用辩证的眼光有针对性地建立属于我国的体育产业统计制度，运用唯物辩证法的基本规律从不同侧面规定我国体育产业统计的范畴。

二、坚持系统观念

我国体育产业统计体系的建立是从统计体系整体出发，运用体育学、统计学、社会学等学科理论，构建的系统反映体育事业内涵和主要特征的统计指标体系。健全体育统计制度和运行机制，运用定性与定量相结合的综合集成法进一步论证统计体系的科学性、客观性和可操作性，然后再进行多轮的测试，直至最终形成符合统计实践要求的体育事业产业体系。在我国体育产业统计的体系中，有很多是结合了本国国情的实际的。要全面掌握体育产业发展的新动态，把握实践中呈现出的新趋势，就必须实现体育产业统计工作的规范化、科学化、及时化，注重统计方法的创新，注重统计内容的不断丰富，与国家统计分类体系和统计口径对接，这有利于指导各地开展体育产业统计、摸清家底、制定发展目标，为我国体育产业发展提供动力。

党的二十大报告指出：“万事万物是相互联系、相互依存的。只有用普遍联系的、全面系统的、发展变化的观点观察事物，才能把握事物发展规律。”[①]只有运用系统思维和系统方法，才能发现和分析整体与部分、内部与外部之间的相互联系和作用，才能从整体上综合地、精准地考察事物，用以谋划指导实践。坚持系统观念是以习近平同志为核心的党中央总结各方面实践经验，在思想方法上作出的新概括，是我们党坚持辩证唯物主义和历史唯物主义认识论、方法论的新提升，这既是推进全面深化改革开放的内在要求，又是实现经济高质量发展的客观需要，也是应对国内外环境变化的必然选择。新时代新征程上，我们要让这一重要观念在全面建设社会主义现代化国家、全面推进中华民族伟大复兴进程中发挥重要方法论作用。

① 习近平.高举中国特色社会主义伟大旗帜 为全面建设社会主义现代化国家而团结奋斗：在中国共产党第二十次全国代表大会上的报告[M].北京：人民出版社，2022：20.

因此，我们必须坚持系统观念，运用系统观念看待、解决实践中遇到的问题，在我国体育产业的发展中完善统计体系，从而实现体育产业统计工作的规范化、科学化、及时化，助力体育产业高质量发展。

三、坚持实事求是

随着时代的发展，体育统计体系在不断完善，体育产业统计工作的重要性日益凸显。国家体育总局装备中心在方案的制定、工作制度的配备、业务培训和指导等方面，投入了大量的人力和财力，在体育产业统计工作中，做了大量的工作。各省区市和参与工作经费投入的体育部门也都积极行动起来，聘请了一支专业工作队伍，加强了工业统计建设，创新了工作方式，抽调专业科室参加了专题调研，开展了多轮业务培训，为专业水平的调研工作保驾护航。在此项工作中，首先实行了省统计局统一核算发布的市体育产业统计数据，对建立科学统一的体育产业统计指标体系，健全全省体育产业统计体系，定期开展全省、各市体育产业数据核算工作起到了积极的促进作用，及时了解掌握了全省体育产业发展的总体情况，促进了全省和各地各部门之间的互联互通，共享数据，更好地促进了体育产业的发展。

实事求是，是马克思主义的根本观点，是中国共产党认识世界、改造世界的根本要求，是我们党领导革命、建设和改革不断取得伟大胜利的思想路线，也是中国共产党铸就辉煌的重要法宝。中国共产党自成立以来，就确立了实事求是思想路线。坚持实事求是，就要坚持一切从实际出发。只有坚持理论联系实际，才能在求真务实中坚持学以致用，正确对待马克思主义经典著作和世界社会主义运动的历史经验，而不是脱离中国的具体实际、照搬照抄。

因此，我们要坚持实事求是的思想路线，把握体育产业发展的总体情况，掌握体育产业统计的发展态势，求真务实，这样才能促进我国体育产业的发展。

四、大兴调查研究之风

体育产业统计是指通过各种科学统一的调查统计、测算研究来摸清体育产业发展规律、结构与布局等，同时我国体育产业统计工作较其他行业统计工作起步晚，面临诸多挑战以及具有不成熟性。

大兴调查研究之风是我们党的传家宝。党的十八大以来，以习近平同志为核心的党中央高度重视调查研究工作，习近平总书记指出："调查研究是谋事之基、成事之道。没有调查，就没有发言权，更没有决策权。"[①]习近平总书记作出的重要指示，深刻阐明了调查研究的极端重要性，为全党大兴调查研究、做好各项工作提供了根本遵循。体育产业统计工作的重要性，不仅体现在要从生产端做好体育机构名录库的维护，提供产业总规模、增加值等核算数据，更主要的是从多个维度提供更加全面、细化、有针对性的统计数据，多方面体现体育产业发展的带动力、辐射力和影响力。当前，我国发展步入新的战略阶段，面临新的战略机遇、新的战略任务、新的战略要求、新的战略环境。世界百年未有之大变局加速演进，不确定、难预料的因素增多，国内改革发展稳定面临不少深层次矛盾，躲不开、绕不过，各种风险挑战、困难问题比以往更加严峻复杂，迫切需要通过调查研究把握事物的本质和规律，找到破解难题的办法和路径。

因此，我们应该积极响应党的号召，大兴调查研究之风，实事求是对待体育产业统计工作，深刻把握时代脉搏，不断创新、改革、探索、完善我国体育产业统计体系，持续不断地为我国体育产业发展提供数据支撑。

---

① 习近平关于全面建成小康社会论述摘编[M].北京：中央文献出版社，2016：191.

第二节　体育产业统计理论教学设计

一、教学目标

1. 知识目标

掌握体育产业统计的目的和意义，了解不同国家的体育产业统计情况，了解我国体育产业统计指标内容及其发展态势。

2. 能力目标

（1）通过课堂知识梳理和讲解，比较各国体育产业统计情况和趋势，增强学生对我国体育产业统计制度的了解和认识，从而引导学生更加关注体育产业统计制度工作情况。

（2）通过课堂展示和提问、课程线上视频、课后主题讨论等多种形式，鼓励同学们运用理论知识来解释和解决体育产业统计发展过程中出现的问题，增强同学们理论联系实际的能力。

（3）增加课堂相互提问环节，活跃课堂学习氛围，调动学生学习积极性，可采用自评、互评、教师打分等方式，提高学生的表达能力和交流能力。

3. 价值目标

（1）通过学习了解体育产业统计相关情况以及发展趋势提升学生的认识水平。

（2）对比各国体育产业统计情况，培养大学生爱国情怀，引导他们树立伟大的共产主义理想。

（3）培养学生积极进取、勇于探索的精神。

二、教学内容分析

1.教学内容

（1）体育产业统计的概况。

（2）体育产业统计的发展。

（3）我国体育产业统计的发展态势。

2.教学重点

（1）体育产业的统计范畴以及分类。

（2）各国体育产业统计制度的情况。

（3）我国体育产业统计的发展态势。

3.教学方法

讨论法：在教师的指导下，由全班或者小组围绕问题发表自己的看法和意见，共同讨论，集思广益寻求答案。

讲授法：教师运用口头语言向学生阐述事实，解释概念，分析原理等。

三、思政要点设计和教学过程（表3-1）

表3-1　思政要点设计

教学内容	知识点	思政元素
体育产业统计概况	一、国内其他行业统计概况 (一)产业统计工作的任务明确 (二)有针对性地建立了产业统计制度 二、体育产业统计的目的、意义及范畴	运用唯物辩证法,探索出符合我国国情的体育产业统计制度,把握方向,控制角度,突破重点难点。由于各国国情、社会经济发展程度以及体育产业发展情况不同,因此我们必须走出一条属于自己的体育产业道路:独立自主、自力更生、艰苦奋斗,这是其他资本主义国家难以实现的

续　表

教学内容	知识点	思政元素
体育产业统计的发展	一、国外体育产业统计的概况 (一)联合国《国际标准产业分类》中体育产业统计的情况 (二)美国、英国、加拿大、澳大利亚体育产业统计工作情况 三、我国体育产业制度的形成 (一)我国体育产业统计分类 (二)我国体育产业统计制度的形成	1.通过中外体育统计体系的对比,引导学生思考什么是中国特色社会主义道路,加强学生的道路自信;引导他们理论自信、制度自信、文化自信;引导他们树立系统观念,用系统的观点看待、处理实践中的问题 2.坚持实事求是思想路线,坚持理论联系实际,在求真务实中坚持学以致用,正确对待马克思主义经典著作和世界社会主义运动的历史经验
体育产业统计的发展态势	一、体育产业统计技术的发展 二、体育产业统计口径与方法 (一)体育产业统计口径 (二)体育产业统计方法 三、体育产业统计工作操作方式	大兴调查研究之风,大力推动体育产业统计的发展,把体育产业统计分类标准、口径、方法以及操作方式合理地运用到体育产业发展中去,为我国体育产业发展提供准确的数据支撑。坚持发展为了人民,坚持改革为了人民,坚持一切为了人民,全心全意为人民服务

第三节　体育产业统计案例教学设计

案例一　北京冬奥助推冰雪产业驶入快车道

一、案例描述

北京冬奥会已经落下帷幕，冰雪盛会推动国内冰雪运动的普及和发展，也促进了中国冰雪产业的快速发展。2022年2月17日在吉林长春发布的《中国冰雪经济发展指数报告》中显示，2016年以来（与2016年相比），我国冰雪经济发展定基指数一直处于持续增长的良好态势。北京冬奥会带动冰雪产业链发展，由此可见一斑。自2015年北京获得2022冬奥会举办权以来，我国涌现出了一批在造雪机、压雪机、制冰机组以及冰刀等产品上实现自主生产的冰雪装备企业，如黑龙国际、天冰造雪、宣工机械、德尔制冷、冰山冷热等。据悉，截至2021年，我国已拥有以黑龙江、河北、吉林及辽宁四省为主的十多个相关主题产业园区，形成了具有固定产业基础的京张奥卡宾冰雪产业园、张家口高新区冰雪运动装备产业园、中奥冰雪装备产业园等六大重点园区。

企查查数据显示，截至2022年1月，中国现有的与冰雪相关的企业共计2.15万家（以滑雪、雪地、造雪、冰雪为关键词）。2011年以来，冰雪企业注册量逐年递增，2019年、2020年注册量增速放缓，到2021年达到十年之最，累计达到3933家。2021年上半年冰雪企业月注册量较2020年同期增速较快，尤其是一月和二月，分别同比增长268%和154%。增速在下半年有所减缓，并出现了同比负增长的情况。

从地域分布上看，得益于地理位置，冰雪相关企业依旧多聚集在北方城市，其中黑龙江数量最多，有5258家，占全国总量的24%，将近四分之一。这里聚集着众多冰刀、滑雪专用索道、滑雪输送机等我国起步最早、品牌知名度最高的冰雪用品企业，他们的产品不仅在国内市场占有较高份额，还远销俄罗斯、中亚等地。除了较完备的冰雪产业硬件，黑龙江还拥有丰富的冰雪资源，拥有冰雪大世界、亚布力、雪乡等国内知名品牌。此外，黑龙江近年来举办了数十项高水平的国际体育运动赛事，并在《黑龙江省“十四五”育发展规划》中提出，要将黑龙江省打造成为冰雪装备研发制造和冰雪赛事承办基地，打造龙江冰雪产业金字招牌。

紧随其后的河北、山东、吉林、广东相关企业数量均超过1000家。其中，河北作为北京冬奥会的“深度参与者”，参与冰雪运动群众达3048万人。《河北省体育产业发展“十四五”规划》提出，到2025年，全省体育产业总规模达到3000亿元以上，其中冰雪产业（含滑雪场四季经营）占比近一半，总规模达1500亿元。吉林大学冰雪旅游场地装备与智能服务技术重点实验室主任认为，中国冰雪经济快速发展得益于人均收入提高带来的需求升级提供的内在动力，同时也离不开北京冬奥会带来的外在战略机遇的助力。

资料来源：透过数据看发展 北京冬奥助推冰雪产业驶入快车道，新体育网，http://new-sports.cn/chanye/202203/t20220303_148124.html，有改动。

二、案例的思政元素

1.坚持以人民为中心

体育产业的数据离不开体育产业统计工作。在中国举办冬奥会，不仅能够提升全民身体素质，还能够弘扬奥林匹克精神，推动全民健身运动的开展，带动3亿多人参与冰雪运动，这是非常有意义的。我们向全世界证明，我们国家是世界上最大的社会主义国家，我国社会主义制度具有优越性，马克思主义理论是正确的。这也是冬奥会成功举办的原因，同时也证明了中国共产党的领导是完全正确的。中国特色社会主义制度和国家治理体系进入新时期，党的领导制度不断完善和发展。无论是冬奥会的成功举办，还是近年来国家的重大发展，都体现了我们坚持一个目标："一切为了群众"。习近平总书记指出："江山就是人民，人民就是江山。中国共产党领导人民打江山、守江山，守的是人民的心。"[①]人民对美好生活的向往就是我们的奋斗目标，我们党所做的一切工作归根到底都是为了人民。党和政府牢记治国理政的大道理，树立正确的政绩观，始终以人民心为心，坚持一切为了人民、一切依靠人民，让人民群众共享多享改革发展成果，赢得了群众最广泛的支持，汇聚了推动事业发展的磅礴力量。同时，社会主义现代化建设事业的最终决定力量、先进生产力和先进文化的创造主体以及推动科学发展的主体是人民群众。我们党要实现奋斗目标，必须紧紧

① 习近平著作选读：第一卷[M].北京：人民出版社，2023：38.

依靠人民群众，充分调动最广大人民群众的积极性、主动性和创造性。所以说，冬奥会各项数据创新高，与人民群众的支持和拥护是分不开的。

2.坚持和发展马克思主义

旗帜引领方向，道路决定命运，精神提供力量，目标揭示任务。中国特色社会主义是党经过艰苦探索和实践检验，在新时代条件下创造的极为重要的成就。它是党团结带领人民在40多年奋斗实践中高高举起的伟大旗帜，是全党全国各族人民在中国特色社会主义伟大旗帜下汇聚成的万众一心、众志成城的强大力量。

我们不走封闭僵化的老路，不走改旗易帜的邪路，而是不断增强文化自信和政治自信，这体现了我们高举中国特色社会主义伟大旗帜的坚定意志，使党和人民更加坚定。同时，马克思主义也是当代体育学研究的重要理论基础。坚持和发展马克思主义进行体育研究，将为体育产业发展提供更加坚实的理论基础和正确的理论导向。

党的二十大报告指出："马克思主义是我们立党立国、兴党兴国的根本指导思想。实践告诉我们，中国共产党为什么能，中国特色社会主义为什么好，归根到底是马克思主义行，是中国化时代化的马克思主义行。"①

三、案例使用说明

（一）教学用途与教学目标

1.教学用途

从这个案例可以看出体育产业在国民经济中的占比，学生不仅可以更好地理解体育、体育产业、体育经济，还可以更好地去了解体育产业统计制度在体育、体育产业、体育经济以及当今社会的作用，从而使得学生感受"体育强，中国强"的伟大号召，促进学生对体育学科的深度挖掘和长

① 习近平.高举中国特色社会主义伟大旗帜 为全面建设社会主义现代化国家而团结奋斗：在中国共产党第二十次全国代表大会上的报告[M].北京：人民出版社，2022：16.

远探索。

2.教学目标

（1）知识层面。

通过对冬奥会的数据及其产生影响分析，向学生展示体育产业统计制度的重要性，使学生明白体育产业的发展离不开人民的支持，体育产业统计制度的完善离不开人民的建议。要以人民为中心，以国家为中心，去展示我国体育产业的发展，以及我国体育产业制度带来的影响和产生的作用。

（2）能力层面。

培养学生的独立思考能力，提升学生解决问题的能力。运用体育产业学概论相关知识，并结合冬奥会的成功举办，利用问题和难点去培养学生的系统思维能力和实践判断能力，促进学生多方面发展，培养高素质的人才。

（3）素质层面。

让同学们领悟到中国体育产业的发展，有利于增强学生的民族凝聚力和民族使命感，同时冬奥会的成功举办在一定程度上向学生展示了社会主义制度的优越性以及中国体育产业的发展状况。

（二）案例讨论的准备工作

（1）教师需提前教授我国的体育产业统计相关知识，对比各国的体育产业统计制度，让学生对体育产业统计制度具有系统性全面性的认识，更好地挖掘学生对体育产业统计产生的疑惑，从而解决问题。

（2）在学生上课之前，可让他们广泛搜集相关资料以及网络文献。教师可进行体育产业统计，并与冬奥会成功举办建立相关联系，梳理相关文档资料。通过深入讨论冬奥会和相关体育产业，让学生加以思考，提升学生理论和实践结合的能力。

（三）案例分析要点

1.案例启发思考题

（1）结合冬奥会的成功举办，思考并探索我国体育产业统计制度的形成原因。

（2）运用冬奥会相关案例去对比我国体育产业的发展。

2.教学组织方式（表3-2）

（1）讲授课程内容，进行案例分析。

（2）让学生了解案例，引导学生发现问题进而解决问题。

（3）围绕案例启发思考题，积极开展小组讨论，分享观点。

（4）总结问题，得出结论，让班级负责人进行知识点梳理和归纳。

表3-2　教学组织安排

学习阶段	学习内容	时间限制	学习目标
课前	教师提前发放案例使得学生提前预习，了解课程内容	课前完成不占用课堂时间	熟悉课本内容以及相关案例情况，包括冬奥会的现实意义
课中	1.教师提问 2.学生讨论 3.共同梳理 4.教师点评	1.5分钟 2.15分钟 3.10分钟 4.5分钟	1.使学生了解体育产业统计制度、相关案例，以及课程思政理论 2.加强学生思考和讨论能力，提高学生综合素质，培养高素质人才
课后	给学生布置课后作业，积极引导学生利用网络、书籍、相关文献学习体育产业统计相关知识	课后完成，不占用课堂时间	巩固课堂知识、增进学生记忆

（四）总结

冬奥会成功举办引领体育产业发展，体育产业的不断发展使得体育产业统计制度更加完善。随着东京奥运会、北京冬奥会的精彩落幕，体育旅游市场持续升温，这对我国体育旅游的快速发展而言无疑是一个重要契机，只有打造标准化的体育产业统计制度，通过对比准确的体育产业统计相关信息，才能更好地促进体育产业的稳步发展。

案例二 2021年全国体育产业总规模突破3万亿元

一、案例描述

2022年12月30日，国家体育总局和国家统计局联合发布2021年全国体育产业总规模和增加值数据。经核算，2021年全国体育产业总规模（总产出）为31175亿元，增加值为12245亿元。与2020年相比，体育产业总产出增长13.9%（未扣除价格因素，下同），增加值增长14.1%。值得注意的是，这是全国体育产业总规模首次突破3万亿元。

从内部构成看，体育服务业增加值为8576亿元，占体育产业增加值的比重为70.0%，比上年提高1.3个百分点。体育用品及相关产品制造增加值为3433亿元，占体育产业增加值的比重为28.0%，比上年下降1.3个百分点。体育场地设施建设增加值为236亿元，占体育产业增加值的比重为1.9%，比上年下降0.1个百分点。

从增长速度看，随着全民健身和体育竞赛活动的有序恢复，叠加2020年基数较低因素，体育产业实现较快增长。与上年相比，体育竞赛表演活动增加值增长26.1%，体育健身休闲活动增加值增长21.1%，体育场地和设施管理增加值增长27.7%，体育经纪与代理、广告与会展、表演与设计服务增加值增长21.9%。以非接触性活动为主的体育传媒与信息服务增加值保持较快增长，增速为19.9%。

资料来源：2021年全国体育产业总规模突破3万亿元，国家体育总局网，http://www.sport.gov.cn/n20001280/n20067608/n20067635/c25065804

/content.html，有改动。

二、案例的思政元素

1.从群众中来，到群众中去

群众路线是党的生命线和根本工作路线，是马克思主义认识论、群众观和党的性质、宗旨在工作路线和工作方法上的具体体现，也是我们深化改革开放、推进转型发展的强大武器。其核心是从群众中来，到群众中去。“从群众中来，到群众中去”的意思是：深入群众，认真调查研究，把群众的分散意见集中为领导者和领导部门的指导意见，然后再拿到群众的实践中去检验，并把实践证明的正确意见集中起来，坚持下去，转化为群众改造世界的自然行动。体育产业统计工作是一项基础而又复杂的工作，是掌握体育产业发展态势的有效方法。随着科技创新、技术进步及由此带来的产业模式升级，多业态融合发展和复合的产品创新手段，使体育产业呈现出旺盛的生命力。要全面掌握体育产业发展新动态、呈现的新趋势，就必须开展符合体育产业发展实际的专项产业统计工作，实现体育产业统计工作的标准化、科学化、及时化，注重统计方法的创新和统计内容的不断丰富，与国家统计分类体系及统计口径相对接，有利于指导各地开展产业统计、摸清“家底”、制定发展目标，助推我国体育产业加速发展。

2.坚持和加强党的全面领导

党的领导是历史的必然、人民的选择、长期执政的要求。党政军民学，东西南北中，党是领导一切的。办好中国的事情，关键在党。进入新时代、踏上新征程，只有坚持和加强党的全面领导，不断增强党的创造力、凝聚力、战斗力，才能更好凝聚起同心共筑中国梦的磅礴力量，开创中华民族更加美好的未来。中国共产党领导是中国特色社会主义最本质的特征，是中国特色社会主义制度的最大优势，是党和国家的根本所在、命脉所在，是全国各族人民的利益所系、命运所系。我们的全部事业都根植于这个最本质特征和最大优势，只要坚持党的全面领导不动摇，坚决维护习近平总书记党中央的核心、全党的核心地位，坚决维护党中央权威和集中统一领导，把党的领导落实到社会主义现代化建设各领域各方面各环节，就一定能够确保我国社会主义现代化建设方向正确，确保拥有团结奋斗的强大政治凝聚力，凝聚起万众一心、共克时艰的磅礴力量。

党的二十大是全党全国各族人民向第二个百年奋斗目标进军的关键时刻召开的一次十分重要的大会，吹响了全党全国各族人民的集结号。党以伟大的奋斗铸就了百年伟业，也必将以新的伟大奋斗铸就新的丰功伟绩。党的建设是一项新的伟大事业，是全面建设社会主义现代化强国、实现中华民族伟大复兴的伟大事业，推动着党执政能力的不断增强。体育强则国强，体育兴则国兴。

三、案例使用说明

（一）教学用途与教学目标

1.教学用途

用数据向同学们展示体育产业统计制度的重要性，提升学生理论与实践结合的能力，引导学生思考体育产业统计制度的优缺点，并了解和总结体育产业及其思政元素。

2.教学目标

（1）知识层面。

掌握概念：了解体育产业统计制度的工作体制和基本情况。

掌握理论：体育产业统计工作的标准。

（2）能力层面。

将相关理论与实践结合，培养学生系统思维能力和判断实践能力，激发学生好奇心；展开组内讨论，增强学生讨论能力和归纳总结能力；运用具体实例引导学生找到解决问题的方法，提升学生自主学习能力。

（3）素质层面。

形成专业意识：从产业的角度思考体育问题，塑造产业思维，引导学生投身于体育产业实践，善于提出问题、解决问题。

提高职业素养：通过以上数据案例，以及习近平总书记重要讲话精神，让学生理解体育产业统计的最终目标，即打造人民满意的幸福产业，更好地为建设新时代中国特色社会主义而服务。

（二）案例讨论的准备工作

（1）准备相关课题案例。

（2）搜集相关案例资料。

（3）引导学生提前预习。

（4）组织学生网络浏览。

（5）指导学生结合理论。

（三）案例分析要点

1. 案例启发思考题

（1）结合案例，引导学生探索体育产业统计制度的重要性。

（2）结合理论，组织学生探讨体育产业发展趋势。

（3）展开讨论，探讨体育产业在当代中国的政治意义。

（4）课后感言，让学生针对体育产业统计相关思政元素发表感言。

2. 教学组织方式（表3–3）

表3–3　教学组织安排

学习阶段	学习内容	时间限制	学习目标
课前	教师发放案例，学生提前预习相关知识点，结合案例引导思政问题	课前完成，不占用课堂时间	熟悉相关案例，了解体育产业规模以及相关数据

续　表

学习阶段	学习内容	时间限制	学习目标
课中	1.教师提问 2.学生讨论 3.共同梳理 4.教师点评	1.5分钟 2.15分钟 3.10分钟 4.5分钟	1.加强学生独立思考能力以及构思能力 2.培养学生发现问题和解决问题能力
课后	布置课后作业,引导学生持续关注体育产业统计相关情况	课后完成,不占用课堂时间	巩固知识,加强记忆

（四）总结

本案例内体育产业规模真实数据以及体育产业相关概论，让学生了解体育产业统计的概况以及发展趋势，明确体育产业统计工作在我国体育产业发展过程中的积极影响和作用，让每一位同学都深知一个制度和工作体系的形成都是经过发现问题、探讨问题、解决问题等一系列步骤的，同时教导学生在学习过程中始终要保持善于发现问题的态度，秉承解决问题的初心。

第四章　健身休闲业思政教学设计

健身休闲业属于体育产业的重要组成部分，是体育产业发展过程中的核心力量，伴随着人民对健身休闲方式日益增长的多层次、多样化的需要，健身休闲业的巨大潜力正被逐渐激发。本章内容主要包括三个部分。

第一部分是健身休闲业概述，重点介绍健身休闲业的概念、地位与功能、国内外发展状况。健身休闲业的概念可分为健身产业的概念和休闲产业的概念。2016年国务院办公厅印发的《关于加快发展健身休闲产业的指导意见》将健身和休闲的概念进行了融合并界定了其所涵盖的内容。健身休闲业是体育产业的重要组成部分，对第三产业的发展具有重要的作用，蕴含促进消费升级、带动相关产业发展、增加就业机会和优化资源配置等功能。其在欧美国家发展已经较为成熟，而在我国目前仍处于发展初期。

第二部分是健身休闲业的运营，重点介绍健身休闲业的运营主体、运营模式。健身休闲业的运营主体按照所有制主体被划分为政府和市场主体两类，按照产业链可划分为健身休闲产品的供应企业和提供健身休闲服务的运营企业。产业运营管理的目标决定了运营主体选择什么样的运营模式。我国根据各地区发展水平差异，分为政府运营、市场运营、混合运营和产业链条化运营四种模式。

第三部分是健身休闲业发展趋势，主要介绍健身休闲业的发展前景、面临的挑战、发展新态势。我国健身休闲业仍处于发展阶段，具有巨大的发展空间，随着人们对健身休闲方式多层次、多样化的需要，国家政策的大力支持，需求和供给的不断增长，投资增加，健身休闲业将迎来大好的发展前景。但同时也面临着同行恶性竞争、快速扩张导致资金链断裂、专业人才匮乏、服务质量滞后、运营模式存在巨大风险等挑战。随着经济的发展、人们生活方式的改变以及科技的发展，健身休闲业也出现了新理念、新业态和新平台。

通过学习“健身休闲业”，同学们将初步认识、了解健身休闲业的基本概念、运营模式和发展趋势。在教学过程中，授课教师在进行基础知识的讲解时，还要努力培养同学们的健身休闲意识，激发其学习兴趣，通过课后作业、主题汇报、课堂问答等多种教学方式培养同学们良好健身休闲方式的养成，形成健康的生活方式，积极为他人提供健身指导，推动全民健身，促进体育产业发展。

第一节　健身休闲业思政元素分析

一、助力全民健身

习近平总书记在许多场合以不同的方式多次提及“全民健身”，表达了他对全民健身工作的态度和推动全民健身工作的意见和要求，强调全民健身是全体人民增强体魄、健康生活的基础和保障，人民身体健康是全面建成小康社会的重要内涵，是每一个人成长和实现幸福生活的重要基础。2016年提出的《“健康中国2030”规划纲要》则体现了党中央要在全民健身运动的推广上狠抓落实，把健康中国建设行动具体落到实处。2020年我国全面建成小康社会的目标达成，每个人享有健康的生活状态是小康社会的核心要素，从这个角度便可以看出，全民健身在全面建成小康社会中的基础性地位。推行全民健身的个体化原则作为推进全民健身的切入点，使全民健身不再是一句口号或一个倡导，而是一种行动宣言和切实可行的行动计划。加快建设体育强国，就要坚持以人民为中心的发展思想，把人民作为发展体育事业的主体，把满足人民健身需求、促进人的全面发展作为体育工作的出发点和落脚点，落实全民健身国家战略，不断提高人民健康水平。这里，“促进人的全面发展”首次在这样的高度被纳入全民健身的概念之中，成为“全民健身”的重要内涵，这是全民健身战略的一个闪光点，体现了国家对于体育运动如何影响人的问题的深度思考，同时，把“人民作为发展体育事业的主体”不仅体现了以人为本的事业出发点，而且强调了全民健身的个体目标，也就是要让每个人都参与其中。

二、坚持人民至上

党的二十大报告强调了“坚持人民至上”“坚持自信自立”“坚持守正创新”“坚持问题导向”“坚持系统观念”“坚持胸怀天下”。其第一条是坚持人民至上，正说明了党中央始终站稳人民立场，不断着力提高人民群众的“幸福指数”。当前，我国社会主要矛盾已经转化为人民日益增长的美好生活需要和不平衡不充分的发展之间的矛盾。社会主要矛盾的转化其实已经让人民群众对发展的要求从物质层面更多地转变到对文化、社会等各个领域精神层面的要求。这一主要矛盾在体育领域主要表现为人们对健身休闲方式的多层次多样化需要与我国健身休闲产业供给不平衡不充分的矛盾。人民不仅要生活得更富足，还要有更多的获得感、幸福感和安全感。而体育产业作为幸福产业、绿色产业和朝阳产业，能较好地增加老百姓的获得感、幸福感和安全感，大力发展健身休闲业，不仅能满足人民的健身需求，还能满足人民不同层次的精神需求。所以，发展健身休闲业体现了党中央坚持人民至上的原则。

坚持以人民为中心的发展思想是“十四五”规划的基本原则。“十四五”规划以满足人民日益增长的美好生活需要为根本目的，提出了一系列改善民生福祉、提高社会建设水平的新举措，让我们对未来有了更多的期待。规划明确指出，坚持人民主体地位，坚持共同富裕方向，始终做到发展为了人民、发展依靠人民、发展成果由人民共享，维护人民根本利益，激发全体人民积极性、主动性、创造性，促进社会公平，增进民生福祉，不断实现人民对美好生活的向往。我国以习近平新时代中国特色社会主义思想为指导，坚持以人民为中心的发展思想，为健身休闲产业发展提供了坚实基础。进入“十四五”时期以来，国家对健身休闲产业格外关注并赋予其重要地位，出台了一系列与健身休闲产业相关的政策。2021年7月，国务院印发的《全民健身计划（2021—2025年）》将健身休闲提升到龙头地位。2021年10月印发的《“十四五”体育发展规划》延续了健身休闲产业龙头发展地位这一提法，并提出了相应举措。从以上政策文件可以看出，健身休闲产业在体育产业及体育事业发展中的地位越发重要。

三、推动体育产业高质量发展

新时代体育产业作为五大幸福产业之一，关乎国民健康、国家力量、国家形象，肩负着实现体育强国、健康中国的时代使命。体育健身休闲业作为全民健身和体育产业的结合点，有利于推动体育产业高质量发展，有利于满足人民日益增长的美好生活需要，有利于推进实现全民健康的战略目标。2014年，国务院发布的《关于加快发展体育产业促进体育消费的若干意见》（国发〔2014〕46号），提出要加快体育产业布局，进一步满足并刺激人民群众对体育的消费需求。该文件发布后，体育健身休闲业利好政策陆续出台，国家体育总局在2016年发布的《体育产业发展“十三五”规划》中进一步要求将健身休闲产业作为重点行业培育，为我国健身休闲产业发展打下一剂强心剂。2016年，中共中央、国务院印发的《“健康中国2030”规划纲要》中强调要广泛开展全民健身运动，积极发展健身休闲运动产业。同年发布的《关于加快发展健身休闲产业的指导意见》中明确提出要推进健身休闲产业供给侧结构性改革，不断满足大众多层次多样化的健身休闲需求。作为《“健康中国2030”规划纲要》的行动指南，2019年制定的《健康中国行动（2019—2030年）》中继续将全民健身行动列为15个重大行动之一，对个人、社会、政府都提出了非常具体化的行动目标。可以预见在接下来的10年发展中，全民健身工程将进一步提升我国人民的幸福感和获得感，在此带动下，健身休闲业也将迎来井喷式发展之机遇。

四、贯彻新发展理念

党的十八届五中全会首次提出创新、协调、绿色、开放、共享的新发展理念。新发展理念是在世界面临百年未有之大变局和我国发展进入新时代的历史背景下，以习近平同志为核心的党中央全面总结国内国外发展经验，基于对新时代我国社会主要矛盾转化和体育产业发展阶段变化以及未来发展机遇和挑战的分析，提出的破解发展难题、塑造发展新优势、引领新阶段高质量发展的理论指导和实践指南。党的二十大报告指出：“广泛开展全民健身活动，加强青少年体育工作，促进群众体育和竞技体育全面发展，加快建设体育强国。”①

健身休闲业的改革与发展既面临诸多矛盾与困难，也面临重大发展机遇，必须结合实际树立创新、协调、绿色、开放、共享的新发展理念。创新是引领健身休闲业发展的第一动力，向创新要驱动力；协调是健身休闲业全面发展的内在要求，向协调要平衡力；绿色是健身休闲业永续发展的必要条件，向绿色要生命力；开放是健身休闲业繁荣发展的必由之路，向开放要助推力；共享是中国特色健身休闲业的本质要求，向共享要凝聚力。要加强体育对外开放的顶层设计，既要服务国家外交大局，做好体育对外交流工作，也要着眼实际情况，深化体育产业等各领域的务实合作，

① 习近平.高举中国特色社会主义伟大旗帜 为全面建设社会主义现代化国家而团结奋斗：在中国共产党第二十次全国代表大会上的报告[M].北京：人民出版社，2022：45.

同时要加强体育领域治理人才队伍的建设。随着全民健身上升为国家战略，需要政府、社会及个人等各方面把健身运动作为事业和产业协调发展、统筹推进，将发展全民健身事业融入经济社会发展大局。全民健身的发展离不开经济社会的发展，在新发展理念提出的背景下，全民健身计划的实施将步入新的历史时期。以新发展理念为突破口，结合全民健身发展的实际，在新发展理念引领下，全民健身活动将会迎来新的发展契机。

五、助力健康中国战略

在健康中国战略指导下，全民健康将成为促进人民身体健康，改善人民生命品质的重要途径与手段。但是，全民体育锻炼的科学化程度仍待提升，人们对身体健康问题的认识也还处在最表层，需逐步加强。社会大众唯有确立大健身观念，并运用科学合理的体育锻炼手段与方式，才能促进身心健康，改善生命品质，实现对美好生活的向往，切实地起到体育运动在建设健康中国过程中的重要支撑作用。在这些情形下科学运动就显得尤为重要。

党的二十大报告提出："深入开展健康中国行动和爱国卫生运动，倡导文明健康生活方式。"[①]为全面推进实施健康中国战略，尽快实现健康中国建设的目标，国务院于2019年印发了一系列健康中国行动有关文件，为健康中国实施提供了路线图。2019年6月，《国务院关于实施健康中国行动的意见》印发（以下简称《意见》）。《意见》强调，国家层面成立健康中国行动推进委员会，并印发《健康中国行动（2019—2030年）》。2019年7月，国务院办公厅印发了《健康中国行动组织实施和考核方案》，以保障健康中国建设有序推进。

在《"健康中国2030"规划纲要》提出的背景之下，我国广大人民群众的体育健身意识显著增强。共享健身房作为科技赋能传统行业的新型健

① 习近平.高举中国特色社会主义伟大旗帜 为全面建设社会主义现代化国家而团结奋斗：在中国共产党第二十次全国代表大会上的报告[M].北京：人民出版社，2022：49.

身产品，展现出了其独特的存在价值。在国家层面，共享健身房是全民健身上升为国家战略的重要体现；在社会层面，共享健身房则是完善全民健身公共服务体系的重要途径；在个人层面，共享健身房是提升全民健康水平和免疫能力的强大助力。

第二节　健身休闲业理论教学设计

一、教学目标

1.知识目标

（1）通过学习厘清健身产业、休闲产业以及健身休闲业的概念，了解健身休闲业的地位与功能、国内外发展状况，了解全民健身的内涵，明确健身休闲业在助力全民健身的过程中扮演的角色。

（2）深刻理解健身休闲业的运营主体、运营模式，认清按照所有制主体划分的运营主体和按照产业链划分的运营主体之间的本质区别，正确理解政府运营模式、市场运营模式、混合运营模式、产业链条化运营模式的特点。

（3）深入了解健身休闲业的发展趋势，掌握健身休闲业的发展前景、目前所面临的挑战以及发展新态势，结合体育产业高质量发展的大背景，了解未来健身休闲业的发展走向。

2.能力目标

（1）通过课堂教学，课中、课下讨论等多种形式，引导学生学习《全民健身计划（2021—2025年）》《“十四五”体育发展规划》等相关文件中涉及健身休闲业的相关内容并思考健身休闲业的发展趋势，结合自己家乡的相关资源，思考如何发展家乡的健身休闲业，从而提升学生知识转化的能力。

（2）通过课堂教学和分组讨论，提升课堂教学效果，提高学生的学习积极性，促进师生之间的交流，培养学生的团队合作意识和处理问题的能力。

（3）通过课堂互动、小组展示、课后作业等手段，积极引导学生逐步学会运用理论知识分析现实问题，了解健身休闲业的相关知识，利用专业知识解决现实问题。

3. 价值目标

（1）坚持以人民为中心的发展思想，把人民作为发展体育事业的主体，把满足人民健身需求、促进人的全面发展作为体育工作的出发点和落脚点，落实全民健身国家战略，不断提高人民健康水平。

（2）体育健身休闲业作为全民健身和体育产业的结合点，有利于推动体育产业高质量发展，有利于满足人民日益增长的美好生活需要，有利于实现全民健康的战略目标。

（3）充分认识在新发展理念下健身休闲业的发展对新时代我国社会主要矛盾转化和体育产业发展阶段变化以及未来发展机遇和挑战的影响。

二、教学内容分析

1. 教学内容

（1）健身产业的概述：健身休闲业的概念（健身产业的概念、休闲产业的概念、健身休闲业的概念），健身休闲业的地位与功能（健身休闲业在国民经济中的地位、健身休闲业的功能），健身休闲业的国内外发展状况（国外健身休闲业的发展状况、我国健身休闲业的发展现状）。

（2）健身休闲业的运营：健身休闲业的运营主体（按照所有制主体划分的运营主体、按照产业链划分的运营主体），健身休闲业的运营模式（政府运营模式、市场运营模式、混合运营模式、产业链条化运营模式）。

（3）健身休闲业的发展趋势：健身休闲业的发展前景（国家政策支持、需求和供给不断增长、投资增加），健身休闲业发展面临的挑战（同行业恶性竞争加剧、快速扩张中的资金链断裂、优质教练资源匮乏、专业运营管理人才匮乏、行业服务质量标准化建设滞后），健身休闲业发展新态势（新理念、新业态、新平台）。

2. 教学重点

（1）健身休闲业的地位与功能。主要问题有：明确健身休闲业在国民经济中的地位及主要体现，健身休闲业的功能、分类及作用。

（2）健身休闲业的运营主体与运营模式。主要问题：按所有制划分的运营主体与按产业链划分的运营主体本质上的区别，四种运营模式的优缺点及各自所适用的环境。

（3）健身休闲业的发展前景。主要问题：对国家政策的掌握，了解健身休闲业需求和供给的情况，了解健身休闲业的投资情况。

（4）健身休闲业发展新态势。主要问题：新理念、新业态、新平台下健身休闲业的发展趋势。

3. 教学难点

（1）通过健身休闲业概述的教学解读全民健身的作用和坚持以人民为中心的发展思想，提升学生对健身休闲业的认知。

（2）健身休闲业存在哪几种运营模式，当前主流的模式有哪些。

（3）健身休闲业的发展有哪些积极的影响因素，目前面临哪些挑战，以及未来健身休闲业的发展走向如何。

三、教学手段与方法

1. 启发式课堂教学

启发式课堂教学包括通过在课堂对学生进行启发式提问、引导提问、知识难点与观点解析等，激发学生的学习兴趣，并由学生根据自己的分析和对现实问题的观察得出结论，从而帮助学生厘清健身休闲业的概念。

2. 课堂思辨式讨论

借助PPT课件、图形表达、案例展示、视频播放等多种教学方式，营造轻松活跃的学习氛围，避免学生对健身休闲业的学习产生畏难情绪。

3.组织线上线下讨论

充分利用各类资讯链接，利用微信群推送文献观点解析，结合主题进行分组讨论、知识大赛、小测验等，不断增强学生对所学知识的理解和应用能力。

四、思政要点设计和教学过程（表4-1）

表4-1　思政要点设计

教学内容	知识点	思政元素
健身休闲业概述	1.健身休闲业的概念 2.健身休闲业的地位与功能 3.健身休闲业的国内外发展状况	1.帮助学生了解健身产业、休闲产业与健身休闲产业的内在联系 2.党的二十大报告提出必须坚持人民至上。健身休闲业在国民经济中具有重要地位，在满足人民日益增长的美好生活需要方面发挥着重要作用。我国以习近平新时代中国特色社会主义思想为指导，坚持以人民为中心的发展思想，这为健身休闲产业发展提供了坚实基础 3.通过对比国内外健身休闲业发展经验，帮助学生客观、理性地思考健身休闲业为什么需要以及如何坚持科学发展观，贯彻新发展理念，推动构建新发展格局
健身休闲业的运营	1.健身休闲业的运营主体 2.健身休闲业的运营模式	1.通过对健身休闲业运营的学习，让学生了解到健身休闲业的运营主体、运营模式，培养学生创新思维能力 2.我国正处于经济高质量发展的新时期，体育产业也在不断发展进步。为使健身休闲产业消费水平再上一个台阶，就要从国家的政策补贴和供给侧发力形成完善的发展体系，从宏观角度增强健身休闲产业的消费黏性 3.在健康中国战略指导下，全民健康将成为促进人民身体健康，改善人民生命品质的重要途径与手段。但全民体育锻炼的科学化程度仍待提升，人们对身体健康问题的认识也还处在最表层，需逐步加强。在健身休闲产业运营过程中应该让人们正确认识到全民健身、健康生活的重要性，树立正确的健身理念

续 表

教学内容	知识点	思政元素
健身休闲业的发展趋势	1.健身休闲业的发展前景 2.健身休闲业发展面临的挑战 3.健身休闲业发展新态势	1.促进体育产业的高质量发展,关键在于有效的市场需求。要充分调动政府、市场、消费者等多方力量,为体育消费升级创造有利的市场环境,不断强化现有消费者的黏性,促进潜在消费者不断转化,为体育消费升级奠定坚实的群众基础。同时,要大力推动我国体育产业的发展 2.贯彻新发展理念,在国内国际双循环的新发展格局下,体育产业结构不断优化,经济转型升级加速,带动和促进经济高质量发展成效明显。体育产业作为现代服务业的组成部分,在国民经济中占有重要比重,对于满足人民群众的运动健康需求具有重要价值。其中,体育产业结构的优化和升级也是经济高质量发展的重要组成部分。促进体育产业的升级,必须贯彻新发展理念,发挥科技创新的作用 3.从政府调控因素、社会环境因素、个人相关因素、健身休闲产业消费市场规模和市场环境等方面研究健身休闲业的发展。通过培养新型休闲健身专业人才和增强青少年体质,打破传统思想,培养创新观念,提升企业产品服务质量,优化休闲健身产业结构,加大政策补贴供给,完善健身休闲产业政策等路径,对健身休闲产业结构进行优化

(一) 健身休闲业概述

1.健身休闲业的概念

(1) 健身产业的概念。

由于我国最早的健身市场供给主体大多为健身俱乐部，因此健身俱乐部是我国健身产业的行业主体。

(2) 休闲产业的概念。

休闲产业是指与人的休闲生活、休闲行为、休闲需求密切相关的产业领域，特别是以旅游业、娱乐业、服务业为龙头形成的经济形态与产业系统。

（3）健身休闲业的概念。

健身休闲业是体育产业的重要组成部分，是以体育运动为载体，以参与体验为主要形式，以促进身心健康为目的，向大众提供相关产品和服务的一系列经济活动，涵盖健身服务、设施建设、器材装备制造等业态。

2. 健身休闲业的地位与功能

目前，健身休闲业是我国的一个新兴产业和朝阳产业，对于优化我国产业结构，促进第三产业的发展具有十分重要的作用。

（1）健身休闲业在国民经济中的地位。

健身休闲业作为我国体育产业乃至第三产业的重要组成部分，在国民经济中的地位主要体现在以下四个方面：健身休闲产业生产总值比重较大并且逐年增加，对于国民经济发展具有重要的基础作用；健身休闲业可以引领第三产业发展，对产业结构的升级以及资源配置发挥着导向作用；健身休闲业需要众多劳动力以及资本的投入，既是劳动密集型产业，又是资本密集型产业，已经成为拉动投资和内需以及解决就业的新的增长点；产业关联度较高，可以带动房地产、旅游、贸易、交通、餐饮等多部门产业的发展。

（2）健身休闲业的功能。

健身休闲业的发展不仅可以让人们在繁忙的工作后得以放松，满足人们的精神心理需求，还可以提升消费水平，促进相关产业的发展，增加人民就业机会，优化资源配置，推进国民经济的增长。

3. 健身休闲业国内外发展状况

（1）国外健身休闲业发展状况。

国外的健身休闲产业是在19世纪末兴起的。第二次工业革命推动了工业的发展，也推动了城市的发展。运动与娱乐产业在初期呈现出“贵族化”特征，欧美等国出现了许多贵族运动项目，并在市场上建立了相应的俱乐部。第二次世界大战之后，欧洲国家的经济都在复苏，美国的经济不但没有受到战争的影响，反而得到了巨大的发展，成为全球休闲产业的领导者。随着越来越多的美国人面临肥胖问题，健美操等有氧运动在美国流行开来。这一时期，我国的健身、娱乐行业已呈现出大众化的特征，以满足广大市民的健身、休闲需要为主，并形成了以会员制、连锁经营为主导的行业运作模式。在欧美等发达国家，20世纪90年代以后，健身会所出现了多样化的发展，大型的健康娱乐场所（Fitness Center）出现。

（2）国内健身休闲业的发展状况。

党的十一届三中全会之后，我国开启了改革开放的新时代，人们思想逐渐解放，开始接受西方的新事物，出现了一定规模的健身休闲业经营实体，健身休闲俱乐部作为新型企业形式开始进入中国。

20世纪80年代，我国的城市社区中兴起了一些健身休闲场所，并在20世纪90年代迅速发展。进入21世纪后，我国出现了国际著名体育健身俱乐部的连锁机构和管理顾问公司，健身休闲俱乐部迅速发展。

进入20世纪90年代后，我国居民健身休闲的意识开始增强，相应的体育消费支出不断上升。1995年国务院颁布《全民健身计划纲要》后，健身潮流席卷全国，健身休闲俱乐部在一线城市大量涌现。这一阶段一些民营经济和外资主体开始进入我国健身休闲市场，部分经营者与一些地方政府和体育事业单位采取合作开发或外包经营的方式，有效地开发体育场馆资源，推动了健身休闲市场发展。此后，我国健身休闲企业的经营面积不断增加，综合性经营实体开始出现，一些俱乐部开始引进国外先进的经营管理手段。

进入21世纪以来，我国健身休闲俱乐部进入稳定发展阶段。在这一阶段，由于市场前景良好，投资健身休闲的企业大量增加，健身休闲连锁品牌开始大量涌现并迅速占领市场。

总体上看，作为绿色消费、健康消费的代表，健身休闲业是我国消费升级的重点行业，目前仍处于发展初期。随着居民收入的进一步增加和健康意识的增强，大众的健身需求必将出现内生性增长，加之政府政策的扶持和产业资本的青睐，可以预测，我国健身休闲业必将进入爆发式发展时期。

（二）健身休闲业的运营

1.健身休闲业的运营主体

公有制为主体，多种所有制经济共同发展，是我国的一项基本经济制度，这一制度也决定了当前我国健身休闲业的运营主体类型呈现多样化特点。

（1）按照所有制主体划分的运营主体。

政府运营下的主体主要包括由国家投资或社会资金兴建的各类健身休闲中心、健身休闲公园、全民健身活动中心以及社区百姓健身房等。我国的健身休闲业市场运营主体主要指由民间资本投资兴建的营业性健身休闲服务企业。

（2）按照产业链划分的运营主体。

从事健身休闲产品供给的企业具体包括设施建设类企业和器材装备制造类企业。从事提供健身休闲服务的运营企业主要包括各类休闲健身中心、公园和健身休闲俱乐部等。

2.健身休闲业的运营模式

产业运营管理的目标决定了运营主体选择什么样的运营模式，这些不同的运营模式往往决定了运营主体可提供不同的服务产品和不同的竞争优势。目前我国健身休闲业分为以下几种运营模式。

（1）政府运营模式。

（2）市场运营模式。

（3）混合运营模式。

（4）产业链条化运营模式。

（三）健身休闲业的发展趋势

1.健身休闲业的发展前景

随着社会经济、文化的不断发展，健康的地位和休闲的价值在人们心中逐渐提高，人们对健康的认识和理解不断增强，国家政策支持、需求和供给不断增长、资本投资增加使得健身休闲业市场前景光明。课程思政元素：体育产业高质量发展。

2. 健身休闲业发展面临的挑战

改革开放40多年来，我国健身休闲业保持快速发展，投资前景较为乐观。但与此同时，其在市场竞争秩序、资金管理、人力资源、服务质量和经营模式等方面还面临着许多挑战。

3. 健身休闲业发展新态势

新理念、新业态、新平台对健身休闲业产生了深远影响。课程思政元素：新发展理念。

（1）新理念：随着时代的发展、科技的进步，人们的观念意识、生活方式、生活环境等都发生了变化，人们的健身休闲理念也在变化，例如：多场景体验理念、多元化服务理念、个性化服务理念。

（2）新业态：时代发展和产业发展面临的各种挑战要求经营者在健身场馆和硬件要求设施、服务内容等方面尝试业态的转变，例如：智能健身房、健身休闲工作室、时尚型健身馆、课程内容供应商、健身餐运营商、教练员培训机构、企业健身休闲服务运营商等应运而生。

（3）新平台：在智能化、互联网化和社交媒体的共同驱动下，销售与推广、软件应用云平台建设等方面搭建起成熟完善的新平台。

五、教学效果

（1）使课程思政与健身休闲业交融互促。课程思政的目标是立足于“志存高远，学以报国”的创新人才培养。在课堂教学中潜移默化地弘扬爱国主义精神，让学生深刻意识到自己就是社会主义新时代伟大进程的建设者和实践者。

（2）践行学以致用、知行合一的教学理念。通过分析探讨当前正在推进全民健身、新发展理念、体育产业高质量发展等现实案例，引起同学们对理论知识的学习兴趣，使同学们掌握宏观政策的最新前沿，深入了解国情，同时激发其爱国爱家乡的赤子情怀和提升其自主学习能力。

(3) 健身休闲业中的课程思政需要春风化雨，潜移默化，而不是简单说教。首先，要注重学生特点，让学生进行角色代入，增加体验感；其次，要结合新时代青年学子的特点、时代特征、课程专业知识与理论前沿，不断引入新观点、新思维与新方法，引导学生从不同角度进行思考，增强学生的健身休闲意识、思想道德素养、科学思维认知和实践能力。

第三节　健身休闲业案例教学设计

案例一　户外运动赋能 探索“露营+”模式
——助力“百村万帐”运动振兴乡村

一、案例描述

乡村越野赛、游园活动、互动游戏……日前，2022中国体育彩票“百村万帐”运动振兴乡村活动首站在浙江杭州余杭中泰街道紫荆村举行。

值得一提的是，本次活动在废弃矿坑改造再利用的营地中举行，用一场年轻人喜欢的露营活动，激活闲置土地的同时，给露营注入运动的新元素。当天，丰富有趣的户外活动不仅吸引了许多年轻人，也吸引了很多家庭一起参与体验。

活动开始，当篝火燃起，帐篷支起，天幕周边的灯光亮起，整个矿坑都亮起来了，紫荆村也热闹起来。现场精彩热闹的体彩互动闯关小游戏不仅让参与者体验了内容丰富的闯关关卡，集章抽奖赢好礼，还能在互动中感受到公益体彩、责任体彩的理念。体彩吉祥物乐小星也来到现场，为大家带来了顶呱刮即开票等惊喜福利。

作为运动振兴乡村的重要引擎和强有力支撑，“百村万帐”是乡村业态引流的新利器，是“两山”价值转化的新探索。在露营消费供需两旺的背景下，“百村万帐”依靠自然资源禀赋发展户外休闲体育，将时下热门的休闲露营与户外运动、赛事、品牌做深度融合。将乡村林地、荒坡、矿坑等闲置自然资源变为户外运动的新资源，把广大乡村变成天然运动场，在有风景的地方嵌入新经济，打开运动振兴乡村的突破口，助力美丽乡村建设，实现“体育共富”。

浙江省体育局相关负责人表示，浙江的绿水青山需要露营爱好者共同参与、发展。为了真正激活乡村露营潜力，浙江省体育产业联合会策划并提出了“百村万帐”品牌，探索出一个以户外露营为载体的新经济模式。通过将“百村万帐”活动的首站放在中泰紫荆村，把村里废弃20年的矿坑重新利用起来，以绿色生态的方式重新开发，使荒地焕“新颜”，为浙江省露天矿山整治转型探寻路径。

“体育+露营”的新理念既能满足健身爱好者的运动需求，也可满足露营爱好者的休闲需求，达到“1+1>2”的效果。目前浙江省露营行业仍处于起步阶段，“体育+露营”就是要让户外运动从业者积极拓展露营形式、打造户外文化，让露营“由休闲变运动、由打卡变生活、由度日变过夜、由活动变经济、由虚火变真火”。

“百村万帐”首场活动引入户外运动项目、俱乐部、冠军厨房、穿越乡村赛事等新业态，结合弓箭、棒垒球、足球、飞盘、智能骑行、蹦床等多项赛事活动，以及悬崖速降、乡村市集等精彩内容，通过多方合作的形式落地一个点，激活一个村，打造一个产业，让矿山重现价值。

“体育+露营”的模式不仅体现在一场活动中，运动振兴乡村的理念也不仅落实在一个项目中。当露营经济不断火热，“百村万帐”目的是希望能够带动浙江省户外运动产业链的上下游企业，通过这个IP探索经济复苏的新方式。未来，“体育+”“露营+”的跨行业、跨领域融合方式将逐渐成为户外产业链发展的主流态势，“露营+户外运动”“露营+赛事”“露营+俱乐部”等共融的经济发展模式都将为打造乡村振兴、体育共富提供发展样本。

资料来源:户外运动赋能　探索“露营+”模式——浙江体彩助力“百村万帐”运动振兴乡村首站活动,国家体育总局网,https://www.sport.gov.cn/n20001280/n20067608/n20067637/c24417317/content.html,有改动。

二、案例的思政元素

1.体育产业助力乡村振兴

党的二十大报告指出：“全面建设社会主义现代化国家，最艰巨最繁重的任务仍然在农村……全面推进乡村振兴……加快建设农业强国，扎实推动乡村产业、人才、文化、生态、组织振兴。”①体育产业是新时代的健康产业、幸福产业，同时也是建设现代化经济体系的朝阳产业。实施乡村振兴战略是建设现代化经济体系的重要基础。体育产业与乡村振兴之间的关系体现在：加快发展体育产业，有利于提供适宜于农村居民需要的体育有效供给，满足农村居民体育需求，促进乡村振兴；乡村振兴有利于提升人民群众生活水平，促进农村体育消费，推动体育产业发展。一方面，体育产业通过提供农村体育有效供给，促进乡村振兴。体育产业能够提供多样化、多层次的体育产品与服务，满足农村居民体育需求，以服务于乡村振兴战略的推广与实施。近年来，体育产业快速发展，通过加大农村体育场地设施供给、激发农村基层体育社会组织活力、完善农村体育赛事制度、发展民间民俗体育活动等，以提供农村体育有效供给，促进乡村振兴。另一方面，乡村振兴通过促进农村体育消费，助力体育产业发展。随着乡村振兴战略的深入推进，多重政策利好向农村倾斜，农村人民生活水平显著提升。近年来，全民健身和健康中国等战略的稳步实施，农村居民进行体育消费的能力和欲望增加，对体育产业的发展起到了积极作用。乡村振兴通过促进体育产业与相关产业融合、完善乡村公共体育服务体系等，促进农村体育消费，助力体育产业发展。

① 习近平.高举中国特色社会主义伟大旗帜　为全面建设社会主义现代化国家而团结奋斗:在中国共产党第二十次全国代表大会上的报告[M].北京:人民出版社,2022:30-31.

2. 体育产业可持续发展

健身休闲业的可持续性取决于对一个地区的环境、经济和社会的具体特征所做的规划，以及可持续计划实施和健身休闲业持续管理的有效性。从经济上来说，将目的地的经济增长作为健身休闲业发展的动力，以满足当地对就业、收入、交通与环境卫生设施、社会保障和消费机会的基本需求；从环境上来说，通过运用先进技术，保护和加强当地环境资源基础；从制度上来说，建立环境保护与体育旅游经济的协同发展决策制度，并通过当地和社会的公众参与来实现共同利益；从社会上来说，实现社会公平，实现平等分配福利，平等获得自然资源和机会。

满足人类需求、确保社会公平和尊重环境是可持续发展主张的价值核心，体育旅游的可持续发展需遵守可持续发展的价值观。每一个利益群体都有各自的发展目标，这取决于社会提供的商品、服务、文化以及社会关系。体育旅游是以体育运动为事件的休闲旅游活动，对社会发展而言，通过参与体育休闲活动可满足参与者基本的健康需求和对高品质生活追求的需求，同时，体育旅游发展具有明显的区域经济特征，体育旅游发展满足目的地的经济发展和社会发展需求，有助于实现共同富裕。对环境可持续性而言，体育旅游资源的开发，尤其是山地户外等在自然环境下开展的体育旅游活动，与自然环境资源关系紧密，体育旅游资源的合法、合理开发可以促进该领域所有相关利益者的理性共识，是实现体育旅游健康、可持续发展的重要的途径。

三、案例使用说明

（一）教学用途与教学目标

1. 教学用途

本案例适用于“健身休闲业”章节的教学，通过“体育+露营”的新模式，说明创新不仅可以带动体育产业的发展，还可以带动其他行业的进步，合理进行资源配置，可促进可持续发展。

2. 教学目标

（1）知识层面：了解“体育+露营”新兴业态对体育产业带来的影响；了解“体育+露营”的运营模式以及发展趋势。

（2）能力方面：对“体育+露营”这一案例的学习，能够拓展学生思维，培养学生在当今大环境下抓住机遇，迎接挑战，勇于创新的能力，充分发挥自身优势。

（二）案例讨论的准备工作

预习健身休闲业中的相关理论和知识，对体育休闲产业的发展与创新有初步认识。

（三）案例分析要点

1. 启发思考题

（1）结合案例，思考健身休闲产业与露营是如何相辅相成、相互促进的。

（2）结合案例，思考体育产业如何在国家政策助力下迎接新机遇。

2. 分析思路

（1）结合案例，思考健身休闲产业与露营是如何相辅相成、相互促进的。

元素融合塑造乡村振兴新场景。受疫情及年轻消费群体兴起的影响，露营经过千年时光轮转，又以新的面貌繁盛于世，本次活动不仅融合了露营、运动、赛事等新业态，还与传统宋韵文化作了跨越时空的碰撞。在“宋味运动荟”环节中，组委会融入了弓箭打靶、蹴鞠、毽子等具有宋代特色的运动项目，与飞盘、骑行、蹦床、足球等时下流行的现代运动形成了强烈的对比。最为典型的是蹴鞠活动板块，一边是传统的蹴鞠运动，另一边是鸵鸟足球借助互联网手段呈现的智慧足球场景。这让参与者能充分感受现代运动与宋韵文化对撞的活力与激情，实现古与新的融合共生。

多元消费激发消费新活力。为了真正激活乡村露营潜力，浙江省体育局副局长策划并提出了“百村万帐”品牌，探索出一个以户外露营为载体的新经济模式。在输送客流进乡村的同时，助推当地资源和产品走出去。他还指出，“体育+露营”就是要让户外运动从业者积极拓展露营形式、打造户外文化，避免热度掩盖深度、产业不能产出。通过“百村万帐”，做好“体育+”的新型产业模式，打造文化消费、运动消费等多元消费场景，多方面刺激露营经济、乡村经济的发展，有利于实现“体育共富”。

整合资源同筑供需新桥梁。在开帐仪式现场，乐刻运动、御弓馆、翼鲲飞盘、鹿枫与组委会进行战略合作签约。他们的加入为“百村万帐”注入新活力，助推多种业态跨界融合支撑的乡村发展新格局，也为当地的产业发展、转型和升级提供动力。“百村万帐”不仅要把广大乡村打造成都市人的天然运动场，更要探索打造“体育+露营”的户外运动新经济模式，让“运动振兴乡村”不只是一句口号。该项目也将从一场活动成长为一个整合资源、制造内容、推动户外产业发展的平台，通过搭建对接供需双方的桥梁，助推露营生活转变为露营产业、露营经济，实现体育产业助力共富。

（2）结合案例，思考体育产业如何在国家政策助力下迎接新机遇。

落实我国体育产业供给侧结构性改革。大力推动竞赛表演业、健身休闲业、场馆服务业、体育中介业、体育培训业和体育传媒业等体育服务业的壮大与支柱性产业地位的确立，满足人们日益增长的美好体育需求，优化体育产业结构；政策供给到位，体育产业供给侧结构性改革的步伐是否快而稳取决于相关政策出台是否快而稳，要完善宏观结构、组织、布局等政策制定，细化微观财税、土地、人才等支撑；创新驱动产业发展，简政放权激励市场主体进入与扩大，推动技术与设计创新，推动国产品牌向国际市场迈进。

产业融合的高质量发展。首先是体育产业与旅游产业的加速融合，依托各地特色资源优势，开展高尔夫、摩托车运动、汽车露营、极限运动、马术等时尚运动项目；其次是体育产业与文化产业的加速融合，促进民俗类体育活动与非遗项目的开发和保护，体育与文化融合衍生品及相关服务的开发；最后是体育产业与养老健康产业融合，加强两产业融合的技术、业务以及市场融合演进路径顶层设计。

提高体育产业应对重大事件冲击的能力。体育产业面临在逆境中生存的巨大挑战。为促进体育产业高质量发展，一定要提高应对重大事件短期冲击与长期影响的能力。将“促进消费、扩大内需”作为体育产业长期坚持的基本政策，可结合发放“体育消费券”等方式；通过拓宽融资渠道等方式，加强对中小微体育企业的金融政策支持；针对性防控体育赛事表演业、体育健身休闲业和体育教育培训业等重点行业金融风险。

加大学科交叉力度，加深学术合作程度。体育产业将迎来下一个五年。为保障体育产业在下一个五年内高速与高质量并行发展，还需不同学科、不同专业的多学者共同努力，从不同的视角，结合跨专业知识和实践经验，创新完善现有体育产业理论，为体育产业实践注入新的动力。建议未来体育产业研究应融合体育学、产业经济学、管理学与社会学等学科并积极吸收体育用品生产企业、体育健身俱乐部、职业体育俱乐部等专业管理人才共同为体育产业的“双高”发展献计献策。

3.教学组织方式

建议用本案例完成“健身休闲业”知识点的教学，一般安排2个课时(90分钟)，案例的教学组织安排如表4-2所示。

表4-2　教学组织安排

学习阶段	学习内容	时间限制	学习目标
课前	要求学生分组并提前预习课本知识	提前两天	熟悉案例情况
课中	教师展示案例PPT和与案例相关的资料	10分钟	进一步熟悉案例情况
	教师介绍与案例相关的思政元素	10分钟	让学生了解与案例相关的思政理论

续 表

学习阶段	学习内容	时间限制	学习目标
课中	分组讨论,要求学生运用思政元素分析案例,并在课堂上写出案例分析报告	20分钟	让学生能够用理论分析问题,并将小组案例分析报告作为平时考核成绩
	随机抽取三个小组进行发言	每组5~6分钟,控制在20分钟以内	锻炼学生归纳总结能力
	对各组表现进行简单评价,并进行归纳总结,注意思政元素与知识点结合	20分钟	让学生学会运用思政相关理论分析知识点
课后	请学生继续关注健身休闲业的发展和近况		增进记忆,巩固知识

（四）总结

通过本案例的学习，让学生正确认识健身休闲业的发展现状。在新的发展阶段，健身休闲产业需要不断创新，充分发挥创新作为引领发展的主要动力，依靠科技进步促进可持续发展。

案例二　健身休闲产业代表——乐刻运动

一、案例描述

随着互联网技术的飞速发展，加上国家政策的大力推动，健身房已经完全改变了传统体育产业的发展模式，互联网与体育相结合产生了许多新兴业态，比如“互联网+”健身就是体育健身产业发展的新兴业态。乐刻健身在不断的摸索创新中成了这一新兴业态的佼佼者。

乐刻是杭州乐刻网络技术有限公司旗下品牌，总部位于杭州。乐刻运动通过网络技术、专业的运营队伍，建立了“数智赋能”平台，通过对乐刻的产品进行赋能，提高了场景服务的效率。通过精细的经营与管理，使用户、教练、场地形成一个闭环；除此之外，乐刻的“数智赋能”平台，也加快了其他商业健身俱乐部的转型，推动了我国的健身产业向智能化发展，同时也降低了企业的运营成本，提升了企业的运营能力。乐刻以“教练脱媒”“场地共享”为核心思想，通过互联网思维、大数据算法、物联网技术，为教练、场馆等社会公共资源进行赋能，推动体育健身场景和服务的供给侧结构性改革，致力于打造“1公里健身圈”，提供便捷运动健身服务。

2021年3月，国家体育总局经济司公布了2020年国家体育产业基地评选结果。浙江省新增国家体育产业基地11家，省体育局经济处负责人表示：“入选的都是我省深耕体育产业的先进典型，从侧面反映出了我省体育产业的蓬勃发展。”其中，乐刻运动作为健身休闲类企业，获评“国家体育产业示范单位”称号。在此之前，乐刻运动已获得“2020年度全国体育事业突出贡献奖”“2020年度浙江省社会力量办体育贡献奖”。

由于疫情的影响，国内的小型实体企业受到了沉重的打击，国内的健身房纷纷破产、倒闭。幸存的健身房积极配合防疫要求关门停业，在疫情期间几乎是零收入状态，不仅如此还得承担门店运营的固定成本，运营压力犹如泰山压顶，这对我国健身行业来说是空前的挑战。

但在健身行业受疫情影响一片惨淡时，乐刻依然交出了一份亮眼的成绩单：全年共落地200余家合伙人门店，入驻苏州、广州、成都、宁波、长沙、昆明、西安等近十座新城。“双十一”活动更是创下全平台销售额1.71亿的行业新纪录。

为了应对疫情带来的影响，乐刻选择了线上这条路。从1月底开始，乐刻在快手、抖音等平台上做直播、短视频，全网流量突破20亿。

早在几年前，乐刻运动创始人、CEO韩伟就在研究健身的到家场景，他对比国外健身房的做法，认为这个场景是可以打通的，只是需要时间，而疫情的到来，让他们赶上了窗口期。

线上和线下的双重驱动，成了乐刻运动未来的发展方向。

要做健身界的Airbnb、Uber、星巴克、7-ELEVEn、盒马，韩伟给乐刻贴过多个标签，那它究竟要成为谁呢？

韩伟反倒认为自己的目标一直是统一的，乐刻要做健身产业的大平台，第一步要把基础设施做起来，只能是先切入做健身房。但这并不意味着乐刻最终要做成汉庭或者如家那样的连锁健身房，韩伟还想再往后走一步，底层的逻辑还是Airbnb或者Uber。

虽然已经做到了行业规模第一，但这些还不足以支撑起乐刻的野心。乐刻健身创始人表示，互联网越来越发达，实体经济反而难做，关于未来发展，先定一个小目标，乐刻要挑战5000家门店这个计划，让1.5公里半径以内都有乐刻运动，每个人都可以拥有乐刻健身房。

资料来源：李佳，乐刻：健身是一门性感生意，中国企业家，2020年第6期，有改动。

二、案例的思政元素

1.创新驱动发展

《2020中国健身行业数据报告》显示，由于疫情的原因，国内各大健身场所在防疫期间出现了短暂停业，这对经营状况不佳的健身房而言，是一个致命的打击。到2020年12月，全国健身会所的数目已经达到了44305家，但与2019年的49860家相比下降11.1%。受疫情影响，在线健身以及居家健身成了主流，各类健身平台、App、健身直播等广受健身人群欢迎，从而加快了互联网线上线下融合发展的速度。网络健身、居家健身打破了人们对传统健身的认知，提高了健身的便利性和互动的多样性。“互联网+”在线健身课程满足了越来越多健身会员的需要。

2.体育产业供给侧结构性改革

在市场化大时代中，高质量的健身休闲产业是满足人民基本健身休闲需求、实现产业繁荣发展的有效市场化机制，与此同时，健身休闲产业自身的高质量发展也越来越成为一个重大的战略命题和紧迫的实践诉求，“十三五”时期健身休闲产业发展是建设“健康中国”的重要内容，而“十四五”时期我国健身休闲产业的使命将是实现高质量发展。高质量发展是2017年中国共产党第十九次全国代表大会提出的新表述，表明当时中国经济由高速增长阶段转向高质量发展阶段。2017年，习近平总书记在中央经济工作会议上指出，高质量发展，就是能够很好满足人民日益增长的美好生活需要的发展，是体现新发展理念的发展。在高质量发展阶段，必须进行质量变革、效率变革、动力变革，这是高质量发展的关键所在，是高质量发展阶段的必然要求，是我国当前及今后发展的重要助力。所以为实现健身休闲产业高质量发展，应持续推进供给侧结构性改革。而健身休闲产业供给侧结构性改革高质量发展是以创新、协调、绿色、开放、共享的新发展理念为指导的，通过质量、效率、动力三大变革，提升供给体系的韧性和对需求的适配性。

三、案例使用说明

（一）教学用途与教学目标

1.教学用途

本案例适用于“健身休闲业”章节的教学，以乐刻运动创新成功为例，引出思政元素体育产业创新驱动发展以及供给侧结构性改革的重要性。时代的进步以及突如其来的疫情让人们的生活发生了很大的改变，体育健身产业应该紧跟时代的步伐作出相应的改变，让人们根据自身的状况更好地实现自由健身，更好地推动全民健身计划的实施。

2.教学目标

（1）知识层面：了解乐刻运动式“互联网+”健身的优势与特点；了解健身产业的发展现状以及未来发展趋势。

（2）能力层面：通过对案例的学习让学生了解到培养创新思维的重

要性。

（二）案例讨论的准备工作

预习健身休闲业的相关理论知识，对传统健身房以及“互联网+”健身模式有初步的了解认识。

（三）案例分析要点

1.启发思考题

（1）结合案例，思考乐刻运动诞生的机遇。

（2）结合案例，思考新时代健身产业的特点和发展趋势。

2.分析思路

（1）结合案例，思考乐刻运动诞生的机遇。

政府对体育产业和全民健身的大力支持与推广。2016年10月，中共中央、国务院印发了《“健康中国2030”规划纲要》。2018年7月17日，国家体育总局发布了《全民健身指南》，为体育爱好者“私人订制”和“量身定做”了个性化体育健身活动方案。2021年7月，国务院印发了《全民健身计划（2021—2025年）》。

“互联网+”促进体育产业智能化发展。2015年3月5日，在十二届全国人大三次会议上，李克强总理在政府工作报告中首次提出“‘互联网+’行动计划”。同年7月4日，《国务院关于积极推进“互联网+”行动的指导意见》使“互联网+”成为全局性的经济政策。2018年的政府工作报告则明确了体育产业与智能产业“互联网+”的融合发展方向，同时确立了推进体育改革并支持社会力量提供体育服务的政策。

（2）结合案例，思考新时代健身产业的特点和发展趋势。

新时代的健身产业有以下几个特点。

一是全民健身进入了社会文化大系统。全民健身已由组织发动期转入稳定建设和持续发展期。它面对全体人民，以渗入社会生活的方式，改变人们的生活习惯，进入社会的大文化系统。全民健身从单一的健身功能扩展为与素质教育、文化繁荣、社会包容、民生改善、民族团结、健身消费、万众创新相结合的多元功能并存。体育社会组织将成为民众体育参与的主要组织形式。

二是民众的参与方式在发生变化。城乡居民参与全民健身的热情空前、持续高涨，体育人口的数量和质量正在逐步提升。《“健康中国2030”规划纲要》显示，到2030年我国的体育人口将从2014年的3.6亿增长到5.3亿。体育人口增长将主要发生在成年人和老年群体之中。民众健身的内容正在悄然转变，已经不再满足于那些单调的、定位的、徐缓的、整齐划一的健身方法，越来越多的人倾向于参与文化内涵更丰富的活动。全民健身体现了以人为本的精神，公共服务的均等化已被提上了议事日程。

随着新时代的到来，一个大健康、大体育的全民健身格局已经出现，这是机遇，也是责任。我们要成为全民健身的参与者，并在参与和建设的过程中成为受惠者。新时代健身产业的发展趋势有以下几方面。

全民健身进入了休闲视野。体育运动与休闲的紧密结合，是国际体育发展的潮流。我们再也不能忽视休闲在未来体育中的价值，也不能忽视休闲作为全民健身文化推动力的核心所起的作用。

全民健身的重心转向城市。全民健身的视线集中到城市，各种围绕城市的体育建设、评比、评估应运而生，这是一个新时代到来的必然选择。体育运动对城市的发展进步具有极大的推动作用，同时还是推动城市化和信息化的加速器。

全民健身从单项推进转向整体发展。全民健身依靠单一元素推进是不可能的，只有把社团建立到场所，把社会体育指导员挂靠到社团，让社团成为参与者的自组织，把活动经费落实到社团和场所，由社团在场所开展有特色的活动，环环相扣，形成一条稳固的链条，才能达到全民健身的理想状态。

体育产业的发展机遇提升了全民健身的服务水平。发展全民健身产业，公共服务体系必须到位。全民健身公共服务体系不是一成不变的，随着民众对体育健身的需求的变化，一些原来奢侈性的活动可能不断大众化，而一些原来大众普及的项目可能走向高档化。

竞技运动成为青少年进入全民健身的主要方式。近年来，我国越来越多的中青年更热衷竞技运动，这不仅使全民健身变得更丰富多彩，而且也为体育产业的发展造就了数量众多的消费人群。

社会主要矛盾转化后全民健身的应变。在城镇化发展的过程中，由于房地产商成为追逐城市空间的主导力量，利润率最低的社区体育场馆受到了冷遇。体育空间的不足成了制约全民健身发展的首要原因。在新时代，公共服务体系与全民健身产业应双管齐下，让公众享受到一流的健康服务、体育服务、休闲服务。

3.教学组织方式

建议用本案例完成“健身休闲业”知识点的教学。一般安排1个课时（45分钟）。案例的教学组织安排如表4–3所示。

表4–3 教学组织安排

学习阶段	学习内容	时间限制	学习目标
课前	要求学生提前预习课本知识,了解体育健身产业基本知识	提前两天	熟悉案例背景
课中	教师展示案例PPT和与案例相关的资料	10分钟	进一步熟悉案例情况
	教师介绍与案例相关的思政元素	10分钟	让学生了解与案例相关的思政理论
	分组讨论,运用所学思政元素并在课堂上写出案例分析报告	15分钟	用理论分析问题,并将小组案例分析报告作为平时考核成绩
	随机抽取两个小组进行发言	每组5~6分钟,控制在20分钟以内	理论结合实际,归纳总结
课后	请学生继续关注健身业的发展状况		增进记忆,巩固知识

（四）总结

通过本案例的学习，学生了解了健身产业的概况以及发展趋势，明确了创新对体育产业以及国民经济发展的重大意义。鼓励学生用发展的眼光去看问题，不仅要发展，更要实现高质量发展。

第五章　竞赛表演业思政教学设计

竞赛表演业是体育产业的重要组成部分，其表现为体育竞赛表演组织者为满足消费者体育竞技观赏的需要而开展的一系列经济活动，向市场提供各类体育竞技表演产品。

本章通过对竞赛表演业发展现状、趋势、未来方向的分析，分别凝练了四条课程思政要素。第一，运用矛盾分析法，厘清竞赛表演业在体育产业中的地位，使学生对竞赛表演业的时代背景有初步的了解，掌握竞赛表演业的概念和内容。第二，从竞赛表演业的运营内容入手，将行业动态与治国理政的方略联系起来，使学生对中国特色社会主义制度有更充分的了解与认识。第三，通过阐明中国共产党的根本宗旨——全心全意为人民服务，使学生对供给侧结构性改革有充分的认识，引导学生全身心地投入到推动体育产业优质发展的事业中去，为体育事业添砖加瓦。第四，通过讲述竞赛表演业中蕴含的社会主义核心价值观，使学生深刻感受体育特有的奋发拼搏、砥砺前行的坚持精神，在课程中孕育自立自强的人格，让学生树立正确的意识形态，坚定对中国特色社会主义的道路自信、理论自信、制度自信、文化自信，在对前沿问题的研究中实现思想和政治能力的提升。

第一节 竞赛表演业思政元素分析

一、集中力量解决主要矛盾

运用矛盾分析法来看待和处理新的实践中各方面的重大矛盾问题，仍然是新的历史条件下需要重点研究的一种方法论，对于复杂矛盾的集合体，对其中的各个不同矛盾加以区分并确定其不同的位置，对我们的认识和实践都具有关键性的意义。竞赛表演业以开发竞赛市场为特色，与其他体育产业门类相区别。高水平的体育比赛可以提供精彩纷呈、扣人心弦的比赛场景，满足观众观看需要，形成更大的市场。从供给方看，参赛运动员的竞技水平越高、水平越接近，竞演产品的品质就越高，就越有可能吸引到更多的消费者；从需求方来看，经济实力、休闲时间、个人喜好、运动氛围等都可以左右竞演产品的消费档次。竞赛表演业因其产业链条长，辐射范围广，对其他体育产业具有明显的带动作用，被称为体育产业的核心业态。

《国务院关于加快发展体育产业促进体育消费的若干意见》中提出，丰富体育赛事活动。以竞赛表演业为重点，大力发展多层次、多样化的各类体育赛事。《国务院办公厅关于加快发展体育竞赛表演产业的指导意见》中提出，到2025年，体育竞赛表演产业总规模达到2万亿元，基本形成产品丰富、结构合理、基础扎实、发展均衡的体育竞赛表演产业体系。这些文件的出台，标志着中国竞赛表演业进入了一个高速发展的时期，已经成为促进经济社会不断向前发展的重要力量。

二、深化“放管服”改革

党的十八大以来，中央把推进“放管服”改革作为转变政府职能、深化行政体制改革的重要抓手，大力推进简政放权、放管结合、优化服务。“放管服”改革是从政府与市场关系的关键环节入手，使市场“无形之手”充分发挥作用，进而撬动经济社会各领域改革的体制机制“有形之手”。为进一步促进体育竞赛表演业的发展，首先，政府要积极推行“放管服”改革，即简政放权、放管结合、优化服务，继续推进体育赛事审批制度改革，鼓励社会各界积极承办各类体育比赛。其次，加快政府职能转变，深化体育行业协会改革，综合运用金融、产业等政策完善赛事体系，如通过指导、委派、督导等方式健全职业联赛理事会、职业联赛分级体系、职业运动员管理体系、职业体育荣誉体系等。各级政府部门尤其是主管部门要加强与体育部门及相关部门的协调与合作，以促进体育事业的发展。此外，要积极组织参加体育赛事和举办好群众体育活动，加快发展体育竞赛表演产业。同时，应建立政府主导、企业参与、市场运作的体育赛事开发模式，积极开展多层次、多类别的体育赛事活动，鼓励大型体育赛事进行市场开发，支持各类体育产业孵化平台的建立。

三、供给侧结构性改革

坚持以人为本发展。人民性是马克思主义最鲜明的品格，为人民谋发展是马克思主义政治经济学的根本立场。始终把人民利益放在最高位置，就一定能够作出正确决策，所以供给侧结构性改革的实质是为人民群众提供更多创新的消费产品，满足人民群众日益增长的物质文化需求。供给侧结构性改革就是贯彻新发展理念，追求高质量发展的实践过程，通过供给侧结构性改革，创造更多人民群众喜闻乐见的文化产品，打造人民满意的幸福产业。在以咪咕体育冬奥会转播为代表的体育赛事转播实践中，5G

新技术与体育赛事转播碰撞出了火花，出现了不少精彩的新变化和新创造，但目前5G技术与体育转播的结合仍处于起步阶段。基于目前已经出现的成功做法，我们可以大胆展望，随着技术的进一步成熟，未来的“5G+赛事转播”将会呈现出更加令人兴奋的新景象。这既是体育产业发展的巨大空间，也是引领其他行业快速发展的重要领域。在新媒体时代，以网络媒体为载体，以视听为表现形式，体育赛事节目的传播方式也是花样翻新，并随着跨媒体技术的发展而不断扩大传播面。

四、踔厉奋发　勇毅前行

历史的画卷，总在砥砺中铺就；时代的华章，永远在接续的奋斗中书写。踔厉奋发、勇毅前行，不仅表现为具有冷静、睿智的思维能力，更体现为坚定和冷静的行动能力。竞赛表演业颇具时代气息。在世界体育的大舞台上，我们的队员勇于拼搏，众志成城，为祖国争光，充分展示了我国体育健儿的良好精神风貌，展示了民族体育的崭新形象，是民族精神的现代体现。2022北京冬奥会的成功举办，不仅使北京成为世界上唯一的“双奥之城”，也为国人树立了“胸怀大局、开放自信、迎难而上、追求卓越、共创未来”的北京冬奥精神，是新世纪中国体育精神的创新与发展。竞赛表演业践行涵养体育精神。学生们借助竞赛表演业课程思政教学的课堂载体，在教学中感受祖国至上、团结协作、顽强拼搏、永不言弃的“女排精神”，增强集体荣誉感；在氛围陶冶中体验自信、开放、拼搏的“冬奥精神”，提升民族自豪感；在情景创设中领悟坚定信念、永不言弃、团结协作、顽强拼搏的“女足精神”，培育坚强意志品质。这些美好的精神意志根植于课堂的实践中，增加了课程的吸引力和感染力，有利于学生对课程内容的理解和内化，更容易激发情感共鸣。

第二节　竞赛表演业理论教学设计

一、教学目标

1.知识目标

（1）帮助同学们初步掌握竞赛表演业的基本知识，对竞赛表演业的概念、特点和作用有一定程度的了解。

（2）了解竞赛表演业的发展现状、发展趋势以及所面临的挑战。

（3）深入理解竞赛表演业当下的困境，以及未来的发展方向，共同思考推进竞赛表演业发展的路径措施。

2.能力目标

（1）本课程采用思辨式的主题教学，采用“课下”“线上与线下”相结合的方式进行教学。专题内容以比赛表演为实例，引导同学们对“十四五”规划及2035年发展战略进行展望。

（2）通过课堂展示、课程小论文、课后主题讨论等多种形式，鼓励同学们运用理论知识来解释和解决竞赛表演业发展过程中出现的问题，增强同学们理论联系实际的能力。

（3）增加课堂演示环节，采用自评、互评、教师打分等方式，提高学生的表达能力。

3.价值目标

（1）通过欣赏运动比赛和表演来提升学生的审美趣味。

（2）培养大学生爱国情怀，引导其树立伟大的共产主义理想。

（3）培养学生积极进取、勇于竞争的精神。

二、教学内容分析

1.教学内容

（1）竞赛表演业的概况：竞赛表演业的概念，竞赛表演业发展历程，竞赛表演业的特点，竞赛表演业的功能。

（2）竞赛表演业的运营：竞赛表演业的运营主体，竞赛表演业的运营模式，竞赛表演业的运营内容。

（3）竞赛表演业的发展趋势：竞赛表演业发展现状，竞赛表演业面临的挑战，竞赛表演业发展展望。

2.教学重点

（1）深刻理解和掌握竞赛表演业的基本概念、特点及功能。

（2）掌握竞赛表演业的运营主体、运营模式与运营内容。

（3）了解我国竞赛表演业的发展规划以及面临的挑战。

（4）引导学生将所学知识与时代号召、家国情怀、民族复兴联系起来。

3.教学难点

（1）理论联系实际，将固化的书本知识与日新月异的现实发展相联系，透过具体的案例分析，看到事物发展的本质。

（2）将专业知识与现实发展相联系，要将专业知识学习与思政元素相互渗透融合，对学生进行春风化雨、润物无声的思政教育。

三、教学手段与方法

1.课堂讲授与启发教学相结合

课程主要由主讲老师讲授，并辅以适当的课堂讨论。授课老师要做好准备，要经常“提问题”，首先精讲课本的核心内容，然后根据教材的内容，提出一些需要考虑的问题，例如中外竞赛表演业发展的比较，我国社会主义制度的优势，引导学生自主讨论，以启发学生的思维，引导学生完成学习目标，最后再由老师进行总结与问题解答。

2. 案例教学与讨论教学相结合

教师在课前布置案例讨论的主题，要求学生分头搜集与案例有关的资料，思考案例带来的启示，准备课堂讨论；课堂上组织同学进行案例分析、讨论和评价，以加深对理论的认识，增强思维能力、组织能力，运用所学知识来解决问题。

3. 教师授课与影像资料相结合

除了教师授课，在课堂上播放一些影像资料，如电影《女排精神》、赛事回放等，这有助于培养学生的审美趣味和鉴赏能力，激发学生参与竞技表演的兴趣，从而更好地融入体育行业。

四、思政要点设计和教学过程（表5-1）

1. 竞赛表演业概况

（1）竞赛表演业概念。竞赛表演业是指通过体育表演形式为市场提供具有观赏价值的服务的组织和活动，是一种以体育为主要内容的体育赛事表演活动，也是一种以满足大众体育竞技和观赏需求为目的的经济活动。

（2）竞赛表演业发展历程。国外竞赛表演业发展历程：世界各国竞赛表演业大致经历了缓慢发展、常速发展、高速发展的历程。比如英国足球联赛始于18世纪60年代的工业革命、圈地运动、殖民掠夺，工业革命使英国称霸世界达半个世纪之久，并对纺织、冶金、煤炭、机械、交通等行业产生了强有力的影响。由于电视转播的普及，营销策略的成功，英超联赛的高品质，以及大众对足球的喜爱，使得英超成为全球顶级的联赛。可以说，自1992年起，英超联赛经历了高速发展时期，涌现出众多球星，比赛精彩纷呈。全球有150多个国家和地区的球迷们收看英超比赛，球迷人数近4.5亿。

国内竞赛表演行业发展的历史：国内竞赛表演行业的发展也经历了缓

慢发展、快速发展、高速发展的过程。《国务院关于加快发展体育产业促进体育消费的若干意见》《国务院办公厅关于加快发展体育竞赛表演产业的指导意见》等一系列文件的颁布，标志着我国竞赛表演业的快速发展，并对促进国民经济和社会的可持续发展起到了积极作用。

（3）竞赛表演业的特点：赛事规模不断扩大，精品赛事不断涌现，市场化程度逐步提高。

（4）竞赛表演业的功能：竞赛表演业是拉动经济增长的引擎，是提升地区形象的窗口，是弘扬时代精神的舞台。

2.竞赛表演业的运营

（1）竞赛表演业的运营主体：政府部门、体育社会组织、体育竞赛表演企业事业单位、赛事中介机构。

（2）竞赛表演业的运营模式：职业体育赛事、常规性赛事、商业性赛事、业余精品赛事。

（3）竞赛表演业的运营内容：门票、媒体转播权、广告赞助、衍生品开发。

3.竞赛表演业的发展趋势

（1）竞赛表演业发展现状。我国竞赛表演业经过多年的发展，初步形成市场体系，其已经成为国际市场的重要组成部分。

（2）竞赛表演业面临的挑战：体制机制不健全，有效供给不足，总体规模不大，大众消费不积极。

（3）竞赛表演行业发展前景。目前，国内的竞赛表演产业已形成了明确的、可量化的发展目标：到2025年，体育竞赛表演产业规模达到2万亿元，建设若干具有较大影响力的体育赛事和体育竞赛表演产业集聚区，推出100项具有较大知名度的体育精品赛事，打造100个具有自主知识产权的体育竞赛表演品牌，培育一批具有较强市场竞争力的体育竞赛表演企业，成为推动经济社会持续发展的重要力量。今后，我国竞赛表演业的发展需要从以下几个方面着手：丰富赛事活动，完善赛事体系；壮大市场主体，优化市场环境；优化产业布局、加强平台建设；强化协调配合，加强资金保障。

表5-1 思政要点设计

教学内容	知识点	思政元素
竞赛表演业概况	竞赛表演业的概念	矛盾分析法是指运用矛盾的观点观察、分析事物内部的各个方面及其运动的状况，以达到认识客观事物的方法。必须坚持“重点论”，善于把握主要矛盾和矛盾的主要方面，突出重点，抓住关键
	竞赛表演业发展历程	举国体制蕴藏着社会主义集中力量办大事的独特政治优势和制度优势，是中国特色社会主义取得举世瞩目成就的秘诀之一，是中国竞技体育取得辉煌成绩的根本保障
	竞赛表演业的特点 竞赛表演业的功能	弘扬以爱国主义为核心的民族精神和以改革创新为核心的时代精神，培养学生勇争第一、顽强进取的上进心
竞赛表演业的运营	竞赛表演业的运营主体	政府首先应积极落实简政放权、放管结合、优化服务的“放管服”改革，继续推进体育赛事审批制度改革，鼓励社会各界积极承办各类体育竞赛
	竞赛表演业的运营模式	从提高供给质量出发，用改革的办法推进结构调整，矫正要素配置扭曲，提高供给水平，增强供给结构对需求变化的适应性和灵活性，提高全要素生产率，更好满足广大人民群众的需要，促进经济社会持续健康发展
	竞赛表演业的运营内容	
竞赛表演业的发展趋势	竞赛表演业面临的挑战	帮助学生正确理解党中央提出的新理念、新思想、新战略的现实依据与逻辑内涵
	竞赛表演业发展展望	1.让学生认识到推动经济发展质量变革、效率变革、动力变革的重要性，从而为中国人民谋幸福，为中华民族谋复兴 2.引导学生思考理论与实际的关系，增强学生的国家认同感和坚定中国特色社会主义“四个自信”，积极投身于新时代体育产业建设，以人民为中心，打造人民满意的幸福产业

第三节　竞赛表演业案例教学设计

案例一　上海F1赛事迸发巨大经济效益

一、案例描述

2004中国国际汽车大奖赛（下文称“F1”）于2004年9月24日到26日在上海国际赛车场举行。每年的F1中国站吸引了数十万国内外游客前来观看，最低票价也会在60美元左右，仅门票一项每年就能带来1000多万美元的收入；游客观看比赛之后要住宿、就餐、购物、娱乐、观光。它给旅游业和相关产业带来的益处是普通赛事和会议不能比拟的。每年在上海举行一级方程式车赛，都可带来几十亿人民币的消费额。另外，庞大的电视转播费收入是F1所产生的重大经济效益。2003年至2010年，央视体育台对F1进行了长达八年的直播，上海站也是如此。央视与上海F1车队达成了战略合作协议，拿下了价值不菲的电视转播权。得益于赛车业的蓬勃发展，F1上海站在长三角地区乃至中国地区都会带来较大汽车消费。它将给赛车业等其他行业带来数以万计的工作机会。中国汽车市场刚刚兴起，已成为全球发展最快和最具潜力的汽车市场之一，与此同时汽车行业的发展使得长三角等地区的汽车零部件加工业得到了快速发展。2003年整个汽车产销增长40%，其中轿车增长70%，就是这样的火热，让F1来得恰如其分。F1比赛创造了世界汽车行业最高科技成果，能够吸引世界上许多汽车制造商和销售商的关注。因此F1不但能刺激国人买车，还能使长三角及上海汽车制造企业越来越受全球汽车制造商欢迎，由此促进上海乃至长三角地区成为亚太地区汽车产业中心。这对于上海乃至长三角汽车业，是个重大好消息。上海举行F1赛事时，媒体不仅会聚焦于赛事的内容，还会聚焦于主办城市的产业技术、商业经济、旅游业。这也意味着，上海在举办F1的过程中，除了将F1赛事的相关信息传递给观众，还会将上海的产业、技术、商业、经济、旅游等信息传递给观众，让观众们在观看比赛的过程中，既能了解到比赛的相关信息，又能从比赛中了解到主办地的情况，从而看到更多的城市形象。与此同时，上海及长三角地区也将因为上海站赛事的全球直播而一夜成名，家喻户晓。为这个区域在后赛车时期带来了持续不断的国际游客。

资料来源：李广宁，F1中国站大奖赛对长江三角洲经济社会影响之分析，北京体育大学学报，2005年第5期，有改动。

二、案例的思政元素

1.激发市场主体活力

市场主体的质量和活力关系到宏观经济整体的质量和活力。激发公有制经济、非公有制经济等各类市场主体活力，平等保护各类市场主体的合法权益，加强对市场主体的服务和监管，维护市场正常秩序、促进市场公平竞争，有利于充分发挥市场在资源配置中的决定性作用，促进经济社会持续健康发展。我国与欧美一些国家相比，大多数体育赛事上座率与观看率不高，竞赛表演业发展水平仍然较低。另外，受疫情影响，人们的消费模式在发生转变，我国的线上消费群体与数字消费出现大幅增长，数字化产品需求增加。因此，后疫情时期，将数字技术作为新动力注入竞赛表演业，促进数字技术与产业融合，是推动竞赛表演业迸发新活力的重要动力源泉。

2.推动形成全面开放的新格局

随着经济全球化的发展和中国体育事业对外开放程度的进一步加大，提高竞赛表演产业的国际竞争力，是打造城市名片、展示国际大都市形象、弘扬城市精神、提升城市综合国际竞争力、增强城市软实力的必由之路。现代社会，一些著名体育品牌赛事已经成为一个城市的标志和名片，品牌赛事的数量及国际知名度是衡量一个城市体育竞赛表演业国际竞争力的重要指标。基于5G技术的优势，体育赛事活动通过多机位设置实现了多视角、差异化的传播，使大众在体育文化审美过程中拥有了更多的选择自主性。体育赛事是5G技术赋能与创新应用的最主要平台。高水平的运动盛会能够更好地体现国家责任、展示城市形象、展示科技创新。随着国家“双循环”战略的实施，竞赛表演产业不仅要顺应变革，更要充分利用自己的特点，把大生态融入经济的双循环体系中，要积极建设开放的体育竞赛表演产业新模式，提高全球体育资源配置能力，提高体育国际化水平，积极开拓新的对外开放空间。利用“一带一路”倡议、区域经济合作协议等国际战略和区域战略机遇，利用好相应节点的建设机遇，开展国际体育合作和国际体育比赛展示活动，以体育比赛、展示促进国家间交流与合作，助力区域经济、社会、文化的协调交流。

三、案例使用说明

（一）教学用途与教学目标

1.教学用途

本案例可以用于此章节中竞赛表演业的概念、特点和作用，运营主体、运营模式以及运营内容的理解教学。

2.教学目标

（1）知识层面。

理解概念：理解竞赛表演业的基本概念、运营内容。

（2）能力层面。

系统思维能力：教师通过对理论的讲解，帮助学生系统地了解竞赛表演业的运营，形成全面、系统地分析问题和解决问题的思维能力。

判断实践能力：根据案例材料，设置两个由浅入深、由知识到能力的问题，通过解答问题，帮助学生形成“理论到实践，实践到理论”的思维方式，使学生能就竞赛表演业发展过程中出现的问题，熟练地运用相关理论，并能提出合理的解决办法。

（3）素质层面。

形成专业意识：从产业的角度思考体育问题，塑造产业思维，引导学生投身于体育产业实践。

提高职业素养：通过案例让学生理解体育产业的最终目标，即打造人民满意的幸福产业，更好地为建设新时代中国特色社会主义而服务。

（二）案例讨论的准备工作

（1）学生预习相关知识，对竞赛表演业的基本知识有所了解。

（2）让学生课前查阅我国较为成功的赛事案例，并思考其运营模式。

（三）案例分析要点

1.启发思考

通过案例的阅读，了解竞赛表演的特点与功能，并思考以下几个问题。

（1）简述体育赛事对举办城市的影响。

（2）请简述竞赛表演业的定义。

2.分析思路

从经济、政治、文化、社会、生态五个方面分析体育赛事对举办城市体育产业资源开发的作用，从而引申出竞赛表演业的功能。

（1）简述体育赛事对举办城市的影响。竞赛表演业可带来直接的经济收益，如门票、广告、场地使用、纪念品或衍生产品等方面，也可带动其他相关行业的发展，从而促进竞赛表演业的交易与投资。通过提供更加多样化的竞赛表演品类，可以满足广大的体育消费群体的需要，以及供给侧结构性改革的深层要求。与文化旅游、健康养老、教育培训、影视动画、广告、网络媒体、金融保险等行业深度融合，还能起到整体的带动作用，促进工业发展方式的创新。竞赛表演业可以提高举办地的知名度，提高主办城市的影响力。

（2）请简述竞赛表演业的定义。竞赛表演业是以体育竞技、表演的方式向市场提供观赏性体育服务产品的组织机构与活动的集合体。

3.教学组织安排

本案例建议安排1个课时（45分钟）。教学组织安排如表5-2所示。

表5-2　教学组织安排

学习阶段	学习内容	时间限制	学习目标
课前	预习本章节内容	提前3天	了解章节内容
课中	教师介绍本章知识点	5分钟	进一步熟悉章节内容，了解案例背景
	教师介绍竞赛表演业的概念、特点和作用	10分钟	掌握竞赛表演业的基本知识
	围绕专业知识讲解思政元素并进行归纳总结，引导学生思考，使思政元素能够内化于心	10分钟	结合专业知识思考现实问题，理论联系实际
	分小组围绕此案例进行讨论，并依次进行简短发言	15分钟	学会独立思考，并表达自己的想法
	进行归纳总结	5分钟	
课后	布置学生搜集其他资料，复习课堂内容		加深理解，增强印象

（四）总结

一流城市必有一流赛事，一流赛事依托一流城市。近些年来，许多中国一线城市争办国际大型体育赛事，为提升城市等级和核心竞争力作出了积极贡献。体育产业发展较好、赛事资源丰富的上海市提出2025年将上海打造成为世界一流、万众瞩目的国际体育赛事之都。上海市政府认为，体育赛事是建设全球著名体育城市、展示体育魅力的关键支撑，是体育产业和现代服务业转型升级的重要内容，是城市软实力和综合竞争力的重要体现。

案例二　河南以民族传统体育文化为核心打造特色体育展演品牌

一、案例描述

《禅宗少林·音乐大典》是河南省郑州市的重要文化品牌，通过在全国范围内挖掘具有优秀传统文化和中国元素的国际化生产，现代化表现传统故事。它荣获了“全国文化产业示范基地”“全国文化旅游重点项目”“中国文化创意城市名片”“河南省文化重点工程”等多个称号。《禅宗少林·音乐大典》是武术与现代艺术融为一体的典范，以少林寺为中心，利用现代声光、电等现代技术，将传统艺术与动态艺术、视觉艺术、听觉艺术有机融合，从艺术的角度，让大众了解禅宗文化和少林武术的精髓，从而在文化品牌的创作、生产和传播上，打造新的文化品牌。“只有民族的才是世界的”，在武术界又有“天下功夫出少林”之说，《禅》剧正是借助少林武术在世界范围内的广泛影响，准确把握了民族特性的价值特征，从而取得了巨大成功。中华传统文化，特别是少林的禅武文化，有着强烈的民族认识和共鸣，为了丰富《禅》剧的情感，制作团队大胆创新，运用各种艺术手段，使传统文化具有了新的时代意义。从内容上讲，嵩山以其深厚的历史文化和独特的自然景观，依托禅宗少林寺，以音乐、武术、舞蹈等形式，对其进行了生动的诠释，开拓了新的传播途径。

《禅》剧的策划和定位都是以旅游市场为主要内容，从项目策划、剧目制作、演员选拔到市场拓展，都是通过市场实现的。《禅》剧在项目定位方面，将文化与旅游相结合，推动嵩山旅游产业发展，推动当地经济发展。在投资开发方面，郑州市天人文化旅游有限公司以股份制产权为纽带，构建和完善现代企业体系，合理配置资源、资金、人才、技术等要素，自主经营，承担风险，自负盈亏，自我发展。演出方面，根据市场运作模式，汇聚国际国内顶级音乐、策划、舞蹈、灯光、服装等艺术领域的专业技术人员，集中力量打造市场精品。在营销方面，该公司推行票务代理制度，将《禅》剧发行业务交给销售中心。同时，积极拓展销售队伍，组织营销网络，积极拓展旅游消费市场。相关产业方面，以《禅》剧为主导，以禅街、禅田、禅院等为主要内容，完善食宿、购物等服务，延伸产业链，提升市场竞争力，利用《禅》剧带动周边配套设施建设，用完善的配套设施，推动《禅》剧的可持续发展。投资3.5亿元的《禅》剧是河南省历史上文化发展项目最多的一个。地方政府改变了原有的单一投资方式，由河南省兆腾投资有限公司、北京天人文化传媒有限公司、广西比尼伦（《印象·刘三姐》）、中国嵩山少林寺共同出资，成立了郑州市天人文化旅游有限公司，具体负责《禅宗少林·音乐大典》的开发。《禅》剧可以实施多元化的社会资金和市场开发模式，克服和打破现有管理体系的种种局限，激发投资主体的积极性，促进自身发展。

资料来源：张祝平，论《禅宗少林·音乐大典》的运作模式及其对民族传统体育文化复兴的传播，北京体育大学学报，2010年第10期，有改动。

二、案例的思政元素

1.弘扬中华优秀传统文化，增强文化自信

习近平总书记在党的二十大报告中鲜明指出，推进文化自信自强，铸就社会主义文化新辉煌。这为新时代新征程上社会主义文化强国建设进一步指明了前进方向。在中国，“文化自信”是一个具有科学意义的时代问题，它是中华民族的生生不息、复兴之源，是中国特色社会主义的精神武器，是我们屹立世界、面向未来的精神支柱。中华文明由中国五千多年的悠久历史孕育而成，是中华民族宝贵的精神财富；中华文化博大精深，是我们在世界文化激荡中站稳脚跟的坚固支撑；中华文化源远流长，蕴藏着中华民族最深层次的精神追求，是中华民族特有的精神符号，为中华民族生生不息、发展壮大提供了丰厚滋养。《禅》戏创作团队大胆创新，采用了多种艺术形式，为传统文化注入了新的时代意蕴。以嵩山深厚的文化底蕴和独特的自然风光为依托，以音乐、武术、舞蹈等形式生动地展示和阐释了少林禅武文化。人无精神则不立，国无精神则不强。文化自信是“四个自信”中更基础、更广泛、更深厚的自信。只有增强文化自信，中国特色的社会主义文化才能得到持续的发展。

2.产业融合推动经济发展

竞赛表演业与文化旅游、健康养老、教育培训、影视动漫、广告会展、网络传媒、金融保险等产业的深度融合，将发挥综合效应和拉动作用。竞赛表演业作为体育产业的核心业态，与其他产业相互融合会产生新的业态，从而推动产业升级。要把中原文化产业与新兴文化产业、国有文化产业、民营文化产业、规模扩张与产业升级相结合，实施项目带动、规模化、集团化的发展策略，不断提高中原文化品牌的综合实力和竞争力，努力创建一批具有中原特色的文化品牌。一方面，推动体育休闲等相关产业的融合发展，与上下游产业链相结合，打造体育产业生态圈。另一方面，聚集相关业态，发展与体育经济相关的旅游业、餐饮、文创、商业等产业，加强体育产品的植入，促进体育产业与多产业的融合。

三、案例使用说明

（一）教学用途与教学目标

1.教学用途

本案例可以使学生基本了解竞赛表演业的发展规划以及面临的挑战。

2.教学目标

（1）知识层面。

理解概念：理解竞赛表演业的基本概念、运营内容。

（2）能力层面。

系统思维能力：根据案例材料，设置两个由浅入深，由知识到能力的问题，通过解答问题，帮助学生形成“理论到实践，实践到理论”的思维方式。通过对理论的讲解，帮助学生系统地了解竞赛表演业的运营，形成全面、系统地分析问题和解决问题的思维能力。

判断实践能力：根据问题，运用相关的理论知识，提出合理的解决方案。

（3）素质层面。

形成专业意识：从产业的角度思考体育问题，塑造产业思维，引导学生投身于体育产业实践。

提高职业素养：通过案例，引入党和国家会议精神与习近平总书记重要讲话精神，让学生理解体育产业的最终目标，即打造人民满意的幸福产业，更好地为建设新时代中国特色社会主义而服务。

（二）案例讨论的准备工作

（1）了解竞赛表演业相关政策文件。

（2）布置学生查阅相关影视资料。

（三）案例分析要点

1.启发思考

通过案例阅读，了解竞赛表演业的发展现状与规划，并思考以下几个问题。

（1）谈一谈新时代背景下如何发展竞赛表演业。

（2）结合竞赛表演业的发展现状与未来出路，谈谈你的感悟。

2.分析思路

通过对本案例的解读，了解目前体育产业的发展现状与发展趋势，引导学生思考体育产业未来的发展方向。

3.参考答案

（1）谈一谈新时代背景下如何发展竞赛表演业。

参考答案：相关扶持政策的陆续出台为体育竞赛表演产业指明了发展

方向与路径，社会经济水平和与居民收入的提高为体育竞赛表演市场注入了强劲动力，数字化技术的更新迭代为体育竞赛表演产业的要素创新和转型升级提供了坚实基础。但在实际发展中，体育竞赛表演业还存在政策落实相对疲软、政府职能相对滞后、赛事资源相对匮乏、赛事运营相对薄弱、业态融合相对不足等问题。对此应加强政策审计、市场规范、资源整合、运营优化与融合业态等方面的研究，促进竞赛表演业在产业规模与产业关联属性上实现其作为体育产业的应然地位，助力建设结构合理、动力强劲的新时代体育产业体系。拓展体育竞赛表演融合业态，要在新业态、新形式、新模式、新商业等方面进行整合创新，引导体育消费，促进体育就业，带动健身休闲、体育传媒、体育场馆、媒体、培训等体育行业业态的发展，扩大赛事的受众覆盖率，实现体育竞赛表演业整体的发展。体育赛事线上线下应加强科技创新，通过智慧场馆、数字场馆、5G、区块链、VR等数字技术，对赛事的内容和服务质量进行优化，提升线上线下观赛体验，满足消费者需求，提供个性化的观赛服务，加强观众对赛事的环境体验感与互动。不断提升体育竞赛表演业对体育产业发展的贡献度，扭转当前我国体育竞赛表演业占比较低的格局。

（2）结合竞赛表演业的发展现状与未来出路，谈谈你的感悟。

参考答案：需要坚持创新驱动，实现改革发展。在改革的过程中，要充分处理好体制改革和机制创新的关系，做到既要遵循文化艺术发展规律，又要适应社会主义市场需求。在新时代，摒弃传统经济的观念，贯彻新的发展理念，促进文化产业的发展，带动其他行业的经济发展。需要进一步解放思想，更新理念。要进一步开放文化市场，优化文化市场发展环境。挖掘体育文化的内涵，提高体育产品的附加值。竞赛表演业的整合应该考虑将其核心产品逐渐由单一的体育项目转变为以体育为核心的竞演业衍生产品，从而在行业的融合中逐渐扩展体育文化的内涵。

4.教学组织安排（表5-3）

表5-3 教学组织安排

学习阶段	学习内容	时间限制	学习目标
课前	预习本章节内容	提前3天	了解章节内容
课中	教师介绍本章知识点	5分钟	进一步熟悉章节内容，了解案例背景
	教师介绍竞赛表演业的发展现状、面临的挑战	10分钟	掌握的竞赛表演业的发展现状与规划
	围绕专业知识讲解思政元素并进行归纳总结，引导学生思考，使思政元素能够内化于心	10分钟	结合专业知识思考现实问题，理论联系实际
	分小组围绕此案例进行讨论，并依次进行简短发言	15分钟	学会独立思考，表达自己的想法
	进行归纳总结	5分钟	
课后	布置学生搜集其他资料，复习课堂内容		加深理解，增强印象

第六章　体育场馆服务业思政教学设计

体育场馆服务业是体育产业的重要组成部分，是体育竞赛表演业、体育健身休闲业、体育培训业和其他部门产业发展的重要依托。在体育产业发展过程中，体育场馆服务业被确定为“十四五”时期体育产业发展的重点行业。本章内容主要包括三个部分。

第一部分是体育场馆服务业概述，重点介绍了体育场馆服务业的概念、分类、功能与发展概况。体育场馆服务业是指依托体育场馆，向社会提供体育、休闲、娱乐等各种服务的体育场馆服务机构和活动的集合。体育场馆服务业的从业机构向社会提供的服务种类既有各种观赏或参与型的体育类服务，也有各种展览、文化娱乐等非体育类服务。目前，部分国家特别是欧美等体育产业比较发达的国家，其体育场馆服务业非常发达，我国的体育场馆服务业正处于加速发展期。

第二部分是体育场馆服务业的运营，重点介绍了体育场馆服务业的运营主体、运营模式、服务内容。我国现行体育场馆服务业的运营主体、模式与内容因体育场馆种类、功能等方面的不同以及各地经济发展水平的差异，而表现出较大差异。

第三部分是体育场馆服务业的发展趋势，主要介绍了我国体育场馆服务业的发展现状以及体育场馆改革的最新进展。结合国际体育场馆发展的潮流，我国体育场馆服务业的发展将呈现运营主体企业化、服务内容多元化、运营管理专业化、经营开发市场化、服务供给标准化、运营管理智能化、支持政策系统化几种趋势。

通过学习“体育场馆服务业”，同学们初步认识到体育场馆是我国体育事业和体育产业发展的重要物质基础，是广大人民群众进行体育锻炼、丰富社会文化生活和提高竞技运动水平的重要物质条件。在界定体育场馆服务业的概念与分类基础上，同学们能够了解国内外体育场馆服务业的发展现状，把握体育场馆服务业的运营模式与主要服务内容，看清体育场馆服务业的未来发展趋势。

第一节　体育场馆服务业思政元素分析

一、构建高水平社会主义市场经济体制

我国是一个发展中大国，仍处于社会主义初级阶段，正在经历广泛而深刻的社会变革，推进改革发展、调整利益关系往往牵一发而动全身。我们要善于通过历史看现实、透过现象看本质，把握好全局和局部、当前和长远、宏观和微观、主要矛盾和次要矛盾、特殊和一般的关系，不断提高战略思维、历史思维、辩证思维、系统思维、创新思维、法治思维、底线思维能力，为前瞻性思考、全局性谋划、整体性推进党和国家各项事业提供科学思想方法。根据我国体育管理体制和体育场馆服务业的发展现状，目前我国体育场馆服务业的运营主体主要有事业单位、企业、民办非营利组织和个体经营户四种类型。

事业单位是国家为了社会公益目的，由国家机关举办或者其他组织利用国有资产举办的，从事教育、科技、文化、卫生、体育等活动的社会服

务组织。在我国体育场馆服务业中，绝大多数场馆运营管理者为事业单位，他们隶属于各级体育行政部门。在各级体育行政部门的领导下，他们负责体育场馆的运营管理，并向社会提供各种公共体育服务。如国家奥林匹克体育中心就是隶属于国家体育总局的直属事业单位，负责国家奥林匹克体育中心的运营管理工作；五台山体育中心则是隶属于江苏省体育局，负责五台山体育中心的运营管理工作。事业单位根据其拨款性质的不同又可以分为全额拨款、差额拨款和自收自支三种类型，目前，我国大部分体育场馆运营管理为差额拨款事业单位，人员经费等由财政拨款，其他费用由场馆运营管理者自筹。

企业是从事生产、流通、服务等经济活动，以生产或服务满足社会需要，实行自主经营、独立核算、依法设立的一种营利性的经济组织，公司是企业的主要组织形式之一。目前，我国体育场馆服务业中企业性质的运营管理者相对较少，为数不多的企业性质的场馆运营管理者中多以公司为主（如国家体育场有限责任公司、南京奥体中心经营管理有限公司、武汉体育中心发展有限公司）以及部分专业的场馆运营公司（如北京体育之窗文化传播有限公司）。企业性质的场馆运营管理者多是根据体育场馆业主的委托或授权，按照委托或授权协议负责体育场馆的运营管理。企业特别是公司性质的体育场馆运营管理是该行业未来发展的趋势。

民办非营利组织是指除政府部门和以营利为目的的企业之外的志愿团体、社会组织或民间协会，是介于政府与营利性企业之间的第三部门。在我国体育场馆服务业中，以民办非营利组织作为运营管理主体的并不多，较为典型的是在广西李宁基金会支持下建设运营的南宁李宁体育园。此外，通过社会力量自发形成的体育社团，以自租或自建等方式获得健身场所，并自筹经费经营，也取得了良好的社会效益。民办非营利组织主要以社区体育场所为主，满足社区成员的健身需求，缓解了体育场地供需不平衡的矛盾。这一运营模式的特点是较易获得与居民需求相关的信息开展业务，组织符合当地情况的体育活动。

个体经营户是指除农户外，生产资料归劳动者个人所有，以个体劳动为基础，劳动成果归劳动者个人占有和支配的一种经营单位。个体经营是体育场馆运营的重要力量，他们有着自己的专项技术或资源，凭借个人能力与影响力获得市场认可，通过经营小而美的社区球馆、健身俱乐部、私教工作室等为消费者提供更细致化、专业化、个性化的体育服务。

在我国，体育场馆建设经历了从政府全额投资、差额拨款到由体育场馆自负盈亏三个阶段。有业内人士反映，许多体育场馆建成后，苦于常年维护费用太高，从而背上沉重的经济负担。因此一旦自负盈亏，一些体育场馆便开始成为商品卖场。因此，有业内人士建议，公共体育场馆建设、运营应形成政府主导、全民共建的模式，政府应在政策上对公共体育场馆倾斜，并引导其面向市场，实现多元化经营，让场馆创造一定的经济价值，实现自负盈亏、自我发展。场馆可承办大型体育赛事、文艺演出，形成结构合理、特色鲜明的多元化经营格局，从而为场馆赢得更大的市场空间和经济效益。但有一个现实问题是，因为大赛而兴建的体育场馆，在大赛落幕之后，运营的难题往往也随之而来。体育场馆办家具展、大卖场等，似乎成了不可避免的选择，以至于体育场馆要姓“体”的呼吁，一度成为最为现实的诉求。其实，完全可以在赛事之后，让体育场馆回归体育，服务大众。体育场馆除了姓“体”外，还要姓“公”。体育场馆向大众开放，其运营模式中，公益性是不应被忽视的基本要素，这就需要建立起“政府引导、社会参与、全民共建、群众受益”的模式。政府可鼓励社会资本投资体育场馆，对公共体育场馆减免营业税、所得税，对体育设施日常运行、维护给予补助，根据场馆向群众开放程度，在用水、用气、用电等方面给予政策倾斜。

全面建设社会主义现代化国家，是一个由诸多领域、诸多环节、诸多层面构成的大系统，如果不能从系统的角度通盘考虑、整体谋划、协同推进，就会陷入顾此失彼、进退失据的境地。党的二十大报告指出：“万事万物是相互联系、相互依存的。只有用普遍联系的、全面系统的、发展变化的观点观察事物，才能把握事物发展规律。”[①]推进“十四五”时期经济社会发展，有很多系统性工作摆在我们面前，相比以往，所要实现的主要目标更加强调协同效应，更加注重整体效能。随着人民群众对美好生活需要的内涵和外延不断丰富与扩大，社会主要矛盾发生转变，实现经济的高质量发展、满足人民群众对发展的新需求，亟须构建更高水平的社会主义市场经济体制。想要充分发挥市场在资源配置中的决定性作用，更好发挥政府作用，必须用系统观念来完善宏观经济治理、激发各类市场主体活力，健全目标优化、分工合理、高效协同的宏观经济治理体系。完善宏观经济政策制定和执行机制，重视预期管理，提高调控的科学性，加强国际宏观经济政策协调，搞好跨周期政策设计，提高逆周期调节能力，促进经济总量平衡、结构优化、内外均衡。同时发挥政府投资撬动作用，激发民间投资活力，形成市场主导的投资内生增长机制，推动有效市场和有为政府更好结合。

二、坚持服务群众

为更好地满足广大人民群众健身锻炼需求，加强对公共体育场馆开放使用的评估督导，《公共体育场馆基本公共服务规范》提出：“支持体育场馆向社会免费或低收费开放”[②]，对体育场馆开放、服务内容等提出一系列细化、量化要求。

印发《公共体育场馆基本公共服务规范》的背景和目的一是贯彻落实《关于加强全民健身场地设施建设发展群众体育的意见》和《全民健身计划（2021—2025年）》中“完善大型体育场馆免费或低收费开放补助政

① 习近平.高举中国特色社会主义伟大旗帜 为全面建设社会主义现代化国家而团结奋斗：在中国共产党第二十次全国代表大会上的报告[M].北京：人民出版社，2022：20.

② 国家体育总局群众体育司.公共体育场馆基本公共服务规范[EB/OL].(2021-12-11)[2023-05-24].https://www.sport.gov.cn/qts/n4986/c23856568/content.html.

策，支持体育场馆向社会免费或低收费开放”[①]“加强对公共体育场馆开放使用的评估督导，优化场馆免费或低收费开放绩效管理方式”[②]等有关要求。二是促进场馆举办公益性体育赛事活动、开展公益性体育培训、加强群众满意度测评，推动解决一些场馆特别是大型场馆闲置、利用率不高、群众满意度低的问题。三是规范场馆落实好免费或低收费开放时长、开放场地面积等要求，推动解决群众“健身去哪儿”的难题，构建更高水平的全民健身公共服务体系。

《公共体育场馆基本公共服务规范》对场馆提出的免费、低收费开放服务规范更为明确，量化要求更加细致，如要求“低收费价格一般不高于当地市场价格的70%”“对老年人、残疾人、学生、军人、消防救援人员和公益性群众体育赛事活动提供更优惠服务，收费标准一般不超过半价”“在体育场馆开展的运动技能、科学健身等公益性体育培训服务不少于1000人次/年”等。强化场馆举办体育赛事活动功能，要求“在体育场馆举办的公益性体育赛事活动不少于4场次/年”。

公共体育场馆可持续发展的环境主要包括体制机制改革创新（内环境）与公共产品社会需求（外环境）等。如果不具备这些条件，则缺乏可持续性的基础。目前，我国体育场馆管理机构主要是：省市体育局场馆（场地）管理中心负责组织管理，有自主经营、企业经营、合作经营等多种管理模式；政府、体育局联合企业合作运营管理，如国家奥体中心发挥体育资源优势举办体育竞赛、文体表演、群众性全民健身运动会等社会公益活动。

---

① 中国政府网.关于加强全民健身场地设施建设发展群众体育的意见[EB/OL].(2020-10-10)[2023-05-24].https://www.gov.cn/zhengce/content/2020-10/10/content_5550053.htm.

② 中国政府网.全民健身计划(2021—2025年)[EB/OL].(2021-08-03)[2023-05-24].https://www.gov.cn/zhengce/content/2021-08/03/content_5629218.htm.

三、优化资源配置

《中共中央 国务院关于加快建设全国统一大市场的意见》提出："推动交易平台优化升级。深化公共资源交易平台整合共享，研究明确各类公共资源交易纳入统一平台体系的标准和方式……加快推进公共资源交易全流程电子化，积极破除公共资源交易领域的区域壁垒。"①

体育产业的载体是各类体育场馆，因此体育场馆的建设和发展能够促进体育产业的发展，体育产业的发展则能够拉动其他产业的发展。体育场馆建设在通过投入产出链拉动其他产业发展的过程中，除对建筑业有较大的拉动作用以外，最重要的是拉动城市第三产业的发展。体育场馆建设以奥林匹克公园、体育场、体育中心以及体育产业园区等体育场馆为集合体，这些集合体又可以吸引旅游业、娱乐业、商业、宾馆业、会展业、房地产业、餐饮业而形成集聚效应，进而有力地带动城市第三产业的发展。

大型体育场馆建设有助于提升当地知名度，随之带来旅游业的繁荣。外来人口增加，商业零售、服务业将得到很好的发展，因此，体育场馆区容易出现大商圈，这促进了周边商业中心、酒店、写字楼项目的开发。体育场馆建设很多是依赖政府的投资支持，这给当地提供了改善基础设施的良机。在场馆建设的区域选择上，一般情况不宜选择已发展成熟、娱乐消费丰富的市中心。因为场馆在此处建设，后期运营等只是挤压了消费者其他方面的消费，而没能真正扩大消费。此外，由于成熟区难有可建设用地，场馆周边土地利用现状已难改变，相应配套建设已难实现。但对发展尚不成熟的区域，体育场馆建设则可能带动周边区域的整体发展和提升。体育场馆的建设可以吸纳体育赛事，可以有力地促进城市体育竞赛表演业的发展，进而推动城市体育产业的发展。

尽管体育场馆建设成就显著，但与庞大的人口基数相比，我国体育场

① 中国政府网.中共中央 国务院关于加快建设全国统一大市场的意见[EB/OL].(2022-04-10)[2023-05-24].http://www.gov.cn/zhengce/2022-04/10/content_5684385.htm.

馆数量仍相对较少，人均场地面积不到2平方米。《“健康中国2030”规划纲要》提出：“到2030年，人均体育场地面积不低于2.3平方米，在城镇社区实现15分钟健身圈全覆盖。”①

推动体育场馆服务业的公共资源配置优化升级，要毫不动摇巩固和发展公有制经济，毫不动摇鼓励、支持、引导非公有制经济发展，充分发挥市场在资源配置中的决定性作用，更好发挥政府作用。深化国资国企改革，加快国有经济布局优化和结构调整，推动国有资本和国有企业做强做优做大，提升企业核心竞争力。优化民营企业发展环境，依法保护民营企业产权和企业家权益，促进民营经济发展壮大。完善中国特色现代企业制度，弘扬企业家精神，加快建设世界一流企业。支持中小微企业发展。深化简政放权、放管结合、优化服务改革。构建全国统一大市场，深化要素市场化改革，建设高标准市场体系。完善产权保护、市场准入、公平竞争、社会信用等市场经济基础制度，优化营商环境。健全宏观经济治理体系，发挥国家发展规划的战略导向作用，加强财政政策和货币政策协调配合，着力扩大内需，增强消费对经济发展的基础性作用和投资对优化供给结构的关键作用。健全现代预算制度，优化税制结构，完善财政转移支付体系。深化金融体制改革，建设现代中央银行制度，加强和完善现代金融监管，强化金融稳定保障体系，依法将各类金融活动全部纳入监管，守住不发生系统性风险底线。健全资本市场功能，提高直接融资比重。加强反垄断和反不正当竞争，破除地方保护和行政性垄断，依法规范和引导资本健康发展，以推动体育场馆服务业的公共资源配置优化升级。

目前，很多大型的体育场馆建在郊区，餐饮等的配套设施不够完善，这在一定程度上降低了场馆的吸引力。部分场馆受到资金和条件的限制，开展的运动项目比较单一。很多运动场地的供给不足，常常是要提前很久才能预订上。还有一些体育场馆建设资金投入不少，管理维护成本高昂，但只能用来承办一些大型的商业活动，造成资源浪费。此外，体育场馆的

① 中国政府网.“健康中国2030”规划纲要[EB/OL].(2016-10-25)[2023-05-24].http://www.gov.cn/gongbao/content/2016/content_5133024.htm.

预约规则不合理、系统的设计不完善等问题也进一步加剧了场馆的“预定难”问题。

各地除了积极落实各项政策措施外，还要加强管理运营，优化资源配置，更好地满足人民群众的体育消费需求。应加强公共体育场馆建设，充分利用城市空间，多建小而实用的场馆和设施，侧重实用功能，保证开放率。有序开放学校体育场等运动场馆，方便周边居民锻炼健身，实现体育资源共享共用，丰富体育场馆供给来源。同时，场馆运营方要加强管理，优化预约规则，提高场地利用率。

四、坚持高质量发展

根据我国体育场馆服务业的发展现状以及体育场馆改革的最新进展，结合国际体育场馆发展的潮流，我国体育场馆服务业的发展呈现以下趋势。

目前，体育场馆运营管理机构仍以事业单位为主，但越来越多新建的体育场馆尝试企业化运营管理。国家已明确提出对行政机关和事业单位所属的体育场馆，通过引入社会资本和现代公司化运营机制等，推广“所有权属于国有，经营权属于公司”的分离改革模式，为我国体育场馆管理体制改革指明了方向。部分地区已推动场馆运营权改革，将场馆运营权交由企业或社会机构。体育场馆经营权的改革为社会力量参与体育场馆运营提供了市场机遇。在“所有权属于国有”的大框架下，“经营权属于公司”的企业化改革将成为核心内容，体育场馆经营权将逐步推向市场，这扫除了社会力量进入障碍，越来越多的社会力量将进入体育场馆运营领域，盘活巨额的国有资产。体育场馆经营权的市场开放也需要大量市场主体承接现有和未来新建体育场馆的经营权，从事体育场馆运营方面的市场主体将大量涌现。

2014年10月，《关于加快发展体育产业促进体育消费的若干意见》提出：“以体育设施为载体，打造城市体育服务综合体，推动体育与住宅、休闲、商业综合开发。”①体育服务综合体建设是当前体育场馆转型发展的潮流，也是未来体育场馆发展的重要趋势之一，它将体育元素融入人们生活，改变单一业态发展方式，促进体育场馆服务业与其他业态融合发展，形成共生机制，共享红利。体育服务综合体改变了场馆单一功能，极大地丰富了体育场馆的业态，可满足群众不同的消费需求。体育服务综合体在部分经济较为发达的地区已有雏形，比如北京五棵松场馆群、南京五台山体育中心等在“以体为主、多元发展”理念的指导下，转型成为以体育为主体功能，与休闲、娱乐、文化、旅游、购物、住宿等业态高度融合的城市体育服务综合体，取得了较好的社会效益和经济效益。

我国体育场馆业从业机构中专业化机构较少，运营规范化程度不高，缺乏相应的行业服务标准和较为专业的体育场馆运营管理人员，体育场馆服务业专业化程度不高。随着国外专业体育场馆运营机构的进入，国内体育场馆专业运营机构将快速成长。随着一系列体育场馆运营、服务国家标准的出台，体育场馆服务业的规范化、专业化程度将逐步提高。而且，随着体育场馆服务业市场竞争的加剧，各从业机构之间的竞争将进入白热化，进一步促进体育场馆业服务质量的提升和专业化服务水平的提高。

自改革开放以后，特别是在党的十四大以后，体育场馆服务业逐步开始市场化，将市场作为资源配置的主要方式，根据市场的需求提供各种服务。近年来，体育场馆服务业学习借鉴现代企业经营的各种先进理念和成功做法，将市场化作为体育场馆经营开发的主要手段，逐步改进和提升体育场馆的经营管理水平。体育场馆服务业的市场化运营可为社会提供更多、更好、质优价廉的公共体育服务。因此，体育场馆服务业的市场化程度也会越来越高。

体育场馆服务业是以提供服务产品为主的行业，由于场馆服务产品的特殊性和服务质量标准的缺乏，各地体育场馆服务质量参差不齐，存在较大差异。为提高体育场馆的服务质量，国家体育总局已于2006年开展了体

---

①中国政府网.国务院关于加快发展体育产业促进体育消费的若干意见(国发〔2014〕46号)[EB/OL].(2014-10-02)[2023-05-24].http://www.gov.cn/gongbao/content/2014/content_2771071.htm.

育服务认证工作，并启动了体育场馆服务质量标准的起草工作，未来体育场馆服务业提供的服务产品将有法可依，体育场服务业将走上标准化、规范化的发展道路。体育场馆运营管理者将根据国家标准为消费者提供标准化的服务，提升体育场馆服务质量。

体育场馆运行管理智能化，主要是利用现代电子信息技术对体育场馆传统产业进行更新改造，以提高场馆安全运行和管理效率，其主要包括智能化设施和信息化服务技术。场馆运营管理的智能化不仅能够提高场馆安全运行和管理效率，为全民健身人群提供赛事宣传、场馆预订、体质检测、健身指导等个性化健身服务，还能够为体育场馆开放运营提供决策支持，同时在场馆绿化改造、降低能耗、增强客户消费体验等方面发挥重要作用。未来，更多体育场馆将利用科技元素作为吸引顾客的重要手段，增强顾客体验感，部分项目被作为付费项目，吸引顾客二次消费，如无线网络、各种服务预订的场馆App、在线支付、高速摄像机、数据分析系统、VR体验等。

体育场馆的经营与管理政策是体育场馆服务业发展的基础。近年来，一系列支持政策的出台有力地促进了体育场馆服务业的快速发展。虽然相关政府主管部门已经制定和出台了有关体育场馆的政策法规，但从总体上来看，体育场馆经营管理政策法规仍滞后于体育场馆运营实践，跟不上体育场馆改革与发展的需要。未来，我国将不断规范和完善体育场馆服务业发展的政策法规体系，建立健全公共体育场馆专项资金制度：将公共体育场馆纳入现代文化产业体系，参照其他文化设施的扶持措施，建立“公共体育场馆维修专项资金”制度；制定体育场馆冠名开发、投融资政策及体育场馆特许经营、政府购买体育公共服务政策与体育场馆土地使用等政策法规；细化体育场馆劳动人事、社会保障政策、体育场馆服务质量、安全标准等方面的配套法规。

中国社会的主要矛盾是人民日益增长的美好生活需要和不平衡不充分的发展之间的矛盾。马克思主义认为，事物是发展的，矛盾反映事物内部的本质联系，始终存在于事物发展之中。新时代社会主要矛盾是从“人民日益增长的物质文化需要同落后的社会生产之间的矛盾”发展转变而来。新时代社会主要矛盾主要体现为历经四十多年的改革开放发展，我国的社会生产力水平总体上显著提高，并进入世界前列，但城乡、地区和行业之间发展的不平衡不充分转化为突出矛盾。生产力提高，促进社会总体消费水平显著提高，但人们不再满足于数量的消费，较低的消费品质与增长的消费需求的矛盾变得突出。

目前，北京、上海、广州等一线大城市场馆使用率较高，运营状况良好，但众多二、三线城市，体育场馆使用率较低，多闲置，运营比较困难。究其原因有以下几点：体育场馆过多考虑竞赛训练功能，功能单一，缺乏造血能力；大部分体育场馆为事业单位管理模式，体制机制滞后，缺乏激励考核制度，限制了管理人员的积极性；中国体育市场不够成熟，职业化、市场化程度不高，场馆缺少优质的体育与文化资源，使用率较低，品牌与人气难以提升；缺乏运营管理人才。因此体育场馆设施的运营与城市经济、人口、体育文化市场状况等因素有着密切的联系。

当下，体育上升到国家战略高度，体育链的各个层级都被推上风口，出现了体育资本热、创业热、收购热、IP热等，在五万亿产值目标推动下，体育备受各界追捧。未来主要要增加满足高水平比赛训练的中型体育场馆和满足大众健身的小型场馆。中型场馆主要服务于区县级城市；小型场馆包括各类综合性场馆、羽毛球馆、篮球馆、游泳馆等设施，将会分布于城市社区。不管是体育场馆管理服务，还是场馆设施建设，未来发展速度将不断提升，市场规模将不断扩大，每年将保持较高增长速度，涵盖依托场馆举办的赛事活动等各有关产业。因此，体育场馆服务业的发展务必要把握主要矛盾，顺应新时代发展潮流，不断进行动态调整，促进场馆服务业更好地服务广大民众。

第二节　体育场馆服务业理论教学设计

一、教学目标

1.知识目标

（1）帮助同学们初步掌握体育场馆服务业的基本知识，对概念、分类和功能等相关内容和知识具有一定程度的了解。

（2）了解体育场馆服务业的运营主体、运营模式、服务内容，以及不同地域经济发展水平差异带来的影响。

（3）了解体育场馆服务业的发展现状及未来发展趋势。

2.能力目标

（1）课堂教学中采取课上课下、线上线下研讨相结合的教学方法。主要包括体育场馆服务业的政策目标，引导学生思考国家“十四五”规划和2035年的远景目标。在学习中引导学生注重理论联系实际，通过数据搜集，关注体育场馆服务业对经济发展的影响，掌握独立思辨式的学习方法，提高分析问题的能力。

（2）通过课堂教学和分组讨论，促进教师与学生之间以及同学之间的相互交流，有意识地培养和锻炼他们的分工和协作技巧，努力培养他们的团队合作意识。

（3）通过课堂提问、课堂展示、课后作业、课程论文、分组讨论等多种形式，积极引导同学们逐步学会运用所学理论知识分析现实问题，增强解决体育场馆服务业现实困境的能力。

3.价值目标

（1）坚持以人民为中心的发展思想，突出体育场馆服务业在政府政策目标中的重要地位。

（2）坚持系统论的科学思想，充分认识到体育场馆服务业的相对重要性是随着社会动态发展而不断调整变化的。

（3）重视体育场馆服务业运行中存在的风险，充分认识到解决这些问题的复杂性和长期性，坚持从全局看问题，从世界体育场馆服务业看中国问题。

二、教学内容分析

1.教学内容

（1）关于体育场馆服务业概述的基本教学内容：体育场馆服务业的概念，体育场馆服务业的分类，体育场馆服务业的功能，体育场馆服务业的发展概况。

（2）关于体育场馆服务业运营的教学内容：体育场馆服务业的运营主体（事业单位、企业、民办非营利组织、个体经营），体育场馆服务业运营模式（自主经营、委托经营、合作合资经营、承包租赁经营、集团化经营），体育场馆服务业的服务内容（体育赛事服务、健身休闲服务、体育培训服务、大型文化活动服务、企业文体服务、会展服务、体育场馆无形资产开发、其他服务）。

（3）关于体育场馆服务业发展趋势的教学内容：运营主体企业化，服务内容多元化，运营管理专业化，经营开发市场化，服务供给标准化，运行管理智能化，支持政策体系化。

2.教学重点

（1）体育场馆服务业究竟以营利为主导，还是公益性为主导。

（2）体育场馆服务业未来发展趋势。

（3）通过本章学习，引导学生树立正确的体育场馆服务信念。

3.教学难点

（1）政策导向性对体育场馆服务业的发展影响。

（2）体育场馆服务业不仅应具有营利性，更应该具有公益性，如何将二者有机结合。

（3）对体育场馆服务业发展前景的有效把握。

三、教学对象

1. 知识基础

（1）体育场馆服务业相关知识的教学对象主要为体育专业相关的学生，同学们应该对体育场馆有基础性的了解，了解体育场馆的有关特性。

（2）本科生通常尚未掌握体育场馆的具体设计及功能，因此在体育场馆服务业课程教学过程中，应当避免过多涉及场馆设计，尽量将知识面引导到服务上去。

2. 认知特点

（1）大多数同学对体育场馆某个项目、某个区域有基本的功能性了解，但对体育场馆服务业的了解相对较少，基本还处于被服务对象的位置。

（2）对于置身于课堂学习的本科生而言，理论学习比较枯燥，而现实场馆活动却丰富多彩。这就要求授课教师充分调动同学们对体育场馆服务业理论知识的学习兴趣，将这种学习兴趣引导到课堂知识要点中，并适当在实地场馆中开展实践教学。

四、教学手段与方法

1. 启发式课堂教学

启发式课堂教学包括在课堂对学生进行启发式提问、引导提问、知识难点与观点解析等，激发学生的学习兴趣，并由学生根据自己的分析和对现实问题的观察得出结论，从而培养学生的体育场馆服务业思维能力。

2. 课堂思辨式讨论

借助PPT课件、图形表达、案例展示、视频播放等多种教学方式，营造轻松活跃的学习氛围，避免学生对体育场馆服务业的学习产生畏难情绪。

3.组织线上线下讨论

充分利用各类资讯链接，利用微信群推送文献观点解析，结合主题进行分组讨论、知识大赛、小测验等，不断增强学生对所学知识的理解和应用能力。

五、教学过程

（一）体育场馆服务业概述

1.体育场馆服务业的概念

（1）体育场馆的概念。

体育场馆是进行运动训练、运动竞赛及身体锻炼的专业性场所，是为了满足运动训练、运动竞赛和大众体育消费需要而专门修建的各类运动场所的总称。

（2）体育场馆服务业的概念。

体育场馆服务业是指依托体育场馆，向社会提供体育、休闲、娱乐和场馆等各种服务的体育场馆服务机构和活动的集合。

2.体育场馆服务业的分类

（1）根据提供的服务种类划分。

根据体育场馆服务业向社会提供的服务种类不同，可以将体育场馆服务业分为体育场馆服务单一供应商和体育场馆服务综合供应商，前者仅提供一种场馆服务，而后者提供多种类型的场馆服务，现实中多数场馆服务供应商为综合服务供应商。

（2）根据从业机构的性质划分。

根据体育场馆服务业从业机构性质的不同，可以将体育场馆服务业分为事业单位场馆服务供应商、企业场馆服务供应商、非营利组织场馆服务供应商和个体经营机构场馆服务供应商。

（3）根据从业机构规模划分。

根据体育场馆服务业从业机构规模的不同，可以将体育场馆服务业分为大型体育场馆服务供应商和中小型体育场馆服务供应商。

（4）根据从业机构经营区域范围划分。

根据体育场馆服务业从业机构经营区域的不同，可以将体育场馆服务业分为国际性体育场馆服务供应商和区域性体育场馆服务供应商，前者如AEG、SMG等国际体育场馆运营服务供应商，后者如北京体育之窗文化传播有限公司等。

3.体育场馆服务业的功能

（1）承办各种体育竞赛表演活动。

随着我国体育事业的发展，社会大众对各种体育竞赛表演活动的需求也越来越大。商业性体育竞赛和表演活动越来越多，形成了种类繁多、项目丰富的体育竞赛表演市场。因此，体育场馆的主要职能是举办各种体育竞赛表演活动。

（2）提供大众健身休闲服务。

体育场馆要按照群众体育的特征和需求，以促进群众的健康、休闲服务为目标，建设和完善体育场馆的公共服务系统，满足特殊人群的体育需求。

（3）提供高水平运动员训练服务。

目前，我国体育系统的运动场馆已经基本建成了功能完善、满足不同运动项目训练需求的高质量体育场馆。很多体育场馆还担负着为高水平体育队伍提供训练的重要任务。

（4）提供青少年业余运动训练服务。

我国竞技体育建立了相对完善的业余运动后备人才培养体系，体育场馆成为我国青少年运动训练和高水平竞技后备人才成长的主要基地。随着我国青少年运动训练体制改革的深入，各大体育场所充分发挥其资源优势，开展了各种形式的青少年运动训练活动。

（5）承接文化艺术娱乐活动。

体育场馆的空间和场地设施，为举办大型的文化娱乐、晚会、节庆等活动创造了有利条件。为了满足举办大型的文艺演出和都市节庆的需求，新建的体育场馆一般都会在规划和设计中增设演艺及节庆所需的音响、灯光等设备，以满足不同规模、不同类型的演艺活动需求。

（6）服务城市经济活动。

越来越多的体育场馆，特别是大型体育场馆，在保证体育功能不受影响的情况下，往往会从规划设计、事后利用等方面入手，以突出体育场馆的综合功能。要充分利用体育场馆室内外、大看台下面的空间，发展成会展中心、商业超市、购物中心、接待宾馆等。一些城市还利用其独特的地理位置，引入大型体育赛事，发展体育旅游业，从而形成一种新型的复合型产业，从而使其成为城市的经济活动中心。

4.体育场馆服务业发展概况

（1）国外体育场馆发展概况。

由于国外体育场馆服务业相对成熟、专业化分工日益突出，出现了许多具有国际性的、专业化的体育场馆运营服务供应商，以及匹配的专业服务供应商，他们接受体育场馆业主的委托，为业主提供专业化的体育场馆委托经营服务。

国外体育场馆服务业高度发展的另一个重要原因是与职业赛事的紧密结合，多数体育场馆是职业体育赛事或职业体育俱乐部的主场，部分场馆甚至是多家职业体育俱乐部的主场，职业联赛的结合，这极大地丰富了体育场馆运营的内容，使体育场馆有了较为固定的赛事安排，从而提高了体育场馆的上座率和使用率。

近年来，国外体育场馆的发展趋势显示出，体育场馆已演变为集商业、休闲、办公等多种功能于一体的综合性场馆。通过多样化的经营，体育场馆充分发挥其集聚效应，带动周边相关产业的发展，从而促进体育场馆所在区域的经济发展。

（2）我国体育场馆服务业发展概况。

体育场馆服务业初具规模。近年来，随着我国体育场馆建设的加速，体育场馆服务业也得到了较快的发展。专业化的体育场馆运营公司逐步进入市场，国外专业的体育场馆运营公司也开始涉足国内市场，体育场馆的委托经营愈发普遍，体育场馆服务业已初具规模。

从业机构以事业单位为主。从现实情况来看，我国体育场馆绝大多数从业机构为事业单位，在现有的1093个大型体育场馆中，约85%的场馆由事业单位运营，企业运营的场馆仅有163个。2016年国家发展改革委等24部委印发的《关于促进消费带动转型升级的行动方案》中提出：行政机关和事业单位所属的体育场馆，通过引入社会资本和现代公司化运营机制等，推广“所有权属于国有，经营权属于公司”的分离改革模式。

经营状况逐步改善。我国体育场馆服务业的经营状况较之过去有了明显改善，运营收入稳步增加。从全国体育及相关产业专项调查的数据来看，我国体育场馆服务业的经营在很大程度上已有改观。

经营范围不断扩展。体育场馆坚持多元化经营理念，积极扩大经营范围，已从单纯的场地租用到全民健身、举办体育活动、提供体育培训以及销售体育用品。一些场馆积极突破原有的观念，融入教育培训、会展、康体、文化表演、体育旅游等多种经营活动，满足群众日益增长的多元化体育需求。

（二）体育场馆服务业的运营

1. 体育场馆服务业的运营主体

根据我国体育管理体制和体育场馆服务业的发展现状，目前我国体育场馆服务业的运营主体主要有事业单位、企业、民办非营利组织和个体经营户四种类型。

2. 体育场馆服务业的运营模式

（1）自主经营。

所谓自主经营是指体育场馆由其管理单位按照享有的经营自主权进行

自主经常管理的方式。我国大多数体育场馆采用自主经营模式，该模式的优点在于由体育场馆管理单位直接进行场馆服务项目的经营与开发，可以对体育场馆的各种设施、资源等进行整体的统筹规划和统一经营，便于承接政府或上级部门安排的各种活动以及比赛训练任务。

（2）委托经营。

委托经营即场馆将部分设施及其所属资源的经营权转让给专业机构，由该机构受托负责场馆设施或所属资源的经营，受托机构根据委托合同的约定，支付给场馆一定金额的资金。委托经营主要有以下三种形式：部分委托经营、全权委托经营、委托教学。

（3）合作合资经营。

合作合资经营是指有关机构和场馆通过合资或合作的方式成立新的经营机构，参与场馆的运营。

（4）承包租赁经营。

承包租赁经营是指在不改变所有制性质的情况下，按照体育场馆的所有权和经营权完全分开的原则，通过承包经营的方式，确定体育场馆所有者和经营者间的责、权、利关系和承包年限，使承包人能根据体育场馆的自身条件和体育健身市场发展的基本规律，做到自主经营、自负盈亏。

（5）集团化经营。

集团化运营模式可以实现集团内各成员企业在项目选择、人员聘用、财务管理、销售运营等各个环节的协同合作，突破自身发展的局限，发挥规模化、专业化优势，实现资源共享、降低成本，提高创新能力和竞争能力。集团运营对于场馆多、项目多、规模大、具有独立运营能力的大型场馆来说，更容易运作、更合理、更高效。

3.体育场馆服务业的服务内容

提供各种体育服务是体育场馆的基本功能。坚持体育场馆公益性和经营性的结合，就必须突出体育服务，以体为主，开展多种经营。体育场馆服务业包括体育赛事服务、健身休闲服务、体育培训服务、大型文化活动服务、企业文化服务、会展服务、体育场馆无形资产开发，以及其他服务。

（三）体育场馆服务业的发展趋势

根据我国体育场馆服务业的发展现状以及体育场馆改革的最新进展，结合国际体育场馆发展的潮流，我国体育场馆服务业的发展将呈现以下几个方面的趋势。

1.运营主体企业化

目前，体育场馆运营管理机构仍以事业单位为主，但越来越多新建的体育场馆尝试企业化运营管理。国家已明确提出对行政机关和事业单位所属的体育场馆，通过引入社会资本和现代公司化运营机制等，推广“所有权属于国有，经营权属于公司”的分离改革模式，为我国体育场馆管理体制改革指明了方向。

2.服务内容多元化

体育服务综合体建设是当前体育场馆转型的潮流中体育场馆发展的重要趋势之一，它将体育元素融入人们生活，改变单一业态发展方式，与其他业态融合发展，形成共生机制，共享红利。

3.运营管理专业化

随着体育场馆服务业市场竞争的加剧，各从业机构之间的竞争将更加白热化，进一步促进体育场馆业服务质量的提升和专业化服务水平的提高。

4.经营开发市场化

体育场馆服务业的市场化运营可为社会提供更多、更好、更质优价廉的公共体育服务。因此，体育场馆服务业的市场化程度也会越来越高。

5.服务供给标准化

体育场馆服务业将走上标准化、规范化的发展道路。体育场馆运营管理者将根据国家标准为消费者提供标准化的服务，促进体育场馆服务质量的提升。

6. 运营管理智能化

体育场馆运行管理智能化，主要是指利用现代电子信息技术对体育场馆传统产业进行更新改造，以提高场馆安全运行和管理效率，包括智能化设施、信息化服务技术。

7. 支持政策体系化

政府不断规范和完善体育场馆服务业发展的政策法规体系，建立健全公共体育场馆专项资金制度，将公共体育场馆纳入现代文化产业体系。

第三节 体育场馆服务业案例教学设计

案例一：首都体育馆公益开放日

一、案例描述

首都体育馆是集比赛、训练、科研于一体的冰上运动园区。整个园区总建筑面积约20万平方米，分为南北两个部分。整个园区包括一个竞赛场馆、三个训练场馆、两个配套设施，共六个建筑、五块冰面。共有1.5万个座席、80个无障碍座席。

首都体育馆是北京2022年冬奥会比赛场馆，于2022年7月16日举办公益开放日，开放日现场进行了冬奥冠军讲堂、冰雪大篷车体验等活动，场馆将持续实施“冰雪惠民计划”，共享优质场馆资源，推动长期公益开放。活动现场吸引了千余名市民预约参与。本次公益开放活动，作为“国家队公益服务计划”的具体落实，将搭建起奥运冠军与大众间的沟通桥梁，履行首都体育馆作为中国冰雪运动大本营的社会责任，发挥双奥场馆作用，为后续首体体育公园的正式全面开放预热。

作为具有54年光荣历史和体育传统的体育场馆，首都体育馆承担了北京2008年奥运会排球比赛场馆和北京2022年冬奥会短道速滑、花样滑冰比赛任务。在北京冬奥会闭幕近半年后，首都体育馆于8月初以崭新的面貌全面向公众开放；通过持续实施“冰雪惠民计划”，与全社会共享优质场馆资源，将首都体育馆打造成为弘扬北京冬奥精神、践行全民健身、推动冰雪运动发展、服务健康中国建设的重要工作阵地。

据首都体育馆场馆负责人王赣生介绍，在健身步道等设施修葺完成后，首体将以场馆群为依托，打造一个服务市民的全新体育公园。“室外场地会开展一些群众喜闻乐见的体育活动，比如篮球场和塑胶跑道，未来还会有更多设施来满足群众日益增长的体育文化需求。”王赣生说。未来首都体育馆将形成定期开放机制，持续巩固三亿人参与冰雪运动成果。

资料来源:后冬奥时代首都体育馆举行公益开放日　预计8月初正式对外开放,澎湃新闻,https://www.thepaper.cn/newsDetail_forward_19083317,有改动。

二、案例的思政元素

1.发挥公益属性，助力全民健身

近年来，中国建设了一批新的大型综合性体育场馆设施。它们成为全国最大的体育固定资产，关乎公共体育服务体系的建设，推动着区域经济的协调发展，成为各地的“民生工程”——而这一切的前提就是做好场馆的运营管理。

大型体育场馆运营管理一直是个“世界性难题”。但国内很多场馆运营得很好，综合功能得到了充分发挥，在对于运营管理的探索中已经总结出经验：必须坚持大型体育场馆的公益性定位和体育属性；必须在规划和设计时就充分考虑场馆的赛后利用功能；必须改革创新体制机制，选择合理科学的经营管理模式；必须充分发挥综合服务功能，使大型体育场馆运营管理以体为本、兼顾其他、充满活力、富有效率和效益。众所周知，公共体育设施是构建全民健身公共服务体系的基础，而构建全民健身服务体系是满足人民群众日益增长的物质文化生活需要，加强和创新社会管理，实现社会文明，建设和谐社会的重要组成部分。考量场馆的赛后利用不能仅仅从经济效益来考虑，更不能按企业资产来评价。

因此，在大型体育场馆运营管理模式改革的过程中，要始终坚持公益性基本定位不动摇。不论是政府主管部门，还是大型体育场馆自身，都要始终确保其公益性，始终坚持把社会效益、把提高公共服务的水平放在首位。而各级政府是保障大型体育场馆公益性的主导力量，既要投入人力、财力、物力，也要加强行政监管。

全国各地大型体育场馆认真落实《“健康中国2030”规划纲要》，通过形式多样的活动，紧紧围绕“便民惠民”核心，倡导科学健身方法，丰富体育锻炼方式，不断探索大型体育场馆体育特性和公益属性的创新、改革、实干之路，为提高全民健康水平作出贡献。

2.坚持以人民为中心的发展思想

1952年6月10日，毛泽东同志为中华全国体育总会题词指出：发展体育运动，增强人民体质。这指明了新中国体育事业的根本任务，也彰显了中国共产党为人民谋幸福的初心使命。第一套广播体操发布，党和政府号召全国人民利用课间、工间参与广播体操，锻炼身体。“劳卫制”在中等以上学校、职工、军队中推行，并明确提出了“努力锻炼身体，使自己成为优秀的祖国保卫者和社会主义建设者”的目标和口号。以人民为中心的体育发展思路，从中华人民共和国成立之初，就贯穿于我国群众体育的发展历程中。

党的十八大以来，以习近平同志为核心的党中央谋划推动体育事业改革发展，全民健身上升为国家战略，身边的体育公园越建越多，健身路径智能“聪明”，健身赛事线上线下全面开花，科学健身指导进入百姓生活，围绕人民群众需求，群众赛事、健身场地、科学指导等供给不断增强，全民健身公共服务体系走向更高水平，为实现体育强国、健康中国两大目标注入强大动力。新中国成立70多年来，“以人民为中心”成为新时代中国体育发展的根本遵循，党的二十大报告将“坚持以人民为中心的发展思想”明确为前进道路上必须牢牢把握的五条重大原则之一，体育的价值也不断走向多元，并日渐和青少年成长、文化、旅游、健康等领域融合，成为满足人民日益增长的美好生活需要、促进人的全面发展的重要手段。

公共体育服务就要坚持“以人民为中心”的理念，满足人民群众不断增长的多样化、多层次、高质量的体育需求，形成规范有序、富有活力的体育组织体系，最终达到人人享有基本公共体育服务的目标。这其实也就为公共体育服务指明了发展方向，概括起来就是均等化、标准化、供给多元化以及体系法治化。全民健身并不完全是个体育概念，也有着很强的社会意义，这就需要调动各方社会资源，形成协同效应。这主要体现在两方面，分别是体育部门与其他部门以及社会力量的协同。当然，任何一个层面都存在着客观阻力，这就要求相关部门要以政策精神为基础，将问题逐层分解，激发各个部门或组织的活力，提高主观能动性。其实无论政策的制定还是核心数据的分析，最终的目标都是进一步调动各地开展全民健身工作的积极性，形成全民健身蓬勃发展的良好局面，切实提高人民群众的生活品质和健康水平，夯实体育强国建设基础，为全面建成社会主义现代化强国作出积极贡献。

以习近平同志为核心的党中央将全民健身上升为国家战略，广泛开展全民健身运动，推动全民健身和全民健康深度融合。全民健身关乎全民，办以人民为中心的体育，需要不断满足人民群众的健身需求，从每一块健身场地、每一场赛事活动、每一次健身指导入手，使体育发展成果由全民共享，凝聚体育的向上力量。

三、案例使用说明

（一）教学用途与教学目标

1.教学用途

本案例适用于“体育场馆服务业”章节的教学，以首都体育馆公益开放日为例，强调体育场馆服务业的公益属性，助力全民健身，推进健康中国建设。

2.教学目标

（1）知识层面。

了解首都体育馆公益开放日的目的及效果，了解公益属性在体育场馆服务业中发挥了什么作用。

（2）能力层面。

通过对案例的讲解让学生了解体育场馆的公益属性，培养学生热心公益、关注全民健康的思想。

（二）案例讨论的准备工作

预习体育场馆服务业的相关理论知识，对首都体育馆开展过哪些公益活动、取得的效果、产生的影响有初步的预习。

（三）案例分析要点

结合案例，思考首都体育馆还可以开设哪些公益活动；思考首都体育馆公益开放日的成功对我国其他大型体育场馆有何启示。

（四）教学组织方式

建议用本案例完成“体育场馆服务业”知识点的教学，不再安排教师的讲授时间。一般安排1个课时（45分钟）。案例的教学组织安排如表6-1所示。

表6-1 教学组织安排

学习阶段	学习内容	时间限制	学习目标
课前	要求学生分组并提前预习课本知识	提前两天	熟悉案例情况

续 表

学习阶段	学习内容	时间限制	学习目标
课中	由教师展示案例PPT和与案例相关的资料	课中	进一步熟悉案例情况
	由教师介绍与案例相关的思政元素		让学生了解与案例相关的思政理论
	分组讨论,要求学生运用思政元素分析案例,并在课堂上写出案例分析报告		让学生能够用理论分析问题,并将小组案例分析报告作为平时考核成绩
	随机抽取三个小组进行发言		锻炼学生归纳总结能力
	对各组表现进行简单评价,并进行归纳总结,注意思政元素与知识点结合		让学生学会运用思政相关理论分析知识点
课后	请学生继续关注体育场馆服务业的发展和近况	一周内	增加记忆,巩固知识

（五）总结

通过本案例的学习，学生了解了体育场馆服务业应紧密结合公益事业，准确把握公益性与经营性的关系。在坚持公益属性的前提下，坚持社会效益与经济效益的统一，不断完善大型体育场馆市场运营机制，为人民群众提供更加丰富、更加优质、更加高效的公共体育服务。

案例二　上海梅赛德斯-奔驰文化中心

一、案例描述

梅赛德斯-奔驰文化中心不仅是国际化的娱乐演艺场馆，更是一个多功能的娱乐综合体，包含一个主场馆，一个小型现场演出场地及商业区域。主场馆至多可容纳18000名观众，拥有82个VIP包厢、贵宾室，均配备先进的演出设施，可承办国内外较大规模的室内表演活动及体育赛事。作为承接小型现场演出的场地，音乐俱乐部同时可容纳800名观众，适合举办小型演唱会、儿童剧、新闻发布会、拳击赛及其他特别活动。

作为上海首批推荐“一江一河潮玩地”，文化中心还拥有超过20000平方米的商业综合体，其中汇集了各式各样的互动体验类项目，如攀岩、舞蹈教室、射箭、健身中心、水疗按摩及DIY烘焙店等，上海很受欢迎的真冰溜冰场及电影院也一应俱全。餐饮方面，场馆拥有8个不同类型的餐厅及咖啡馆，提供从休闲轻食到饕餮美食的一系列选择。

梅赛德斯-奔驰文化中心由东方明珠新媒体股份有限公司、美国AEG娱乐集团及NBA中国三方构成的合资公司运营，携手众多领航商业伙伴，全方位整合全球头部现场演艺资源的同时，以创新运营模式实践世界级标准场馆管理，并着力提供精彩多元的场馆体验，旨在超越艺人、赞助商、客人及商业合作伙伴的期望。

作为沪上具有活力的先锋娱乐地标，场馆汇聚了国内外炙手可热的文化、演艺及体育盛事。在体育产业的市场导向下，体育场馆运营成为资本和企业布局的重要方向。布局后的场馆该如何盈利是值得深思的问题。创新场馆运营机制，推动场馆商业性改革以达到盈利成为当下场馆运营发展的重中之重。梅赛德斯-奔驰文化中心的娱乐化场馆运营模式值得学习和借鉴，未来场馆运营还将发挥多大的价值值得期待。

资料来源：关于梅赛德斯-奔驰文化中心，梅赛德斯-奔驰文化中心官网，https://www.mercedes-benzarena.com/AboutUs/，有改动。

二、案例的思政元素

1.大型场馆运营要坚持可持续发展原则

致力于推动可持续发展，对共创普惠平衡、协调包容、合作共赢、共同繁荣的发展格局具有重要意义。长期、稳定地发展，是实现科学发展的根本要求，要以长远的眼光看待发展，而不是局限于当下利益。追求长远发展，也是时代更迭的必然趋势。善于利用数据化信息资源，推动物质资源转换，协调统筹政府、企业和公众三方面的作用。要充分发挥政府的领导作用，释放政策红利，营造良好的政策环境，提供优质的公共服务、健全的市场运作机制，促进可持续发展。

2.坚持高质量发展

建设更高水平开放型经济新体制，以开放促改革、促发展，是新时代完善社会主义市场经济体制的重要方面。规划编制应以动态监测市场需求为基础，通过对市场的基本状况进行全面分析，并对市场前景进行预测，实现企业的生产和运营发展。冠名权的发展是一项商业交易活动，需要我们在思想、行动上都要坚持市场导向，遵循价值规律，健全冠名权交易价值评估制度，理清体育场馆的所有权和经营管理权，保证产权清晰，这是冠名权交易的前提。大力推进大型场馆经营管理由事业经营向企业化经营转变，引入民间资金，促进体育产业的发展。要重视培养高质量的专业技术人员、改进服务质量、健全基础设施、增强市场竞争能力、促进体育赛事市场的成熟。

三、案例使用说明

（一）教学用途与教学目标

1.教学用途

本案例适用于“体育场馆服务业”章节的教学，以梅赛德斯-奔驰文化中心为例，有力地说明了市场在资源配置中的决定性作用。

2.教学目标

（1）知识层面。

了解梅赛德斯-奔驰文化中心的运营模式、运营特点以及发展趋势，了解经济型体育场馆在城市发展中发挥什么作用。

（2）能力层面。

通过对案例的讲解让学生了解体育场馆在市场中发挥的作用，培养学生管理运营体育服务场所的能力。

（二）案例讨论的准备工作

预习体育场馆服务业的相关理论知识，对梅赛德斯-奔驰文化中心的运营模式、服务内容、发展趋势有初步的预习。

（三）案例分析要点

结合案例，思考梅赛德斯-奔驰文化中心在运营中存在的问题；思考该文化中心的成功对我国其他企业发展有何启示。

（四）教学组织方式

建议用本案例完成“体育场馆服务业”知识点的教学，不再安排教师的讲授时间。一般安排1个课时（45分钟）。案例的教学组织安排如表6-2所示。

表6-2　教学组织安排

学习阶段	学习内容	时间限制	学习目标
课前	求学生分组并提前预习课本知识	提前两天	熟悉案例情况
课中	教师展示案例PPT和与案例相关的资料	课中	进一步熟悉案例情况
	教师介绍与案例相关的思政元素		让学生了解与案例相关的思政理论
	分组讨论，要求学生运用思政元素分析案例，并在课堂上写出案例分析报告		让学生能够用理论分析问题，并将小组案例分析报告作为平时考核成绩

续 表

学习阶段	学习内容	时间限制	学习目标
课中	随机抽取三个小组进行发言		锻炼学生归纳总结能力
	对各组表现进行简单评价,并进行归纳总结,注意思政元素与知识点结合		让学生学会运用思政相关理论分析知识点
课后	请学生继续关注体育场馆服务业的发展和近况	一周内	增加记忆,巩固知识

（五）总结

通过本案例的学习，学生了解了体育场馆服务业应转变运营思路。体育事业、体育产业在我国起步较晚，亟待更多的体育产业人才开拓耕耘。通过案例的学习，学生对体育产业发展的机遇与挑战有一个清晰的认识，并学会运用辩证唯物主义的立场与方法，对问题进行有针对性的分析。

第七章　体育旅游业思政教学设计

本章主要介绍体育旅游业相关知识，包括体育旅游业的概念、类型和特征，国内外体育旅游业的发展历程，详细阐述了我国体育旅游业的运营主体、运营模式、运营业态以及体育旅游业的发展趋势。本章有以下四个学习目标：了解体育旅游业的概念，了解体育旅游业的运营主体与运营模式，掌握体育旅游业的运营业态，了解我国体育旅游业的发展现状和趋势。

第一部分是体育旅游业概述。重点介绍旅游和体育旅游概念、体育旅游资源的类型与特征、体育旅游业发展历程。从体育产业发展的角度来看：体育旅游是以体育资源为基础，吸引人们参加与感受体育活动和大自然情趣的一种新的旅游形式。体育旅游资源是指对旅游者产生吸引力，用于进行体育旅游活动的自然界或人类社会的资源。主要包括自然资源、人文资源和体育资源三种类型以及地域性、丰富性、季节性和可参与性四个特征。

第二部分是体育旅游业的运营。重点介绍体育旅游业运营主体、体育旅游业运营模式和体育旅游业运营业态。体育旅游业的运营主体主要包括旅行社、体育俱乐部和其他相关实体。体育旅游业的运营模式主要有“捆绑式”运营、“单一式”运营、“自发式”运营、“会员式”运营。体育旅游运营业态包括体育赛事旅游、山地户外旅游、滨海体育旅游、冰雪运动旅游、民俗体育旅游和体育小镇旅游。

第三部分是体育旅游业发展趋势。主要介绍体育旅游业发展现状、存在的问题、发展趋势。目前，我国体育旅游业已经基本形成了多样化的体育旅游产品体系，建立起体育赛事旅游、体育参与旅游、体育演绎观赏旅游和体育实体景观旅游等市场体系，具有巨大的发展空间，但同时也存在很多问题，如基础设施不健全，行业管理水平不高，体育旅游人才及体育旅游产品相对匮乏。随着经济的发展，体育旅游业将呈现出与其他产业的深度融合、产品供给呈现个性化、营销平台呈现网络化的新发展趋势。

第一节　体育旅游业思政元素分析

本章介绍我国体育旅游业的概述、体育旅游业的运营与发展趋势，这些体育旅游业知识点和思政元素有着密切联系。将课堂知识和思想政治元素相互融合，可以更好地引导学生学习体育产业相关知识，在这一章节的课程知识讲授过程中，与之相关的思政元素主要表现在以下四点。

一、助力“双碳”目标实现

2021年，碳达峰、碳中和（以下简称“双碳”）目标被写入《政府工作报告》。党的二十大报告指出：“积极稳妥推进碳达峰碳中和……有计划分步骤实施碳达峰行动。”[①]在“双碳”目标的驱动下，绿色低碳发展正成为社会经济发展的主旋律和各行业转型升级的指引，围绕“双碳”目标促进社会各行业节能减排，成为促进区域生态文明建设和国家高质量发展的重要任务。

① 习近平.高举中国特色社会主义伟大旗帜 为全面建设社会主义现代化国家而团结奋斗：在中国共产党第二十次全国代表大会上的报告[M].北京：人民出版社，2022：51.

体育旅游是集产、学、研、食、康、住、行、游、购、娱等多要素为一体的综合产业，与服务业、交通业、餐饮业等存在高度联动。其作为产业结构调整、经济结构优化的内生动力，本身具有极强的可持续性、协调性和综合性，正成为绿色低碳产业高质量发展的新引擎。基于“双碳”发展目标，要推进绿色可持续相关的体育旅游业发展，打造科学合理的体育旅游业可持续高质量发展体系，践行绿色可持续发展的价值理念，全面协调体育旅游运营主体、体育旅游用户群体、行政部门主体和绿色生态环境部门之间的发展关系，促使空气质量系统、人文生态系统、自然生态系统等得到有效保护。体育旅游产业将助力“双碳”目标的实现，推动体育旅游产业高质量可持续发展。

二、实施扩大内需战略，促进消费提质扩容

内需是经济发展的基本动力，扩大内需也是满足人民日益增长的美好生活需要的必然要求。中共中央、国务院印发《扩大内需战略规划纲要（2022—2035年）》，为今后一个时期扩大国内需求描绘了战略蓝图。党的二十大报告指出：“着力扩大内需，增强消费对经济发展的基础性作用和投资对优化供给结构的关键作用。”①2023年政府工作报告中指出重点工作中的第一项是“着力扩大国内需求。把恢复和扩大消费摆在优先位置”②。内需的扩大在经济活动中表现为消费的增加。消费离不开人的流动，其规模与人口基数密切相关。体育旅游人口支撑着地区旅游消费，提高体育旅游业质量和体育旅游服务水平，对提升旅游客流量作用突出，并为发挥体育旅游业的带动能力创造条件。

我国体育旅游消费正从以往的大规模、同质化消费向多元化、差异

① 习近平.高举中国特色社会主义伟大旗帜　为全面建设社会主义现代化国家而团结奋斗：在中国共产党第二十次全国代表大会上的报告[M].北京：人民出版社，2022：29.

② 中国政府网.2023政府工作报告[EB/OL].(2023-03-05)[2023-05-24].https://www.gov.cn/zhuanti/2023lhzfgzbg/.

化、高品质消费转型，体育旅游消费新格局逐渐形成，对我国经济发展的拉动作用日益凸显。作为拉动经济增长的重要驱动因素，体育旅游消费在促进体育旅游高质量发展的过程中发挥着重要作用。新发展格局将催生体育旅游消费模式创新，培育体育旅游消费新业态、新模式，激发人们体育旅游的消费热情，培养人们体育旅游的消费习惯，进一步促进体育旅游消费多元化发展，丰富体育旅游消费形态，促使体育旅游消费成为体育旅游高质量发展的重要动力。为满足消费者的消费需求，在体育旅游规划、建设过程中，各地政府应根据当地自然资源特点和政策，因地制宜开发体育旅游新业态、开展精品旅游项目、提高体育赛事影响力、建设体育特色小镇等，通过直接性门票收入和间接性交通、餐饮、住宿等多种消费来促进体育旅游发展。当前，在体育旅游消费对我国经济转型升级的基础性作用日益增强和结构重要性日益突出的背景下，我国体育旅游消费发展还不能有效满足新时期消费升级、新动能成长、经济转型等形势需求。因此，培育体育旅游新型消费业态、模式，对进一步释放我国体育旅游消费潜力、发挥在经济发展新动能中的基石作用具有重要意义。

三、满足人民对美好生活的体育需求

党的十九大报告指出："我国社会主要矛盾已经转化为人民日益增长的美好生活需要和不平衡不充分的发展之间的矛盾。"①体育旅游在满足人民日益增长的美好生活需要方面发挥着不可替代的作用。近年来，国家及有关部委相继出台了有关政策，鼓励国民休闲体育旅游发展。2015年1月国务院出台的《关于促进旅游业改革发展的若干意见》提出："积极推动体育旅游，加强竞赛表演、健身休闲与旅游活动的融合发展。"②

① 习近平.决胜全面建成小康社会 夺取新时代中国特色社会主义伟大胜利：在中国共产党第十九次全国代表大会上的报告[M].北京：人民出版社，2017：11.

② 中国政府网.国务院关于促进旅游业改革发展的若干意见（国发〔2014〕31号）[EB/OL].（2014-08-21）[2023-05-24].https://www.gov.cn/zhengce/content/2014-08/21/content_8999.htm.

2019年9月国务院办公厅出台的《关于促进全民健身和体育消费，推动体育产业高质量发展的意见》中提出“鼓励体旅融合发展”等政策，有力促进了体育旅游的发展。党的二十大报告指出：“增进民生福祉，提高人民生活品质……不断实现人民对美好生活的向往。”①

目前，我国体育旅游业已经基本形成了多样化的体育旅游产品体系，建立起体育赛事旅游、体育参与旅游、体育演艺观赏旅游和体育实体景观旅游等市场体系。由于不同类别的体育旅游消费者的需求、偏好、参与行为与消费习惯不同，体育旅游业的运营模式、运营业态以满足体育旅游消费者多样化的体验需求为目的，提供多元化的体育旅游服务产品。体育旅游业的发展，归根结底是为了满足人民对美好生活的体育需求，最大限度实现人民愿望，提升人民幸福感。

四、提升城市知名度，打响城市品牌

在经济全球化、城乡一体化加速发展的今天，很多城市正通过调整产业结构、转变经济发展方式等途径，提高城市的影响力和竞争力。城市的品牌定位是引领城市健康可持续发展的核心，决定着一个城市的发展方向和发展模式。随着社会现代化水平的提高，体育运动在人们生活中的地位日益重要，重要性日益凸显。

开发体育旅游项目，有利于城市旅游品牌的创新。当前全国许多地方都将旅游业作为地方经济发展的新动力，想要在旅游开发的大背景下凸显旅游产业优势必须要有所创新。体育赛事旅游是其中最活跃、最有影响力的组成要素。体育赛事旅游是旅游业发展的一个新推动力，是以体育资源和体育设施为基础条件，以旅游商品的形式进行推广，为游客提供精彩赛事的同时提供娱乐、休闲、交际等多种服务。其核心的思路就是利用体育赛事来吸引特定的游客群体，带动体育以及周边旅游产业的发展，进而塑

① 习近平.高举中国特色社会主义伟大旗帜 为全面建设社会主义现代化国家而团结奋斗：在中国共产党第二十次全国代表大会上的报告[M].北京：人民出版社，2022：46.

造城市品牌。通过体育赛事旅游的经营推动城市的品牌塑造，体育赛事旅游中心城市、国际体育名城等一系列新的代表城市形象的名词纷纷涌现。例如，从2008年北京奥运会的“同一个世界，同一个梦想”，到2022年北京冬奥会的“一起向未来”，以及从“百年梦圆”到“双奥之城”。

第二节 体育旅游业理论教学设计

一、教学目标

1.知识目标

（1）掌握体育旅游的概念及国内外体育旅游的发展历史。

（2）了解体育旅游业的运营主体与运营模式。

（3）掌握体育旅游业的运营业态。

（4）了解我国体育旅游业的发展现状和趋势。

2.能力目标

（1）通过本章学习，学生在了解国外体育旅游业发展情况的基础上，把握我国体育旅游业的发展状态，提高对我国体育旅游业发展的整体认识。

（2）在课堂教学过程中，采取分组讨论的形式，锻炼同学之间的团结协作能力。

（3）教师通过对案例的分析讲解，帮助学生系统地了解我国体育旅游业的发展对我国经济的影响，培养分析问题和解决问题的能力。

3.价值目标

（1）打造人民幸福产业，坚持把实现人民对美好生活的向往作为现代化建设的出发点和落脚点，以体育旅游带动体育消费，增强体育旅游者的幸福感。

（2）在新发展理念背景下，引导学生正确认识体育旅游资源，在体育旅游资源开发过程中应坚持保护为主、开发为辅，遵循可持续发展理念，将生态文明建设贯彻到日常生活中。

（3）用好红色资源，以爱国主义教育为重点，弘扬和培育民族精神和时代精神，引导学生知史爱党、知史爱国，不断坚定中国特色社会主义共同理想。

二、教学内容分析

1. 教学内容

（1）体育旅游业概述：体育旅游概念，体育旅游资源的类型与特征，体育旅游业发展历程。

（2）体育旅游业的运营：体育旅游业运营主体，体育旅游业运营模式，体育旅游业运营业态。

（3）体育旅游业发展现状和趋势：体育旅游业发展现状，体育旅游业发展中存在的问题，体育旅游业发展趋势。

2. 教学重点

（1）掌握体育旅游概念。

（2）深入了解国内外体育旅游的发展历史。

（3）掌握体育旅游业六个运营业态。

3. 教学难点

将体育旅游相关知识学习与所蕴含的思政元素相互渗透融合，对学生进行春风化雨、润物无声的思政教育。

三、教学手段与方法

1. 启发式课堂教学

启发式教学的核心就是启发学生的学习思维，将学生学习潜能激发出来，充分调动学生学习的积极性、主动性和创造力，帮助学生更加深刻地理解和掌握知识，进而提升学生的学习和思维能力，扩展学生的知识面，提高学习的效果。

2.组织线上线下讨论

充分利用各类资讯链接，利用微信群推送文献观点解析，结合主题进行分组讨论、知识大赛、小测验等，不断增强学生对所学知识的理解和应用能力。

3.课程思政融入

将本章内容所包含的思政元素融入实际案例中。例如：从“体育旅游资源的类型特征”引申到“体育旅游可持续发展”。

三、思政要点设计和教学过程

本章节的教学内容、知识点及所对应的思政元素设计如表7-1所示。

表7-1　思政要点设计

教学内容	知识点	思政元素
体育旅游业概述	1.体育旅游概念 2.体育旅游资源的类型与特征 3.体育旅游业发展历程	助力“双碳”目标实现
体育旅游业的运营	1.体育旅游业运营主体 2.体育旅游业运营模式 3.体育旅游业运营业态	扩大内需促进消费 满足人民对美好生活的体育需求
体育旅游业发展现状和趋势	1.体育旅游业发展现状 2.体育旅游业发展中存在的问题 3.体育旅游业发展趋势	提升城市知名度，打响城市品牌

1.体育旅游业概述

（1）旅游和体育旅游概念。

旅游是人们为了休闲、商务或其他目的，离开他们惯常环境，到某些地方去以及在那些地方停留不超过一年的活动。我国有学者将旅游定义为：人们以寻求新的感受和业务联系为目的，离开常住地到异国他乡短暂停留而不导致定居和就业所引起的一切现象和关系总和。它既是一种文化生活，又是一种综合性社会经济活动。

体育旅游是旅游的一个分支，是旅游市场细分的结果。体育旅游从字面上看是“体育”与“旅游”相互促进、相互影响的有机结合，都是人类社会现象和活动范畴。从体育产业发展的角度来看：体育旅游是以体育资源为基础，吸引人们参加体育活动和感受大自然趣味的一种新的旅游形式，是体育与旅游相结合的一种特殊的休闲生活方式，也是体育产业的一个重要组成部分。体育旅游除了具有旅游的一般特性即目的性、异地性、短暂性、综合性等，还兼具一些独特的体育元素，如良好的身体技能、较强的体验性、明显的地域性等。

（2）体育旅游资源的类型与特征。

体育旅游资源是指在自然界或人类社会中对旅游者产生吸引力，并能进行体育旅游活动，为体育旅游业的经营活动所利用，能产生经济、社会、生态效益的各种因素和条件的综合资源。它包括自然资源、人文资源、体育资源。在不同类型体育旅游资源中，体育赛事是最典型的体育旅游资源。

体育旅游资源的地域性特征是体育旅游资源最本质的特征，由于受不同的自然环境的影响不可避免地带有一定的地域自然风貌、风土人情、历史文化等色彩，使得这个区域的自然景观、人文风情以及体育旅游活动项目具有吸引异地旅游者的功能。

（3）体育旅游业发展历程。

随着欧美国家经济的快速发展和人们生活水平的提高，越来越多的人有闲暇从事体育运动以及户外消遣、度假活动。人们甚至把商务旅行、异地观光等内容也与体育紧密相连，这使得以体育为主要活动内容的旅游——体育旅游逐渐发展起来。

而在国内，中华人民共和国成立之前，我国没有真正意义的体育旅游业，现在提及的体育旅游业是伴随着中华人民共和国成立后旅游业的波动式发展而逐渐起步的。改革开放后，我国旅游业快速发展，体育旅游业也获得了一定程度的发展。

2. 体育旅游业的运营

（1）体育旅游业运营主体、模式。

随着体育产业的快速发展，作为体育产业重要组成部分的体育旅游业也迎来重大发展机遇。体育旅游的内容和形式愈加丰富多样，令人目不暇接。体育旅游市场也更加繁荣，运营主体多，包括旅行社、体育俱乐部和其他相关实体；运营模式多样，包括"捆绑式"运营、"单一式"运营、"自发式"运营、"会员式"运营等模式。

鉴于不同类别的体育旅游消费者的需求、偏好、参与行为和消费习惯不同，体育旅游业的运营必须以满足体育旅游消费者多样化的体验需求为前提，要有不同的运营模式，提供多元化的体育旅游服务产品，更好地满足大众需要。

（2）体育旅游业运营业态。

近年来，随着体育与旅游的深度融合与发展，我国形成了体育旅游业快速发展的大格局。体育旅游作为一种典型的休闲业态，能够满足大众日益增长的对休闲和旅游的双重需求，包括体育赛事旅游、山地户外旅游、滨海体育旅游、冰雪运动旅游、民俗体育旅游与体育小镇旅游等。

3. 体育旅游业发展现状和趋势

（1）体育旅游业发展现状及存在的问题。

我国体育旅游业基本形成多样化的体育旅游产品体系，建立起体育赛事旅游、体育参与旅游、体育演艺观赏旅游和体育实体景观旅游等市场体系。

近些年来体育旅游业发展较快，给原有的旅游行业带来了许多生机。但由于相关从业者和参与者对体育旅游的认识还存在观念上的差异，特别是一些相应的基础设施不完善，行业管理水平不高，体育旅游人才及体育旅游产品相对匮乏等问题，体育旅游持续健康发展受到诸多因素的制约。

（2）体育旅游业发展趋势。

经济发达国家的经验表明，随着人均收入水平的提高，参与性、体验性旅游将成为继观光游览后的又一个新热点，而体育旅游业同样具有这样的特征。同时，随着文化、健康、养老等产业业态的融合以及各种新技术，如互联网、云平台、5G等的运用，体育旅游业呈现出以下新的发展趋势：与其他产业深度融合、产品供给个性化、营销平台网络化。

第三节　体育旅游业案例教学设计

案例一　重走红军路　百年忆征程

一、案例描述

走进浙江温州凤卧镇凤林村，沿着宽敞洁净的柏油路一路向前，错落有致的靓丽民居、清新美丽的田园风光、沿路点缀的滨水公园、红色老区的主题墙、红军小学不断映入眼帘，淳朴的老区人民脸上洋溢着幸福与自豪的笑容。5月29日，由温州市体育局、温州日报报业集团等单位联合平阳县凤卧镇主办的重走红军路徒步健走活动在红都凤卧举行。走进活动地，激昂的歌声响彻凤卧，鲜艳的旗帜飘扬在上空，近700人的徒步队伍踏上征途，沿着革命先辈战斗的足迹，重温红色记忆，传承红色精神。

凤卧是浙南有名的革命根据地，1939年7月21日至30日，中共浙江省第一次代表大会先后在凤卧镇的冠尖山与马头岗召开，掀开了浙江党史新的一页。如今，省一大旧会址依然若隐若现在密林深处，见证着浙南革命的烽火岁月。百年初心路，如今，后辈们迈着坚定的步伐走在这片曾星火燎原的土地上，追忆峥嵘岁月，回望百年征程。

来自水头一小的六年级学生王彬跟随母亲来参加本次徒步活动，虽然下了点小雨，但丝毫没有影响他的热情，他说：“平时在课本看到过很多革命先烈的故事，这次来到这里亲身感受更震撼了，我们现在的生活来之不易，要好好珍惜。”来自当地志愿者协会的黄云桐这次组织了协会的所有党员来参加本次活动，他说：“我已经参加了4届这个徒步活动，当地的道路房屋包括村容村貌每年都在不断进步，这也反映出了建党百年，国家的进步发展日新月异，我想这也是革命先辈希望看到的。”

据活动总策划朱跃介绍，重走红军路大型徒步健走活动至今在平阳已举办了7届，每年来自温州各县市区的参与者报名都非常踊跃，给当地带来了旺盛的红旅人气。从第二届开始，当地结合这项活动又推出了红色旅游文化节，进一步促进了当地文旅体融合发展，有效助力革命老区的乡村振兴。“本届我们在‘重走红军路’的线路设计和环节设置等方面都加入了更多细节，新的惊喜。通过这次活动，让大家深度体验红都凤卧的历史人文、红色底蕴，尽情尽兴地融入各项研学、民俗、文化、旅游观光活动，进一步了解凤卧镇这几年发生的巨大变化。”朱跃说。

一项红色体育活动带动了红色旅游，红色旅游又带动了乡村振兴。摆脱经济薄弱村帽子的凤林村，依靠旅游分红等收入，年村集体经济收入突破100万元。全村已成为AAA级旅游景区。凤卧镇统战委员黄可会说：“通过体育，我们找到了‘红色旅游+绿色发展’的振兴道路，近年来的红色旅游文化节更带动了周边各个县区包括温州的客人前来体验红色文化，认识红都凤卧，打响红色品牌。”

体育让生活更美好，生命因运动更精彩。青山远望，翠竹听潮。行走在凤卧，静谧的村庄飘出袅袅炊烟，当年革命先辈为之牺牲奋斗的理想，在这里已成现实。

资料来源:重走红军路　百年忆征程,国家体育总局网,https://www.sport.gov.cn/n20001280/n20745751/n20767239/c21394693/content.html,有改动。

二、案例的思政元素

1.赓续红色血脉

党的二十大报告指出："弘扬以伟大建党精神为源头的中国共产党人精神谱系，用好红色资源，深入开展社会主义核心价值观宣传教育，深化爱国主义、集体主义、社会主义教育，着力培养担当民族复兴大任的时代新人。"[①]我国在新民主主义革命时期形成的井冈山精神、长征精神、延安精神、西柏坡精神是中华民族的宝贵财富。今天以革命博物馆、纪念馆、革命遗址以及案例中的凤卧革命根据地为主形成的红色旅游景区，为人民缅怀革命先烈、追寻精神与信仰提供了宝贵资源。如今红色旅游正成为新时期进行革命传统教育和爱国主义教育的重要方式，成为民众感悟历史、不忘初心、砥砺前行的强劲动力。体育旅游则以体育为载体，以参与、体验、欣赏为过程，以对生活的追求和精神享受为目的。

体育旅游将成为"把红色资源利用好，把红色传统发扬好，把红色基因传承好"的最佳伴侣。

2.弘扬中华优秀传统文化

中华优秀传统文化是中华文明的智慧结晶和精华所在，是中华民族的根和魂，是我们在世界文化激荡中站稳脚跟的根基。党的二十大报告指出："发展社会主义先进文化，弘扬革命文化，传承中华优秀传统文化。"[②]2023年的政府工作报告中指出："弘扬中华优秀传统文化，加强文物和文化遗产保护传承。"[③]当前，弘扬中华优秀传统文化中还存在一些弘扬手段和方式比较单一的问题，传统文化或被视为"阳春白雪"难以被大

① 习近平.高举中国特色社会主义伟大旗帜 为全面建设社会主义现代化国家而团结奋斗：在中国共产党第二十次全国代表大会上的报告[M].北京：人民出版社，2022：44.

② 习近平.高举中国特色社会主义伟大旗帜 为全面建设社会主义现代化国家而团结奋斗：在中国共产党第二十次全国代表大会上的报告[M].北京：人民出版社，2022：43.

③ 中国政府网.2023政府工作报告[EB/OL].(2023-03-05)[2023-05-24].https://www.gov.cn/zhuanti/2023lhzfgzbg/.

众感知，或是简单化、庸俗化、过度商业化对文化造成歪曲和损害。活化利用水平不高，现代性转化不足，严重影响了传统文化的生命力。文体旅融合是文化体验、文化认知与文化分享的重要形式，将传统人文精神与文化基因植入现代消费，在传统文化和当代价值之间建立“纽带”和“桥梁”，赋予传统文化以现代意义和当代表达，能够唤醒民众对传统文化的认同感和珍视感，是弘扬中华优秀传统文化的有效途径。

重走红军路，不仅给当地带来了旺盛的红旅人气，也让当地结合这项活动又推出了红色旅游文化节，进一步促进了当地文旅体融合发展，让大家深度体验红都凤卧的历史人文、红色底蕴，极大影响着人们的社会认知及价值理念。当前，我国革命老区的红色文化资源存在红色文化产品供给量少质低、红色文化精神内涵挖掘不够等问题。因此，要实现让老区人民过上好日子的高质量振兴发展目标，离不开红色文化的传承与振兴。回顾人类社会历史的发展脉络，体育一直在人类文化的组成中占有一席之地。体育旅游极具参与性、文化传播的综合属性，是红色文化得以赓续的有效方式。

三、案例使用说明

（一）教学用途与教学目标

1.教学用途

本案例适用于本科生体育产业课程第七章体育旅游业的教学。

2.教学目标

（1）知识层面：通过本案例让学生对体育旅游有初步的认识，了解体育旅游资源类型与特征，体育旅游业的运营主体、运营模式与运营业态。

（2）能力层面：通过案例学习和借鉴红色旅游的发展经验，思考体育旅游的发展规划，可以培养学生发散性、创造性思维。同时，向学生宣扬“红军革命”精神，让他们领悟当年红军革命坚韧不拔、一往无前的可贵品质，从而鼓舞学生更有信心地投身中国特色社会主义建设。

（二）案例讨论的准备工作

安排学生课前搜集我国当前与红色体育旅游示范地和红色体育旅游组织相关的文件资料视频，自行观看并了解当前我国关于红色体育旅游的相关新闻报道。

（三）启发思考题

（1）结合案例，思考体育旅游与红色旅游如何相辅相成、相互促进。
（2）结合案例，思考红色体育旅游的特点和发展趋势。

（四）教学组织方式（表7-2）

表7-2　教学组织安排

学习阶段	学习内容	时间限制	学习目标
课前	预习本章节内容	提前2天	了解章节内容
课中	教师展示案例PPT和与案例相关的资料	10分钟	进一步熟悉案例
	引导学生思考与案例相关的思政元素	10分钟	让学生了解与案例相关的思政理论
	分组讨论，运用所学思政元素写出案例分析报告	10分钟	让学生能够用理论分析问题，并将分析报告作为平时考核成绩
	随机抽取两组进行归纳总结	15分钟	学会独立思考，表达自己的想法
课后	布置学生搜集其他资料，复习课堂内容		增加记忆，巩固知识

案例二　宜昌夷陵体旅融合结硕果　曾经的"百里荒"　如今的"百里旺"

一、案例描述

欧阳修的诗句"荒烟几家聚，瘦野一刀田"说的就是百里荒。这个因古代方圆百里荒无人烟得名的地方如今一点都"不荒"。每年盛夏，通往百里荒景区的四条盘山公路车辆络绎不绝，人们在高山草原体验七彩滑道的速度与激情，骑马驰骋，弯弓射箭，乘坐滑翔伞翱翔蓝天，在汽车户外营地徜徉音乐世界……这片南方草场如今年接待游客突破200万人次。在百里荒的改变过程中，体旅融合发展成为"百里乡村"振兴的主动脉。

遗憾错过画中滑翔　云中滑雪

百里荒位于湖北宜昌市夷陵区分乡镇，总面积42平方公里，平均海拔1200米，夏季最高气温26摄氏度。盘山公路通车之后，百里荒的山顶距宜昌市城区车程约1.5小时。4月25日，中央新闻媒体采访团抵达百里荒滑翔伞基地。走下大巴车，大家便瞬间感受到避暑胜地名不虚传——在山下穿短袖不觉冷，到了山上不得不向景区借棉衣。

4月是百里荒的旅游淡季，游人不多，基地工作人员陈碌原准备带着大家体验滑翔，但是由于大雾天气没飞成。"真的太遗憾了，从这边飞下去就像在画里飞一样，等夏天的时候你们一定要来体验一次。"与滑翔伞一样，七彩滑草、云中飞车、汽车露营基地等百里荒最热门的项目都因为天气由动态体验变成静态观赏，滑雪场里打理得锃亮的器材也因为季节不对只能安静"列队"被欣赏。

"雪场从去年12月末开滑，一直营业到3月初，人气特别火爆，日接待游客最多超过2000人。"陈碌介绍说，百里荒滑雪场是宜昌市第一个滑雪场，也是距离荆州、荆门等周边城市最近的滑雪场。大众对南国雪原的向往让百里荒的冬季不再冷清，大众冰雪节、青少年冰雪冬令营、冰雪足球赛、滑雪培训等活动带来的人气也让“白色经济”成为带动景区周边乡村发展的新力量。

山楂树见证“穷山”华丽变身

2013年之前的百里荒，地如其名，山脚稀落的炊烟让连片的荒山更显荒凉。许多出生在百里荒的孩子把“逃离家乡”当成梦想。20世纪80年代，国家曾在这里建立“北羊南养”实验基地，一度建起了万亩草场，但十几年后，项目中断，百里荒重归荒凉。

2003年，百里荒被开发为旅游区，2010年张艺谋导演的电影《山楂树之恋》在这里取景拍摄，一度吸引无数游客前来打卡。然而，由于开发经营没能跟上，景区持续亏损，一部电影未能带动百里荒的发展，那棵山楂树下也重归安静。

宜昌百里荒生态农业旅游公司自2013年开始发力景区的开发经营。筹资做规划、扩道路，完善百里荒片区基础设施、铺就水电网通信设施。2016年7月，百里荒景区全新开园，2017年1月被授予国家AAAA级旅游景区，当年接待游客达30万人次。如今，百里荒已建成集草场风光、游牧休闲、康体娱乐于一体的独具特色的生态草场旅游风景区，成为三峡宜昌旅游新亮点，有奶牛场、滑翔伞、滑草、云中天桥、跑马场、蒙古包、射箭、马战表演、拓展训练、影视基地等项目，年接待游客突破200万人次。

体旅融合擎起乡村振兴旗帜

2019年10月，宜昌市规划设立环百里荒乡村振兴试验区，将百里荒体育旅游产业列为乡村振兴核心主导产业，为百里荒体旅产业融合发展注入新动力。

“我们希望让绿色生态支撑体育旅游发展。在保护好山、水、林、田、湖、草等生态环境的基础上，提升景观质量、营造优美环境，使百里荒水更清山更绿，为体育旅游绿色产业兴旺夯实基础。”百里荒旅游集团总经理覃金坤表示，他希望未来景区能以科学规划引领当地体育旅游发展，用优质硬件服务体育旅游发展。

百里荒体育旅游蓬勃发展，为乡村带来巨大人气，周边乡镇的村民共享体育旅游发展红利。最为直接的是体育旅游带动当地农牧康养发展——旅游区带动社员发展宜昌白山羊、夷陵牛养殖，生态果蔬种植，将农牧生产过程变成了体育旅游体验，生产环境变成了体育旅游空间，生产要素变成了体育旅游主题，部分养殖户年收入达60万元。

体育汇聚的人气也让百里荒的民宿农家乐“百花争艳”。村民闫凤娥的“山上人家”民宿设计古朴精巧，颇受游客欢迎，在旅游平台上十分火爆，常常一床难求。2019年，她的民宿毛利润达110万元……如今，她在努力考电商资格证，希望发展电商、扩大民宿规模。闫凤娥的“山上人家”只是百里荒民宿发展的缩影，目前百里荒景区周边农家乐已达305家，有的民宿在旺季两月营收能够突破50万元。

资料来源：宜昌夷陵体旅融合结硕果　曾经的“百里荒”　如今的“百里旺”，国家体育总局网，https://www.sport.gov.cn/n20001280/n20067608/n20067635/c21043890/content.html，有改动。

二、案例的思政元素

1.体育旅游可持续发展

党的十九大报告指出：“我国社会的主要矛盾已经转化为人民日益增长的美好生活需要和不平衡不充分的发展之间的矛盾。”[①]而可持续发展问题的解决影响人们对美好生活的真实感受，天蓝、水清、地绿也是人民美好生活需要的重要组成部分，直接影响到人民群众的幸福感。党的二十大报告指出：“推动绿色发展，促进人与自然和谐共生。”[②]“绿色”发展成

① 习近平.决胜全面建成小康社会　夺取新时代中国特色社会主义伟大胜利：在中国共产党第十九次全国代表大会上的报告[M].北京：人民出版社，2017：11.

② 习近平.高举中国特色社会主义伟大旗帜　为全面建设社会主义现代化国家而团结奋斗：在中国共产党第二十次全国代表大会上的报告[M].北京：人民出版社，2022：49.

为我国经济社会持续健康发展的主题之一。

体育旅游作为旅游和体育深度融合的新兴形态，近年来成为全球旅游业中增长最快的行业之一，体育旅游不仅满足绿色经济发展的新需求，也符合体育产业发展的需要。体育旅游目的地建设以骑行、漂流、皮划艇、户外拓展、滑翔伞、攀岩、飞拉达、滑雪、越野跑等为重点内容，主体是体育服务业，是一个朝阳产业、绿色产业，项目大多可以维持基本的生态环境，保护自然遗产和生物多样性。百里荒充分利用当地优质的环境资源发展产业，优化生态宜居空间，以其生态性吸引消费者亲近自然，感受乡土气息，享受原生态体验，这使百里荒发展成国家AAAA级旅游景区。这启发各开发主体必须按照生态可持续、环境优美的要求开发体育旅游产品，打造绿色生态的目的地环境，进而间接提升居民和当地企业的环保意识，创建体育旅游的“生态文明”。

2.助力乡村振兴

党的二十大报告指出：“广泛开展全民健身活动，加强青少年体育工作，促进群众体育和竞技体育全面发展，加快建设体育强国。”[①]体育旅游休闲基地作为“体育强国”和“健康中国”的重要载体，在促进全民健身活动的开展、青少年体育和群众体育的发展、体育产业和体育文化的繁荣、满足人民美好健康生活的需要等方面具有重要的价值。尤其是在国家乡村振兴战略及体育旅游休闲大发展的背景下，我国体育旅游休闲基地建设有序展开。如：2021年和2022年国家体育总局、国家文化和旅游部分别公布了47家和14家国家级体育旅游示范基地；《“十四五”体育发展规划》明确提出打造100个国家体育旅游示范基地；各地各种类的冰雪特色基地、温泉养生基地、自行车基地、汽车露营基地、航空运动基地以及各种“乡村旅游+体育”综合基地等逐渐兴起。

体育旅游作为乡村振兴战略的新模式和新动能，它是一种以体育资源为载体，以旅游方式为导向，两者深度融合形成的新型产业业态，能全面

① 习近平.高举中国特色社会主义伟大旗帜　为全面建设社会主义现代化国家而团结奋斗：在中国共产党第二十次全国代表大会上的报告[M].北京：人民出版社，2022：45.

促进乡村产业兴旺、生态宜居、乡风文明、治理有效、生活富裕，对于推动乡村振兴发展具有很强的引领示范作用，能满足人们对美好体育生活的向往。百里荒体育旅游的蓬勃发展带动当地农牧康养发展，也让百里荒的民宿农家乐“百花争艳”。百里荒的绿水青山变成老百姓的金山银山，以体促旅，以体带农，这是体旅融合结出的硕果。

三、案例使用说明

（一）教学用途与教学目标

1.教学用途

本案例可以用于《体育产业概论》（第二版）第七章体育旅游业的教学。

2.教学目标

（1）知识层面：使学生掌握体育旅游业的发展历程，了解体育旅游业的发展现状与发展趋势等。

（2）能力层面：通过课堂教学使学生掌握相关理论知识，培养学生理论联系实际，规划、开发与保护体育旅游资源的能力。

（二）案例讨论的准备工作

在网上寻找关于乡村振兴战略的背景、实施的方式、改革的重点、改革的难点的视频资料，并自行观看。

（三）启发思考题

（1）结合案例，思考开发和利用体育旅游资源时的注意事项。

（2）结合案例，思考为什么要通过体育旅游助力乡村振兴。

（四）教学组织方式（表7-3）

表7-3 教学组织安排

学习阶段	学习内容	时间限制	学习目标
课前	预习本章节内容	提前2天	了解章节内容
课中	教师展示案例PPT和与案例相关的资料	10分钟	进一步熟悉案例
	引导学生思考与案例相关的思政元素	10分钟	让学生了解与案例相关的思政理论
	分组讨论，运用所学思政元素写出案例分析报告	10分钟	让学生能够用理论分析问题，并将分析报告作为平时考核成绩
	随机抽取两组进行归纳总结	15分钟	学会独立思考，表达自己的想法
课后	布置学生搜集其他资料，复习课堂内容		增强记忆，巩固知识

第八章　体育中介业思政教学设计

体育产业的发展离不开体育中介业的助力，体育中介业在推进体育市场主体间的合作交易、沟通市场供需关系、提升体育资产的运转效率、挖掘市场潜在价值、优化资源配置、降低运营成本等方面扮演了重要角色。本章体育中介业的主要内容包括三部分：一是体育中介业概述，重点介绍体育中介业的基本概念、分类以及发展历程等。二是体育中介业的运营，以体育中介业的运营主体及运营模式为重点。三是体育中介业的发展，重点介绍体育中介业的发展现状及发展态势。通过对本章的学习，同学们将会初步理解和掌握体育中介业相关概念与运营业态，了解体育中介业发展脉络与现状趋势。在教学过程中，授课教师在强调专业知识的同时，也要注重调动同学们的学习兴趣；通过课堂提问、布置课后作业等多种教学方式，提高同学们的参与度，不断提高同学们自我学习与团队合作的能力。

第一节　体育中介业思政元素分析

改革开放以来，随着社会经济的发展，人民生活水平日益提高，人们的消费也逐渐由过去的物质性消费逐步转变为参与性消费和服务性消费，居民消费意识不断增强，也推动我国体育产业快速发展。体育中介业作为体育产业的重要一环，它的发展也是如火如荼，其主要表现为规模稳步扩大，市场主体逐步多元，从业人员日益增多，业务范围不断拓展等方面，但在发展过程中依然受资源开发不足、市场规范不够等约束和挑战。在体育中介业课程知识的讲授过程中，将体育中介业相关专业知识与课程思政元素结合起来，才能更好地引导学生投入体育产业专业知识学习中，引导学生坚定理想信念、坚定“四个自信”，引导学生在党的领导下，坚持不懈地为实现中国梦而努力奋斗。本章有关思政要素主要有以下几个方面的内容。

一、践行社会主义核心价值观

体育中介行业的经营主体决定中介行业发展的层次，经营主体主要分为体育经纪个体、体育经纪合伙、体育经纪公司三大类。各类运营主体都需要通过国家执业资格培训取得相应证书，必须遵守《体育经纪人国家职业标准》。《体育经纪人国家职业标准》中的职业守则是诚信交易，高效服务；保守秘密，公平公正；信守合同，严格履约；依法经纪，规范经营。其同社会主义核心价值观的24个字有着共同之处：国家层面的价值要求包括“富强、民主、文明、和谐”；社会层面的价值要求包括“自由、平等、公正、法治”；公民层面的价值要求包括“爱国、敬业、诚信、友善”。可看出，在生活中践行社会主义核心价值观，是我们始终如一的坚守。党的十八大以来，以习近平同志为核心的党中央高度重视社会主义核心价值观的培育和践行。习近平总书记指出："核心价值观是一个民族赖以维系的精神纽带，是一个国家共同的思想道德基础。"[①]传承社会主义核心价值观，能够坚定理想信念、坚守价值追求、聚合磅礴之力，让我们在前进道路上越走越坚定、越走越自信，以一往无前的奋斗姿态成功抵达光辉的彼岸。

二、事物存在普遍联系

从体育中介的相关利益群体来看，利益群体分为组织内部、组织外部。组织内部包括信息部、股东、财务部、运营部、人事部等，组织外部包括顾客、服务商、社会大众、供应商、赞助商等，两者紧密联系在一起，共同影响体育经纪人的决定。从体育中介产业链看，产业链主要包括三个环节：供应、生产、销售，体育中介公司在三个环节中发挥着积极作用。在供应环节中，体育中介公司要确保各类经济要素的供应，如物资、信息、资金、人力等。在生产环节中，体育中介公司要通过各种媒介的宣传，让体育中介业服务能够被客户所了解，从而客户和消费者可以根据自身需要，去咨询体育中介公司相关服务信息。在销售环节中，体育中介公司通过与客户进行交流，确定交易意向并完成服务。同时，通过顾客和消费者以及广大市民的反馈意见，了解自己服务产品的不足之处，及时调整，使自己的服务水平和能力不断提高。从这个角度来看，体育中介业运营主体存在普遍联系。事物联系的广泛性有三层含义：一是，任何事物内部的不同部分、不同要素之间是相通的，即任何事物都具有固有的结构。二是，任何事物都不可能是孤立存在的，都是相互联系的。三是，全球是一个统一的、相互联系的整体。每一事物都是世界上普遍联系中的一个部分或环节，并通过它表现出联系的广泛性。国际上通行的联系，都是通过"中间人"来实现的。所谓中介，就是将事物联系在一起的媒介、纽带或桥梁。世界物质统一性的内在反映就是世界的普遍联系。实践和科学的发

① 习近平.在文艺工作座谈会上的讲话[M].北京:人民出版社,2015:22.

展证明，联系是普遍存在的，无论是在物理领域、化学领域、生物领域等自然科学领域，还是社会领域。

三、发挥市场在资源配置中的决定性作用

纵观国内外体育产业发展，可以预见体育中介行业在中国的发展机遇更多，挑战也更多。从机遇来看，国内外体育赛事、运动员、体育组织、体育企业等资源的流动日趋频繁，使体育中介的市场运作资源得到了较大程度的丰富，为体育中介行业的不断壮大提供了源源不断的动力。从挑战的角度看，服务产品如体育赛事、场馆运营、体育培训等消费增长缓慢，企业运营成本如人工、房租等不断上涨，难以支撑快速发展的体育中介行业。但在新时代背景下，发挥市场主导作用和政府引导作用，充分抓住机遇，体育中介业才能蓬勃发展。党的二十大提出："坚持和完善社会主义基本经济制度，毫不动摇巩固和发展公有制经济，毫不动摇鼓励、支持、引导非公有制经济发展，充分发挥市场在资源配置中的决定性作用，更好发挥政府作用。"[①]这一表述既是对今后一个时期全面深化改革重点的明确审视，也是对市场地位和作用的重新定位。处理好政府与市场的关系，加强二者的有机协调配合，才能发挥市场在资源配置中的决定性作用和政府的重要作用。既要防止否定市场化改革方向的倾向，也要防止只讲市场化而忽视发挥政府作用的倾向。经济发展既不是静态配置资源，也不是完全按预先设定的计划行事。政府要不断优化营商环境，进而充分激发各类市场主体活力，促进国有企业、民营企业、外资企业的公平竞争和发展。

四、打造人民满意的幸福产业

体育中介业作为一种特殊的行业，具有联系体育产业市场主体、促进

① 习近平.高举中国特色社会主义伟大旗帜　为全面建设社会主义现代化国家而团结奋斗：在中国共产党第二十次全国代表大会上的报告[M].北京：人民出版社，2022：29.

市场交易、提高市场效率、推动产业发展的功能。由此可见，体育产业的发展离不开体育中介行业的推动。在当前我国社会主要矛盾已经转化为人民日益增长的美好生活需要和不平衡不充分的发展之间的矛盾的背景下，旅游、文化、体育、健康、养老五大幸福产业应运而生，这五大幸福产业既拉动了消费增长，也促进了消费升级。从这个角度而言，体育中介业作为体育产业各个环节的中介桥梁，在促进体育产业高质量发展，打造人民幸福产业，满足人民需求中起到了重要作用。“五大幸福产业”有共性，都是为人民服务、为人创造幸福价值。幸福产业不是一个简单的词，而是新时代下出现的一种全新的产业形态。幸福产业贯彻了新发展理念，不管是对改变社会资源的配置与价值创造模式，还是对推动产业创新，以及培育产业生态并优化生产关系与释放生产力，都具有重大而深远的战略意义，都将有力地推动经济和社会的高质量发展。

第二节　体育中介业理论教学设计

一、教学目标

1.知识目标

（1）理解和掌握体育中介业的基本概念和分类。

（2）了解体育中介业的发展历程、特点及功能。

（3）掌握体育中介业的运营主体及运营模式。

（4）了解体育中介业的发展现状及发展趋势。

2.能力目标

（1）在课堂教学过程中，通过教师与学生的互动，培养学生认真学习的精神。

（2）在课堂知识讨论过程中，提倡学生们采取分组讨论的方式，注重锻炼学生的分工和协作能力，努力培养团队意识。

（3）通过课堂展示、写课程小论文、课后主题讨论等多种形式，鼓励同学们运用所学知识思考和解决问题。

3.价值目标

（1）深刻认识到建立宏观政策的重要意义，是应对产业发展的重要制度安排。

（2）坚持社会主义核心价值观，关注时事热点，增强学生的国家认同感。

（3）理论与实践的融合，理论联系实际。提高全要素生产率是实现高质量发展的动力源泉，意义十分重大。

二、教学内容

1.基本教学内容

（1）关于体育中介业概述的基本内容：体育中介业的概念，国内外体育中介业发展概括，体育中介业的分类与特点，体育中介业的功能。

（2）关于体育中介业运营的基本内容：体育中介业的运营主体，体育中介业的运营模式，体育中介业的服务领域。

（3）关于体育中介业发展的基本内容：体育中介业发展现状，体育中介业发展面临的问题，体育中介业发展趋势。

2.教学重点

（1）深刻理解和掌握体育中介业的基本概念和分类。

（2）掌握体育中介业的运营主体及发展趋势。

3.教学难点

（1）认识体育中介利益相关群体和体育中介产业链。

（2）结合我国经济社会发展和体育产业发展现状，展望体育中介业的发展趋势。

三、教学手段与方法

（1）寓教于乐。借助图形表达、案例展示、视频播放等多种教学方式营造轻松活跃的学习氛围，激发同学们的学习兴趣，在一定程度上避免他们对学习产生畏难情绪。

（2）问答式教学。针对教学内容的重点和难点，授课教师将课本理论知识进行适当延伸，当堂对听课同学提出问题；根据同学的答案，授课教师继续追问，同学继续回答；最后同学得出自己的答案，印证教科书的理论结论。这种教学方法的实质是“授人以鱼，不如授人以渔”，培养同学们主动寻找答案的分析能力，而不是记忆书本结论的记忆能力。

（3）专题嵌入式的课程思政。结合前文讲的课程思政元素，引导学生树立正确的世界观、人生观、价值观。

四、教学过程

（一）体育中介业概述

1.体育中介业的概念

（1）所谓体育中介业，是指在体育经济活动中，自然人、法人或其他具有自主经营、自负盈亏、取得合法资格的经济组织及其经济活动的集合，以收取佣金为目的，从事居间、行纪或代理等经纪业务，以促成他人交易为目的。

（2）促进体育产业或服务的交易是体育中介的重要功能。它是自主经营、自负盈亏的自然人、法人和其他经济组织，以取得体育中介行业合法资质为基本前提。体育中介从业人员以收取佣金为目的。

2.国内外体育中介业发展概况

（1）国外体育中介行业的发展：起步发展阶段（18世纪80年代—20

世纪20年代）。据史料记载，古罗马奥古斯丁时期的“庞培俱乐部”曾介绍当时的运动员到各个地方的体育俱乐部参加比赛，堪称人类历史上体育中介活动的萌芽。真正意义上的带有产业性质的体育中介活动，是随着竞技体育的不断发展而出现的，特别是职业体育比赛的出现。快速发展阶段（20世纪30年代—80年代）。职业联赛和职业球员的发展逐渐在欧美发达国家得到推广，国家冰球联盟（NHL）于1917年在美国成立，之后又陆续成立了美国职业橄榄球联盟（NFL）、美国职业棒球大联盟（MLB）。由法国职业足球联盟运营的法国足球甲级联赛于1932年成立。随着职业化的逐步深入，体育经纪人获得了发展的平台与机会。标准化发展阶段（20世纪90年代至今）。体育经纪人利用电视转播和商业赞助，逐步推进赛事的国际化传播。进入21世纪，随着互联网技术的快速发展，职业体育发展进入一个新的历史阶段，各大联赛的商业价值和社会影响力推进到一个新的高度，在世界体育中介行业基本进入规范化发展阶段的情况下，大量的体育经纪人在项目的发展和推广中扮演了重要的角色。

（2）中国体育中介行业的发展：探索发展阶段（1983—1996年）。从新中国成立到80年代初，体育中介行业没有发展的土壤和环境。直到1983年国务院转批国家体委《关于进一步开创体育新局面的请示》和1984年中共中央《关于进一步发展体育运动的通知》，体育事业才有了新的发展。社会办体育的积极性得到了调动，体育中介机构的发展环境有了根本好转，体育经纪人开始崭露头角。规范发展阶段（1997—2009年）。我国从1997年开始陆续成立了一大批专业体育经纪公司，实现了从个体经济人或非专业中介公司的经营模式向专业体育经纪公司的转变，这意味着我国体育中介行业逐步进入了规范发展的轨道。上海市和北京市体育局就体育经纪机构的管理问题，联合工商局、中国足协、中国篮协分别出台《足球经纪人管理办法》与《篮球经纪人管理办法》。快速发展阶段（2010年至今）。2010年3月，国务院办公厅印发《关于加快发展体育产业的指导意见》。国家经纪人（三级）培训、考试、发证试点工作由国家体育总局在全国范围内开始实施。2014年10月，国务院发布了《关于加快发展体育产业促进体育消费的若干意见》，其中明确指出要健全产业体系，促进体育产业门类协调发展。2019年4月，国家统计局发布《体育产业统计分类（2019）》。其中，体育中介行业被列入11个大类之一，为体育中介行业提供了一个快速成长的契机。

3.体育中介业的分类与特点

（1）体育中介业的分类：体育人才中介、体育赛事中介、体育组织中介、体育场馆运营中介、体育调研咨询中介。

（2）体育中介活动的特点：体育中介活动的广泛性、体育中介主体的服务性、体育中介活动的商业性、体育中介活动的秘密性。

4.体育中介业的功能

（1）联系市场主体，促进市场交易。

（2）降低交易成本，提高市场效率。

（3）保护合法权益，维护公平竞争。

（4）促进资源流动，促进产业发展。

（二）体育中介业的运营

1.体育中介业的运营主体

（1）个体体育经纪人。

（2）合伙体育经纪人。

（3）体育经纪公司。

思政元素：通过对《体育经纪人国家职业标准》的学习，帮助学生加深对体育经纪人的认识，牢固树立社会主义核心价值观。

2.体育中介业的运营模式

（1）与体育中介利益相关的团体：包括体育中介公司内部与外部。组织内部的相关团体有信息部、股东、财务部、运营部、人事部等，组织外部的相关团体有客户、服务商、大众、供货商、资助商等。

（2）体育中介产业链：在供应环节，必须保证各种要素的供应，如材料、信息、资金、人力资源等；在生产环节，体育经纪公司将体育经纪服务的相关信息向广大市民进行宣传，让体育中介服务到达顾客和消费者的身边，比如政府、体育企业、赞助商、媒体；在销售环节，通过与客户或消费者交流沟通信息，最终获取报酬并实现盈利。

思政元素：通过学习体育中介业的运营模式，从而引出马克思主义基本原理中事物之间存在普遍联系的概念。

3.体育中介业的服务领域

（1）体育人才中介。

（2）体育赛事中介。

（3）体育组织中介。

（三）体育中介业的发展

1.体育中介业发展现状

（1）总体规模较小。

（2）增长速度较快。

（3）市场主体多元。

（4）从业人员数量增加。

（5）业务范围扩大。

2.体育中介业发展面临的问题

（1）资源不够开放：我国的体育中介服务资源比较缺乏，那是因为我国体育产业起步较晚，很多体育资源还没有完全开放。比如，对市场经营空间有限的体育中介公司或体育经纪公司而言，获取资源的难度和成本都较大。

（2）市场需要规范的问题：无证上岗、无照经营、服务标准缺失、不履行合同、乱收费等乱象依然存在，中国体育中介行业因缺乏对市场有效的管理和对市场竞争环境的保护而影响了该行业的健康发展。因此，推行体育经纪人职业能力测评和从业资格认证工作，推动体育中介市场规范化建设，需要健全体育中介行业管理制度。

（3）竞争能力不强：一是体育中介行业缺乏龙头企业，缺乏资金、人才、信息、技术、服务、管理等方面的优势；二是体育中介行业的生产效率较低；三是中国的体育中介行业大多没有形成自己的特色。

思政元素：通过学习体育中介业发展的现状与面临的问题，帮助学生了解我国体育中介业的发展，并认识到我国的市场经济体制，明白市场在资源配置中起的决定性作用。

3.体育中介业发展趋势

（1）整体规模持续扩大。目前中国体育中介行业整体规模偏小，在体育行业整体规模中所占比例仅为0.3%，所起的作用和价值尚未体现。从长期来看，体育中介行业将会以更大的规模发展。例如，2017年中国体育中介行业的产业增加值为24.6亿元，预计到2025年中国体育中介行业有望实现400亿元的总产出和120亿元的增加值。

（2）增长速度有所放缓。近几年，体育中介行业发展较快，高于同期体育行业增加值，增速约5%，高于同期GDP增速。从长期来看，体育行业增速将有所放缓，而作为重要行业之一的体育中介行业增速也将有所放缓。

（3）市场格局逐渐优化。中国体育中介产业的市场格局正在逐渐优化。从服务领域来看，体育中介行业的业态将逐步细化，在体育人才中介、体育赛事中介、体育组织中介等核心业态稳步发展的同时，满足市场多样化体育中介需求的体育场馆运营中介、调研咨询体育中介等众多业态也将快速发展。从区域分布来看，除北上广等一线城市外，其他二三线城市的体育中介行业发展也将呈现出同步化的局面，体育中介行业发展的区域不平衡现象也将得到一定程度的缓解。

（4）就业吸纳能力的提高。作为评价体育中介行业发展水平的重要指标，就业吸纳能力对体育中介行业的发展意义重大。体育中介行业吸纳就业能力的复合增长率平均在10%左右。

思政元素：通过学习体育中介业相关知识，学生对体育中介业有了较为清晰的认识，特别是对其在促进体育产业发展方面所起到的重要作用有较清晰认识。同时，学生还对五大幸福产业相关信息有所了解。

第三节 体育中介业案例教学设计

案例一 姚之队

一、案例描述

2000年底，姚明开始让章明基给自己找经纪人。此前，姚明险些被一家“血汗公司”骗走，就是因为有关方面缺乏国际业务知识，急功近利。当初章明基推荐乔丹的经纪人David Folker，但姚氏家族似乎对这位说话像连珠炮的家伙并不感冒，于是Duffy浮出水面。姚明在自传中提到，Duffy不像那个“永远把钱挂在嘴边”的“血汗公司”的人。

2002年5月1日，姚明顺利抵达美国开始了NBA试训。试训大学篮球馆内的镁光灯甚至把姚明晃得睁不开眼，无数被挤得满头大汗的人中，有一个叫约翰·海金格的人，他是芝加哥商学院的副院长，一个NBA的超级球迷，他从同事手中接过了姚明试训的观摩票，由此认识了姚明。在用餐过程中，海金格告诉他们，“NBA的球队水平参差不齐，我宁可留在中国国家队，也不愿意去洛杉矶快船队，前提是如果是我的话”。接着补充一句，“我能够为影响姚明最终入选哪支球队做些工作”。海金格列举了自己给姚明的所有问题之后，用了10天的时间，对照自己了解到的各支球队的资料，确定了三支最适合姚明的球队，排在首位的是休斯敦火箭。

5月11日，加入姚之队的海金格在签约之前，曾一本正经地对章明基说：“章，你一定要向我保证一点，很多人做经纪人都会吹一些不痛不痒的假话，但我绝对不能容忍做姚明经纪人时有这种现象的存在。”

姚明登陆NBA之初，就被姚之队定位为：中国新青年，技术细腻，朝气蓬勃，富有社会责任感。姚明的第一份商业合同来自美国无线互动游戏开发商Sorrent。高科技产品是姚明的最爱，而这也与报告锁定的目标受众人群相符：中国数以亿计的青少年，他们的父母，还有生活在中国大城市里的富裕青年。同时，姚之队在塑造品牌形象方面，也积极借助公益事业。早在2003年非典时期，姚明和姚之队就利用自己的影响力，策划了以乔丹、罗纳尔多、成龙等为代表的“巨星爱心抗击非典直播节目”，并在荧幕上以实际行动为国人鼓劲。姚之队的这些成员在中美之间进行着交流，靠的是每周一次的协调沟通电话会议。章明基曾这样形容他们的工作模式：“我们六个人，每个人都有一票的重大决定，把观点阐述清楚再投上一票。”每个人都会从不同的角度来考虑，而这个商业合同究竟能带来多少钱，就不会像媒体公关负责人所说的那样去考虑了。

他不拿这个提成，从他专业的角度来讲，他会把这个票投得很公平。大家一定要拿出能让别人信服的说法，得到大家的认可。如果大家意见不统一，那么由握有最后一票的姚明来决定。所以，基本上我们要求姚之队给姚明的建议和意见，都要经过内部的一致同意才行，但最终权还在姚明。

2003年是姚明的丰收年，他先后签下了Reebok、AppleComputer、百事可乐和VISA。到了2007年，人们在电视上看到最多的，就是姚明和叶莉的一段对话：在你身边有我放心的中国人寿。而章明基本人也曾亲口承认，在个人品牌商业化方面，失误率高达40%。2008年，姚明因为应力性骨折接受了一次手术，按照医生所讲的情况，姚明至少需要通过一年的时间来调养。然而7月份的奥运会即将来临，姚明选择提前复出，导致姚明身上的伤势逐渐加剧，间接缩短了职业生涯。

资料来源：姚之队　姚明的世界充满了可能性，南方周末，http://www.infzm.com/contents/13931，有改动。

二、案例的思政元素

1.争做新时代榜样

姚明在中国男篮的历史上留下了浓墨重彩的一笔，在2008年北京奥运会上，姚明及中国代表队取得了前八的优异成绩，自此，姚明成了中国男篮的代名词。2002年，姚明被休斯敦火箭队选中，成为第一位进入NBA的中国球星，这一天对于中国篮球来说是历史性的一天，也是姚明个人职业生涯的重要里程碑。姚明通过个人的努力成为中国职业体育的领军人物，为中国篮球运动与职业体育的发展作出了巨大贡献。作为承载新时代伟大复兴任务的青年，要树立远大目标，关注社会现实，把握时代脉搏，致力于为国家需求服务，将所学、所思、所得应用于社会进步，立志成长为新时代经世致用的领军人才。作为新青年，应勤奋学习专业知识，领会经世致用的内涵，传承经世致用的精神，努力成长为基础扎实、眼界开阔、德才兼备的新时期榜样，砥砺奋进，追求卓越，书写新的青春华章。

2.弘扬爱国主义精神，实现中华民族伟大复兴

爱国主义是培育和弘扬中国精神的核心。姚明是一位视国家利益高于自身利益的爱国主义者，他带伤出战北京奥运会导致伤病加重，提前结束了自己的职业生涯。这种舍己为国、鞠躬尽瘁的爱国之心值得每个青年去敬仰、传承。在经济全球化的大背景下，弘扬爱国主义精神，对于实现中华民族伟大复兴具有十分重要的意义。爱国主义是一面旗帜，动员和激励着中华儿女团结奋斗，是各民族共同的精神支柱，是一种伟大的力量，更是一种只有伟大民族才能团结奋斗、奋发图强的高尚情怀和崇高精神境界。而中华民族就是这样一个伟大的民族，勤劳勇敢，朝气蓬勃，崇尚爱国敬业。历朝历代，许多仁人志士都具有强烈的忧国忧民思想，以国事为己任，热爱祖国的山河，心系民族命运，临危不惧、顽强拼搏、前仆后继、百折不挠、保卫祖国、心系民生，这种可贵的精神跨越时空、历久弥新。

三、案例使用说明

（一）教学用途与教学目标

1. 教学用途

本案例为分析性案例，适用于体育产业课程中“体育中介业”知识点的教学和研讨。

2. 教学目标

（1）知识层面。

理解理论：体育中介的作用。

（2）素质层面。

案例学习是对课上讲授知识的拓展，通过案例学习，培养学生关注时事政治与热点话题的习惯，帮助学生树立争做新时代领军人才、弘扬爱国主义精神、实现中华民族伟大复兴的远大目标。

（二）案例讨论的准备工作

（1）学生需要预习体育产业课程中的相关理论和知识，对体育中介业的运营有初步的了解。

（2）了解体育中介业的运营主体与运营模式。

（三）案例分析要点

1. 启发思考题

（1）结合案例，探讨作为大学生应如何努力提升自我。

（2）结合案例，就自己如何实现体育梦进行探讨。

2. 教学组织方式

建议用本案例完成“体育中介业的运营”知识点的教学，不再安排教师的讲授时间。一般安排45分钟。表8-1为案例的教学组织安排。

表8-1　教学组织安排

学习阶段	学习内容	时间限制	学习目标
课前	要求学生对课本知识进行提前预习	提前两天	熟悉案例情况
课中	教师展示案例PPT和与案例相关的资料	5分钟	进一步熟悉案例情况
	教师介绍与案例相关的思政元素	15分钟	让学生了解与案例相关的思政理论
	以小组为单位进行讨论，要求同学们结合思政元素进行案例分析，写出一篇课堂分析报告	5分钟	让学生能够用理论分析问题，并将小组案例分析作为平时考核成绩
	随机抽取三个小组代表进行发言	每组5分钟，控制在15分钟以内	锻炼学生归纳总结能力
	对各组表现进行简单评价，并进行归纳总结，注意思政元素与知识点结合	5分钟	让学生学会运用思政相关理论对知识点进行分析
课后	请学生继续关注体育中介产业的近况和发展情况		增加记忆，巩固知识

（四）总结

通过学习本案例，学生可以基本了解体育中介的作用，同时帮助他们树立争做新时代榜样、弘扬爱国主义精神的信念，并为实现体育梦而矢志奋斗。

案例二　中体经纪管理机构

一、案例描述

中体经纪管理有限公司（CSMG）成立于1998年，作为国内官方的体育营销服务机构，隶属于国家体育总局上市公司中体产业集团（600158）。中体经纪业务涉及运动队（员）的包装和推广、体育营销咨询、体育机构无形资产经纪、政府公关、城市体育营销、体育赛事及全民健身活动的组织和推广等。中体经纪为客户提供创新型整合体育营销解决方案并负责项目的实施、管理与评估。经过多年的发展，中体经纪已经成为国内最具实力和领先水平的体育营销服务机构，被誉为“中国体育产业的国家队”。中体经纪的核心优势在于依托政府背景，优化整合各类资源，以及将国际体育营销原理和服务经验与中国本土市场与环境相结合的能力。中体经纪拥有国内最为一流的体育营销服务团队，出众的专业技能、杰出的创造力、国际化视野与本土经验的结合是中体经纪不断创新的智力源泉。

中体经纪对中国体育产业及国内外企业的理解更深入、更全面。十年来，中体经纪服务过可口可乐、麦当劳、安利、平安保险、伊利、青岛啤酒、大众汽车等上百个国内外知名品牌。为客户制定创新型发展战略，建立可持续竞争优势，从而获得客户价值与股东价值的最大增长是中体经纪不懈追求和努力的目标。

资料来源：中体经纪管理有限公司，360百科，https://baike.so.com/doc/5003638-5228300.html，有改动。

二、案例的思政元素

1.坚持走中国特色社会主义道路

由于我国体育产业起步较晚，很多体育资源还没有完全开放，这导致我国的体育中介服务资源比较缺乏。体育中介机构大多还没有形成自己的特色。而中体经纪管理机构依托政府背景，优化整合各类资源以及将国际体育营销原理和服务经验与中国本土市场和环境相结合，坚持走中国特色社会主义道路，参与国际竞争，服务上百家国内外知名品牌，成为中国最具有竞争力的体育经纪机构。

党的十九大以来，我国社会的主要矛盾已发生改变，由人民日益增长的物质文化需要同落后的社会生产之间的矛盾转化为人民日益增长的美好生活需要和不平衡不充分的发展之间的矛盾。我国仍处于并将长期处于社会主义初级阶段的基本国情没有变。坚持走中国特色社会主义道路，能够使我国综合国力大幅提升，人民生活水平明显提高，国际地位大幅提升。在新的历史起点上深入推进发展，为实现中华民族伟大复兴，必须坚定不移地走中国特色社会主义道路。

2.加快体育强国建设

党的二十大提出，要促进群众体育和竞技体育全面发展，加快建设体育强国。中体经纪管理机构的三大业务在推动群众体育与竞技体育事业发展中能起到重要作用。一是运动员经纪，帮助运动员处理日常事务，做好运动员职业规划、运动员无形资产开发等；二是赛事经纪，帮助国内职业赛事与群众赛事策划、推广，赛事赞助与融资，赛事运作与监督，国际知名赛事引入等；三是组织经纪，协助体育机构市场开发，为非体育机构嫁接体育资源进行长期体育布局等。可见，体育强国建设离不开体育中介行业的发展。

体育强则中国强，国运兴则体育兴，体育承载着国家强盛、民族振兴的梦想。从2019年8月国务院办公厅印发《体育强国建设纲要》，到2021

年3月发布《中华人民共和国国民经济和社会发展第十四个五年规划和2035年远景目标纲要》，再到党的二十大报告中再次强调加快体育强国建设，说明建设体育强国是新时代赋予我国体育的新使命、新要求，是实现中华民族伟大复兴的强大助力。

三、案例使用说明

（一）教学用途与教学目标

1.教学用途

本案例为分析性案例，适用于体育产业课程中“体育中介业”知识点的教学和研讨。

2.教学目标

（1）知识层面。

理解理论：体育中介业发展现状、体育中介业发展面临的问题、体育中介业发展趋势。

（2）能力层面。

系统思维能力：结合我国经济社会发展现状，展望体育中介业发展，帮助学生形成科学、系统、全面的思维能力。

判断思维能力：根据案例材料，在引入坚持走中国特色社会主义道路与加快体育强国建设思政元素的基础上，帮助学生建立判断思维能力，自主地思考问题。

（3）素质层面。

案例学习是对课上讲授知识的拓展，通过案例学习，培养学生关注时事政治、国家的宏观政策与热点话题等的习惯。

（二）案例讨论的准备工作

（1）学生需要预习体育产业课程中的相关理论和知识，对体育中介业的发展有初步的了解。

（2）了解体育中介行业发展存在的问题与发展趋势。

（三）案例分析要点

1. 启发思考题

（1）结合案例，论述中国特色社会主义道路的内涵。

（2）结合案例，分析体育强国建设应注重哪些方面。

2. 教学组织方式

建议用本案例完成“体育中介业的发展”知识点的教学，不再安排教师的讲授时间。一般安排45分钟。表8-2为案例的教学组织安排。

表8-2　教学组织安排

学习阶段	学习内容	时间限制	学习目标
课前	课本知识要求学生提前预习	提前两天	熟悉案例情况
课中	教师展示案例PPT和与案例相关的资料	5分钟	进一步熟悉案例情况
	教师介绍与案例相关的思政元素	15分钟	让学生了解与案例相关的思政理论
	以小组为单位进行讨论，要求同学们结合思政元素进行案例分析，写出一篇课堂分析报告	5分钟	让学生能够用理论分析问题，并将小组案例分析作为平时考核成绩
	随机抽取三个小组进行发言	每组5分钟，控制在15分钟以内	锻炼学生归纳总结能力
	对各组表现进行简单评价，并进行归纳总结，注意思政元素与知识点结合	5分钟	让学生学会运用思政相关理论对知识点进行分析
课后	请学生继续关注体育中介业的近况和发展情况		增加记忆，巩固知识

（四）总结

通过本案例的学习，学生能够正确认识“体育中介业的发展”的基本内容，并能学会把坚持走中国特色社会主义道路与加快体育强国建设等思政元素运用到解决体育中介业的发展问题中去。

第九章　体育彩票业思政教学设计

体育竞赛因其观赏性、竞争性、结果不确定性等特点，被世界各国视为发行彩票的主要载体。体育产业的快速发展离不开体育彩票业的助力。吸纳社会资本、弥补国家财力的不足、促进体育产业的发展、提供就业机会、丰富人们的业余文化生活等都是我国体育彩票业的功能。

本章重点介绍体育彩票业的概念、分类、功能与作用，我国体育彩票业发展现状及国内外体育彩票业的运营模式等内容，旨在帮助学生学习体育彩票业相关知识，从宏观上把握体育彩票业的发展态势。

首先，介绍体育彩票的相关概念。其一般是指在体育赛事中发行的即开型体育彩票。我国对体育彩票的定义具有鲜明的中国特征，反映了彩票发行部门的性质。国外的体育博彩是特指对体育赛事的竞猜，即国内的竞猜型彩票。

其次，介绍体育彩票的分类、功能。其主要可分为传统型彩票、即开型彩票、乐透型彩票、数字型彩票和竞猜类彩票五大类。体育需求的增长和国家投入不足的矛盾，是当今世界各国政府面临的共同问题，而体育彩票在很大程度上相对缓解了这一矛盾。

再次，介绍我国体育彩票业的发展现状。体育彩票自1994年发行以来，显示出它强大的社会集资功能。在市场规模方面，自1994年国家批准统一发行体育彩票以来，我国的体育彩票业发展很快，截至2024年8月3日，中国体育彩票累计筹集公益金8406.90亿元，2024年度已筹集公益金574.70亿元，市场规模逐渐扩大。在管理体制方面，1994年，国务院将中国人民银行确定为主管彩票工作的部门，2000年起改由财政部接管全国彩票业的管理工作。在彩票类型方面，我国体育彩票几乎涵盖所有彩票类型，不断满足我国彩民的竞猜需求。我国体育彩票注重推广和宣传，如"取之于民、用之于民"的发行宗旨等。此外，彩票发行机构对推出的一些新游戏也采取了一系列宣传推广活动。在销售渠道方面，我国的体育彩票事业从最初的摆摊销售，发展至今诞生了便利连锁行业的自助销售终端和即开型体育彩票自助销售终端，销售渠道不断专业化、标准化。

最后，简述体育彩票业运营。由于彩票行业的特殊性，世界各国对彩票的管理和对公共物品的管制呈现出加强的趋势。彩票的运营模式在各国互不相同，归纳起来大致有三种，即政府直营、企业承包和发照经营。我国彩票包括体育彩票和福利彩票两类。在我国，彩票发行采取国务院批准、财政部监管、国家体育总局和民政部具体发行的方式；彩票公益金的管理与分配方面，彩票收入中资金的管理及分配是彩票管理的核心内容。

展望未来，我国的体育彩票发展应更加遵循彩票市场的发展规律，提升体育彩票作为国家公益彩票的地位。

第一节　体育彩票业思政元素分析

一、打造人民幸福产业

党的十八大以来，我国的竞技体育、群众体育与体育产业协调发展，全国人民健康素质有了显著提升。中国体育彩票业与生俱来的责任与使命就是为体育事业发展做贡献。

建设体育强国，不仅仅是看竞技体育方面的成就，更要以国民身体素质、人民群众参加体育活动的积极性和体育产业的发展为指标，这也是我国体育事业发展所努力的方向。近年来，随着国家体育产业政策的不断出台实施和人民体育需求的日益多元，体育产业蓬勃发展，已逐渐成为经济转型发展的新动能。到2035年，体育产业要建设成为国民经济支柱性产业，这将是我国建成体育强国的又一重要标志。体育产业与群众体育、竞技体育有着密不可分的关系，群众体育是培育居民体育消费意识和能力的重要途径，是体育产业发展的基础；竞技体育为体育产业提供了高水平体育竞赛资源；体育产业的持续发展，则有助于群众体育产品与服务的多样化供给以及竞技体育水平的提升。因此，体育产业推动着新时代体育强国建设的良性循环，并有效促进体育强国建设发展方式的转变。

党的十八大以来，以习近平同志为核心的党中央高度关心和重视体育事业，坚持从中华民族伟大复兴的高度引领体育事业发展，将体育事业放在统筹推进“五位一体”总体布局、协调推进“四个全面”战略布局中去谋划和推动。在中国特色社会主义新时代，体育事业发展正在不断迈上新的台阶，正逐渐被打造成人民幸福产业。

二、坚持人民至上

人民立场是习近平新时代中国特色社会主义思想的根本立场。这一思想坚持以人民为中心，坚持人民主体地位，把人民对美好生活的向往作为奋斗目标，把党的群众路线贯彻到治国理政全部活动之中，依靠人民创造历史伟业，彰显了全心全意为人民服务的根本宗旨，彰显了立党为公、执政为民的执政理念。中国体育彩票业紧跟国家发展步伐，深入贯彻人民至上这一红线，牢记自身国家公益彩票的定位，厚植为民情怀。人民生活的改善，是实现以国家富强、民族振兴、人民幸福为主要内容的中国梦的题中应有之义。中国体彩着眼国家公益彩票的定位，具有高度责任感，高度重视和大力推动形成负责任的彩票运营模式；在为人民福祉吸引资金的同时，为体育彩票社会发展承担更大的责任，体现人民立场，始终把人作为体育发展的主体；把促进人的全面发展作为体育工作的出发点和基础。这反映了这样一个事实，即人们是否满意始终被认为是评价体育工作的主要标准。

中国特色社会主义体育发展道路必须符合中国特色社会主义道路的基本要求，全心全意增进最广大群众的体育福祉，并付诸行动。党的十八大以来，我国体育彩票在公共文化服务领域的建设空前深入，覆盖城乡，便捷高效，保全基础，弘扬正义，优质文化产品和服务日益丰富，服务的可能性和水平明显提高，人民群众的精神文化生活得到进一步充实。

人民性是马克思主义的本质属性，党的理论是来自人民、为了人民、造福人民，人民的创造性实践是理论创新的不竭源泉。要站稳人民立场、把握人民愿望、尊重人民创造、集中人民智慧，形成为人民所认同、所拥护的理论，使之成为指导人民认识世界和改造世界的强大思想武器。在以习近平同志为核心的党中央坚强领导下，我国体彩事业将不断实现高质量发展，人民将享有更加充实、更为丰富、更高质量的精神文化生活。

三、推动体育产业高质量发展

党的二十大提到，高质量发展是全面建设社会主义现代化国家的首要任务。坚持通过改革创新优化政府职能，完善社会办体育的体制机制，增强体育内生动力，激发体育发展活力。要为体育彩票行业发展作出贡献，把握新的发展阶段，贯彻新的发展理念，形成新的发展模式，主动适应新时代社会的主要矛盾和变化，主动回应人们对健康生活和国家形态的需求，主动改变体育彩票行业的思维定式，从根本上更新体育彩票行业发展体制，维护体育彩票行业发展良好生态。增强发展的整体性、协调性、包容性、可持续性等，推动形成体育彩票事业创新发展、协调发展、绿色发展、开放发展、共享发展的体制机制，推动体育与经济社会协调发展，让体育发展的实际成效体现在人民健康方面的获得感上。在我国，体育彩票的发行、销售和购买，都秉持平等原则，并且有具体的法律依据。虽然通常情况下中奖者只有极少数，即较少受益者获得最大化利益，但是每个人都有平等购买体育彩票的机会。

四、建设现代化体育产业体系，助力国民经济发展

在体育彩票行业贯彻新发展理念中，创新是推动管理发展的首要动力。目前，体育彩票行业面临的主要问题是如何解决发展动力问题。未来，我们仍要继续将创新摆在发展的核心位置，坚持以改革创新作为发展进步的基础和生命力的源泉。同时，通过供需两端发力，推动体育彩票业实现高质量发展，建设现代化体育彩票产业。中国体育彩票产业正在不断优化产品结构、丰富渠道功能、提升技术水平，推动供给侧结构性改革，积极探索创新实践，为实现高质量发展注入动力，提升彩民购彩体验。实现物质文明和精神文明相互协调的现代化，是中国式现代化的重要内容，实现物质富足和精神富有是社会主义现代化的根本要求。要以人民需求为导向，不断丰富体育彩票产业内容，推动其高质量发展，加快形成完善的体育彩票产业体系。自1994年我国正式发行体育彩票以来，经过多年的发展，中国体彩销售规模不断扩大，2018年达到销售额的峰值。2018年全国开始禁止擅自使用互联网销售彩票后，销售规模呈现先升后降的趋势，2019年整体规模已超过2000亿元。2020年受疫情影响，体彩受到冲击，销售额有所下滑。截至2022年，我国体育彩票销售额增长至2765.22亿元，同比增长19.7%。

加快发展体育彩票产业，培育经济发展新动能。中国体育彩票产业将继续以满足人民日益增长的美好生活需要为发展动力，依靠改革创新提高发展质量，以改革增活力，化阻力为动力，坚持变中求新、变中求进、变中突破，建设现代化体育彩票产业。

第二节　体育彩票业理论教学设计

一、教学目标

1.知识目标

（1）通过对体育彩票产业及其相关概念的阐述分析，理解体育彩票业在体育产业中的功能与作用。

（2）了解我国与外国体育彩票业的区别。

（3）了解我国彩票业的管理及运营。

（4）了解我国体育彩票业当前的发展现状、发展趋势以及对未来发展的展望。

2.能力目标

（1）在课堂教学过程中，通过授课教师与学生以及学生与学生之间的相互交流，培养学生表达能力与沟通能力。

（2）结合当下时政热点，增加课堂时政讨论环节，鼓励学生积极投身于体育产业事业发展中。

（3）通过授课，加深学生对体育产业的认识，使学生了解我国体育产业发展的历程，让学生对体育彩票业有进一步的认识。

（4）培养学生在日常生活中用发展的眼光看待体育，为中国的体育事业发展作出自己的贡献。

3.价值目标

通过学习体育彩票业的相关内容，使学生了解作为国家公益彩票，中国体育彩票的自身利益与所承担的社会责任、社会利益是相一致的。中国体育彩票以为民谋利的深挚情怀，不断履行社会责任，更好地为社会作出贡献。

二、教学内容分析

1. 教学内容

（1）体育彩票的概念及分类。

（2）体育彩票的功能。

（3）我国体育彩票业的发展现状与管理体制。

（4）体育彩票业的运营。

2. 教学重点

（1）体育彩票业的主要功能与作用。

（2）我国体育彩票业的发展现状。

三、教学方法

1. 启发式课堂教学

启发式课堂教学主要是指在课堂上对学生使用启发式提问，引导学生对知识难点与相关观点进行思考和解析等，由学生根据自己的分析结果，求证文献资料，激发学生的学习兴趣，培养学生思考问题的能力。

2. 组织线上线下讨论

充分利用各类资讯链接，利用微信群推送文献观点解析，结合主题进行分组讨论，不断增强学生对所学知识的理解和应用能力。

3. 课程思政融入教学

挖掘实际案例中的思政元素。例如：从体育产业供给侧结构性改革引申到“体育产业助力体育强国发展”，从体育产业努力成为国民经济支柱性产业引申到“体育产业成为人民幸福的产业”。

四、思政要点设计和教学过程（表9-1）

表9-1　思政要点设计

教学意图	教学内容	思政元素
通过介绍彩票的历史发展过程向学生引入体育彩票的相关概念，使学生对体育彩票业有基本了解，对彩票公益金促进人民群众健康生活有基本认识	彩票的由来与概念 2009年7月1日起，我国实行的《彩票管理条例》将彩票定义为“国家为筹集社会公益资金，促进社会公益事业发展而特许发行、依法销售，自然人自愿购买，并按照特定规则获得中奖机会的凭证”	倡导文明健康的生活方式，提高生活质量，激发群众参加体育活动的积极性，为健康消费理念的形成和体育消费活力市场的形成作出贡献。发挥体育彩票的公益作用，推动群众体育事业的发展
通过对彩票概念的阐述引出体育彩票的概念，对比其与国外相关概念的异同，使学生了解我国体育彩票鲜明的中国特色社会主义特征	本书认为，凡是具备以下特征之一的就属于体育彩票： 1.发行主体为体育管理部门 2.彩票发行所取得的资金主要用于各项体育事业 3.竞猜对象或中奖条件是以比赛结果为依据的	帮助学生理解中国特色社会主义制度的优越性，从而帮助学生更好地理解共同富裕是社会主义的本质要求，也是人民群众的共同期盼
对目前现有的五类彩票进行详细介绍，旨在加深学生对体育彩票了解	1.传统型彩票 2.即开型彩票 3.乐透型彩票 4.数字型彩票 5.竞猜型彩票	发挥市场作用。遵循产业发展规律，完善市场机制，吸引社会资本参与，充分调动全社会的积极性和创造性，提供丰富多样的产品和服务，满足群众的需求

续 表

教学意图	教学内容	思政元素
通过上节内容中体育彩票的公益性引出体育彩票在我国体育产业事业发展中的作用与功能	体育彩票的功能： 1.体育经费的来源 2.大型赛事的融资手段 3.第三次分配 4.带动相关产业发展，增加就业 5.宣传体育、休闲娱乐的工具	坚持以人民为中心的发展思想，体育彩票业取之于民，用之于民，为我国社会主义事业建设作出突出贡献
通过学习我国体育彩票业的发展现状，了解我国现阶段经济体制	1.管理体制 国务院印发的《关于进一步规范彩票管理的通知》文件中明确了财政部负责起草和制定国家有关彩票管理的法规、政策，具体管理彩票市场和彩票资金 2.彩票类型 我国体育彩票如今几乎涵盖所有彩票类型，不断满足我国体育彩票彩民竞猜需求 3.宣传推广 我国体育彩票发行近十多年来也开始注重推广与宣传	1.坚持改革创新，不断强化规划、政策与标准的指引，完善服务方式，加强市场监管，为中国体育彩票营造公平竞争、平等参与的健康良好市场环境 2.把推进供给侧结构性改革作为体育彩票产业工作的主要方向
通过分析国外彩票业的管理体制与运营模式，进一步认识中国特色社会主义制度优势	1.彩票的管理体制 基本上都由彩票主管机关、彩票发行机构和彩票零售商组成 2.彩票的运营模式 政府直营、企业承包和发照经营三种模式	党和国家始终将全体人民的利益作为一切工作的出发点和落脚点。中国体育彩票作为社会公益彩票，始终坚持人民至上

续 表

教学意图	教学内容	思政元素
学习我国体育彩票运营，了解马克思主义人民观使体育彩票公益本色更加凸显	1.我国彩票业的管理体制 我国现行的彩票管理体制由三个层次构成。(1)国务院，负责批准发行彩票；(2)财政部，负责全国的彩票监督管理工作；(3)国家体育总局和民政部，分别负责全国的体育彩票、福利彩票管理工作 2.彩票公益金的管理及分配 (1)公益金的财务管理和监督机关；(2)具体负责公益金的提取、分配与使用的管理机关 3.我国体育彩票业的运营 国家体育彩票管理中心侧重于高层次、统领性的工作	1.新发展理念是一个整体，在贯彻落实中要完整把握、准确理解，要贯彻到体育彩票工作的各领域和全过程 2.强化彩票机构的社会责任意识，提高彩票发行销售的经济效率，为国家筹集彩票公益金，维护社会稳定

续　表

教学意图	教学内容	思政元素
通过对体育彩票产业的发展进行展望，了解我国国内国际双循环新发展格局与社会主义核心价值观	1.销售渠道立体化 逐步形成市、县、乡、村全面覆盖的实体销售网络 2.销售网点标准化 销售网点的准入与退出、网点终端核查等制度体系将日趋完善 3.竞猜型产品核心地位凸显 竞猜型游戏销售渠道将稳步增加、服务功能日趋强大 4.乐透型产品结构逐步优化 体育彩票发展将继续坚持以“超级大乐透”为重点、高频开奖游戏为增长点 5.即开型产品种类更加丰富 继续优化纸质即开型产品结构 6.体彩品牌建设深入人心 实现高端品牌引领、机构品牌为核心、产品品牌为基础、服务品牌为手段、渠道品牌为条件，相互贡献、共同发展的体育彩票品牌体系，提升体育彩票诚信、公正、公益的品牌形象，建立健全危机公关应急机制，增强体育彩票的公信力	1.加快构建以国内大循环为主体、国内国际双循环相互促进的新发展格局，是关系我国发展大局的主要战略任务。在我国现阶段，平衡经济循环最重要的任务是供给侧的有效平滑程度，强大的有效供给能力才能进入流通封锁。因此，体育彩票行业也必须遵循深化供给侧结构性改革的中心路线，全面优化和完善体育彩票行业结构 2.社会主义核心价值观是文化软实力的灵魂，是建设文化软实力的着力点。建设以人民利益为核心价值的体彩品牌，增强体育产业的文化影响力

第三节　体育彩票业案例教学设计

案例一　体彩公益金助力少数民族传统体育项目发展

一、案例描述

壮族三月三正成为全国人民羡慕的民族节日。作为“壮族三月三，八桂嘉年华”的重要组成部分，“民族体育炫”系列活动令人印象深刻，单竹漂流、抢花、板鞋比赛、赛高跷、陀螺等全民体育活动人气高涨。

活动将展现民族文化与体育运动的融合发展，推动广西全民健身战略实施和民族体育的保护传承。助力民族体育的传承和发展，离不开体育彩票公益金的大力支持。仅2019年，广西共安排约662万元体育彩票公益金用于支持少数民族体育发展。

近年来，一些传统的民族体育项目虽然被列入非物质文化遗产名录，但它们无法摆脱被遗忘或失去传承人的命运，相当一部分传统民族体育项目正逐渐从人们的视线中消失。由于观众较少，少数民族体育项目受到地域限制，关注度不高，难以吸引商业资本的支持和推广。

作为国家福利彩票，体育事业和社会公益事业的发展是我国体育彩票公益基金主要用于的两个领域，在中央和地方两级按1∶1分配。社会福利和民生这两个领域所用到的公益金主要是中央集中的公益金，体育事业的发展则是地方体育彩票福利基金比较侧重的领域。近年来，广西把发展少数民族传统体育作为实施全民健身战略的重要内容，每年都有一定比例的体彩公益金为保护和发展民族体育项目提供。为了传承与保护少数民族的传统体育项目和传统体育文化，中国体育彩票与广西壮族自治区内高校和科研机构合作成立了多个民族体育研发中心。同时，大力开展少数民族群众体育健身活动，使越来越多的人关注民族体育活动。运用少数民族自身的传统体育文化，推广与发展少数民族的体育运动项目。

广西的国家民族体育项目有望得到进一步的传承和发展，这在很大程度上要归功于体育彩票界对民族体育项目的贡献。通过深入挖掘民族体育文化的内涵，更新民族体育文化表现形式，推动体育、文化、旅游三方融合，提高民族体育项目的观赏性、互动性和参与性，使少数民族传统体育文化在新时代焕发出新的光彩。

资料来源：广西体彩为弘扬少数民族体育文化保驾护航，中彩网，https://www.zhcw.com/c/2019-08-19/580329.shtml，有改动。

二、案例的思政元素

1.推动协同发展

推动城乡间、区域间体育均衡发展是建设体育强国的内在要求，也是落实国家区域发展战略，促进经济建设、社会发展、文化繁荣、生态保护的有力抓手。当前，我国区域间体育发展水平差距依然存在，西部地区相对落后于中东部地区。鉴于人民对体育的需求，要加大对西部地区体育发展的支持力度，着力加强西部地区体育基础设施和公共体育服务体系建设。福利彩票公益金已资助超过3亿个不同类型的公益项目，涉及社会福利、社会保障等广泛领域，惠及数亿人。体彩社区主要用于开展群众体育活动和支持竞技体育工作，其中群众体育活动的发展包括全国体育活动场所、器材和器材的分离，群众体育组织和运动队建设的经费，全国体育赛事的组织，科学素质指引和广告的开展。资助竞技体育工作包括支持国家队备战和参加国际体育赛事，资助体育后备人才培养，资助综合性运动会开办，以及支持西部地区竞技体育发展。

2.强化体育领域思想引领，促进体育文化健康繁荣发展

在全球面临恐怖主义、保护主义、单边主义等问题的形势下，体育在对外交往中的最大优势在于，它是一种推动文明互鉴的共通语言，推动各

国在对外交往中实现求同存异，在增进相互理解、信任和友谊中发挥纽带作用。每年的广西壮族自治区三月三这一民族节日在体育彩票公益金的扶持下办得格外瞩目，各族体育健儿组成紧密团结的体育队伍，通过参加同一个体育项目的比赛活动，有效地促进各民族和睦相处、和谐发展、相互团结的友好关系，进一步丰富了人民群众的文化娱乐生活。总结和完善体育项目的文化特色，形成具有自身特色的体育项目的精神核心和文化认同。加强体育文化建设和平台建设。借助体育彩票行业，广西壮族自治区的三月三这一民族节日已成为展示民族文化魅力、促进经济发展、推进民族团结的重要盛会，集民族文化、群众体育、适配旅游、特色消费于一体的品牌形象深入人心。在活动中尽情地释放个性，展示魅力，凝聚党员群众的磅礴力量，从思想意识上更加牢固树立民族团结一家亲的意识和爱国情怀，在弘扬中华民族优秀文化的同时，推进民族文化融合，促进各民族的团结共进，更加坚定文化自信自强，铸就社会主义文化新辉煌。

三、案例使用说明

（一）教学用途与教学目标

本案例为分析性案例，适用于体育产业课程中“体育彩票业”相关知识点的教学与研讨。

1. 教学目标

（1）知识层面。

教师通过对案例的讲解以及对知识点的讲授，使学生在宏观层面上理解在我国社会发展中体育彩票业所作出的贡献与发挥的作用。

（2）素质层面。

教师通过案例的讲解，对课堂内容做进一步拓展，培养学生关注热点话题及关注少数民族地区的习惯，让学生更加牢固树立民族团结一家亲的意识和爱国情怀，在弘扬中华民族优秀文化的同时，推进民族文化融合，促进各民族的团结共进。

（二）案例讨论的准备工作

（1）教师需提前讲授我国体育彩票业的运营模式，让学生对体育彩票业的定位有清晰的认知。

（2）学生课前可在中国体育彩票或国家体育总局官网查阅浏览体育彩票公益金助力少数民族发展的案例并加以思考。

（三）案例分析要点

1.启发思考题

（1）结合案例，思考并探讨当代大学生应如何为少数民族地区的体育发展作出贡献。

（2）结合案例，思考并探讨体育彩票公益金对促进我国民族团结的现实意义。

2.教学组织方式（表9-2）

（1）在相关课程内容讲授完毕后，进行案例分析。

（2）将案例材料发放给学生，学生进行阅读和独立思考。

（3）提出案例相关的思考题。

（4）学生进行分组讨论并派小组代表分享观点。

（5）教师进行总结归纳及梳理工作。

表9-2　教学组织安排

学习阶段	学习内容	规定时间	学习目标
课前	教师提前发放案例,学生提前预习	课前完成	熟悉课本相关内容以及案例情况
课中	教师讲解本课相关内容以及案例情况	10分钟	进一步熟悉案例情况

续 表

学习阶段	学习内容	规定时间	学习目标
	教师介绍与案例相关的思政元素	5分钟	使学生了解与案例相关的思政理论
	分组讨论，学生结合相关思政元素讨论分析教师给出的案例	10分钟	提高学生的沟通能力、对问题的分析能力，使学生的综合素质能力得到提升
	随机抽取三个小组派代表发言，进行分析讲解	每组5分钟，控制在15分钟以内	提高学生归纳总结的能力
	教师对小组发言进行点评与补充，并进行归纳总结，注意思政元素与知识点结合	5分钟	教师提炼总结，学生查缺补漏，提高学生发现问题的能力
课后	学生持续关注并学习体育彩票业的相关知识	课后	增加记忆，巩固知识

（四）总结

通过本案例的学习，学生基本掌握了体育彩票业在发展体育产业方面的重要作用，以及体育彩票业对我国少数民族地区体育事业发展的贡献，从而增强了民族团结和爱国情怀。

案例二 “筑梦冰雪 喜迎冬奥”
南京体彩冰雪嘉年华走进建宁中学

一、案例描述

为了加快推进冰雪运动进校园，激发青少年参与冰雪运动的积极性，南京体彩联合沈婷婷委员工作室、南京市冰雪运动协会共同开展的“筑梦

冰雪　喜迎冬奥”冰雪嘉年华活动走进了南京市建宁中学。

作为国家公益彩票，中国体育彩票筹集的公益金始终助力国家公益事业和体育事业的发展。无论是奥运场馆建设还是运动员培养，中国体育彩票始终积极贡献着自己的力量。不仅如此，体彩公益金在加大青少年冰雪运动人才培养，推动冰雪运动进校园等方面也起到了重要作用。南京市建宁中学校长陈浩表示：2022是体育之年也是冰雪之年，大力普及校园冰雪运动是每位教育工作者义不容辞的责任，在发展落实冰雪运动进校园的同时，我们鼓励同学们挑战自我、超越极限。南京市政协委员、体彩爱心工作室公益大使沈婷婷为同学们介绍了冬奥会的知识，希望同学们以奥林匹克“更快、更高、更强　更团结”的精神展现新时代中国青少年的风貌。南京市冰雪运动协会会长郭冬梅表示，冰雪运动协会将借助冬奥会的东风让冰雪运动在青少年群体中茁壮成长。

师生冰壶PK比赛让同学们在欢声笑语中感受到冰雪项目的独特魅力。南京轮滑队在南湖二中的现场表演点燃了大家的激情，同学们自发地为曲棍球表演喝彩，这使火热的气氛达到顶点。此次活动中同学们不仅掌握了很多冰雪运动的知识，也在体育活动中享受到了乐趣，提高了身体素质，为日后更好地发展打下了坚实的基础。南京体彩在为广大师生送去欢乐的同时，也让大家对体彩的公益属性有了更深入的了解。

南京体彩会继续全力以赴，推进校园冰雪教育，推动冰雪运动发展，为建设体育强国作出贡献。

资料来源:“筑梦冰雪　喜迎冬奥”南京体彩冰雪嘉年华走进建宁中学，南京市体育局网，https://sports.nanjing.gov.cn/gzdt/202112/t20211224_3241569.html，有改动。

二、案例的思政元素

1.坚持以人民为中心的发展思想，发展冰雪运动，满足群众体育文化需求

冰雪运动发展，归根结底是为了满足人民群众日益丰富的多样文化需求。怎样最大限度实现人民愿望，提升群众幸福感，是评判冰雪体育文化建设水平的最终标准。习近平总书记在对办好北京冬奥的指示中强调，始终不忘冰雪运动的普及和发展，要为民谋福祉，让全社会共享冰雪运动的丰硕成果。将人民的需求放在第一位，坚持以人民为中心，加快冰雪运动发展和普及，使广大人民群众受益。秉承开放、共享理念，采取社会化方式，运用市场化手段，充分调动社会力量和资源推动群众性冰雪运动发展。积极引导不同区域因地制宜、各有侧重开展群众性冰雪运动，促进冰雪运动区域互动合作，形成优势互补、良性互动的发展格局。

体育事业的持续发展，关键在于后备力量的培育。对后备人才培养的关切，对青少年冰雪运动的关怀，是对冬季运动未来发展的最大支持。为实现后备人才培养目标，加强引导青少年参与冰雪运动，国家体育总局在冰雪运动发展规划中提出，要根据中国青少年身心特点，研究制定相应措施，促进冰雪运动进校园。中国体育彩票为冰雪运动发展始终积极贡献着自己的力量。

2.提升竞技体育的时代价值，服务于国家利益需要

习近平总书记在听取北京冬奥会冬残奥会筹办工作情况汇报时强调："要把推动冰雪运动普及贯穿始终，大力发展群众冰雪运动，提高冰雪运动竞技水平，加快冰雪产业发展，推动冬季群众体育运动开展，增强人民体质。"作为国家公益彩票，中国体彩的国家健康基金不仅为冬奥运动员提供资金保障，还为冰雪运动的发展不断提供资金助力，让人民享受到冰雪运动的乐趣。在助力我国竞技体育这一方面，2011—2020年，国家体育总局向国家福利基金投入53亿元体育彩票支持竞技体育，有效保障了运

动员冬季运动的培训和学习。在助力我国群众体育这一方面，中国体育彩票公益金除了大力支持我国各地冰雪运动项目设施的建设之外，还支持群众冰雪运动，使冰雪运动形成自己的品牌。在体育彩票产业的助力下，体育强国梦与冰雪梦紧密交织。

切实提高冬季运动竞技水平，需要从时代所赋予竞技体育的新任务、新要求出发，从丰富冰雪竞技文化内涵、建设冬季运动设施、加强项目布局、重视后备人才培养等多种路径进行改革创新。体育彩票业积极支持冬季运动推广、改善国家队过渡训练基地条件、打造冬奥会集训和比赛场馆，特别是为青少年参加冰雪运动创造条件，积极参与冬季运动推广，进一步完善青少年冰雪运动体系，建设冰雪设施。在我国体育彩票公益金的助力与支持下，一些冰雪运动项目也打破了传统地域的限制，在南方遍地开花，让“带动三亿人参与冰雪运动”从愿景变为了现实，这不仅使我国的冰雪梦进一步得到实现，也使中国体育强国梦向目标进一步靠拢，我国体育彩票也继续追求“从人民中来”的目标，旨在创造负责任、可靠、健康、可持续的发展，增强公众对体育彩票公益性的信心，推动对其社会价值的认可，以负责任的方式为国家募集更多的公益资金支持冰雪运动。

三、案例使用说明

（一）教学用途与教学目标

1. 教学用途

本案例为分析性案例，适用于体育产业课程中“体育彩票业”知识点的教学与研讨。

2. 教学目标

（1）知识层面。

掌握概念：冰雪运动产业，体教融合。

掌握理论：理解体育彩票对我国青少年冰雪运动发展的贡献与作用。

（2）素质层面。

教师通过案例的讲解，对课堂内容做进一步拓展，培养学生关注热点话题、了解实时动态的习惯，让学生认识到我国体育彩票业是为社会公益事业做贡献的。

（二）案例讨论的准备工作

（1）教师需提前讲授体育彩票业在体育产业中及在中国社会事业发展中的地位与作用，以便学生能更好地理解案例。

（2）学生可提前在网上查阅冰雪运动在我国的普及度以及冰雪运动进校园的案例，对青少年冰雪运动加以了解。

（三）案例分析要点

1.启发思考题

（1）结合案例，说一说我国推广冰雪运动的切实可行的方案有哪些。

（2）结合案例，讨论体育彩票公益金对我国冰雪运动发展的现实意义。

2.教学组织方式（表9-3）

（1）在相关课程内容讲授完毕后，进行案例分析。

（2）将案例材料在屏幕上投放展示，学生进行阅读和独立思考。

（3）提出案例相关的思考题。

（4）学生进行分组讨论并派小组代表分享观点。

（5）教师进行总结归纳及梳理工作。

表9-3　教学组织安排

学习阶段	学习内容	规定时间	学习目标
课前	教师提前发放案例，学生提前预习	课前完成	熟悉课本相关内容以及案例情况

续　表

学习阶段	学习内容	规定时间	学习目标
课中	教师讲解本课相关内容以及案例相关内容	10分钟	进一步熟悉案例情况
	教师介绍与案例相关的思政元素	5分钟	使学生了解与案例相关的思政理论
	分组讨论,学生结合相关思政元素讨论分析教师给出的案例	10分钟	提高学生的沟通能力,提高学生对问题的分析能力,使学生的综合素质能力得到提升
	随机抽取三个小组派代表发言,进行分析讲解	每组5分钟,控制在15分钟以内	提高学生归纳总结的能力
	教师对小组发言进行点评与补充,并进行归纳总结,注意思政元素与知识点结合	5分钟	教师提炼总结,学生查缺补漏,提高学生发现问题的能力
课后	学生持续关注并学习体育彩票业的相关知识	课后	增加记忆,巩固知识

（四）总结

通过本案例的学习，学生基本掌握了体育彩票业在发展体育产业方面的重要作用，以及体育彩票业对我国冰雪运动发展的贡献，学生更加理解体育彩票业与冰雪梦、体育强国梦、中国梦的关系。

第十章　体育培训业思政教学设计

本章在阐述体育培训业概念、特点、地位及功能的基础上，介绍了体育培训业的运营主体、运营模式及经营模式，并分析了体育培训业的发展现状，同时展望其发展前景。近年来，各类体育政策相关文件陆续颁布，2021年7月，中共中央办公厅、国务院办公厅印发了《关于进一步减轻义务教育阶段学生作业负担和校外培训负担的意见》，简称“双减”政策。该政策的提出对于体育培训行业是一个千载难逢的良机。体育培训作为体育产业中重要的一部分，为我国体育事业的蓬勃发展起到了一定的推动作用。

体育培训业概述。体育培训业是我国体育产业的重要组成部分，是采用不同于正规学校教育的形式，以增进受培训者的体育运动能力、技术水平、体育知识和素养为目的的各种训练及学习活动。体育培训业市场主体结构包括供给方、需求方和中介三个部分。目前，我国体育培训行业仍处于发展初期，与发达国家相比还存在着明显的差距。体育培训作为体育产业中一个发展潜力巨大的朝阳产业，兼具了教育、经济、文化、健身等多种功能。在广大受众群体中，青少年是体育培训市场的主要消费群体，也已成为青少年素质教育的一种形式。与体育产业中其他行业门类相比，体育培训业的准入门槛相对较低，行业分散度较高，吸储资金能力强，规模经济显著，但培训质量也是决定体育培训好坏的关键所在。体育培训是我国竞技体育人才培育和输送的主要渠道，更是我国竞技体育人才培育体系的重要部分。随着国家经济发展到一定阶段，普通大众群体对于专业性体育培训的需求也快速增长。体育培训不仅能帮助人们提高运动技能，养成运动健身的习惯，还能丰富和提升国民对体育文化的认知，使体育成为人们生活不可或缺的一部分。对比国外体育培训业发展，大多数国家并不是设立专门的机构管理体育培训，而是主要依靠市场机制培育和发展成熟的现代体育培训市场，其中商业性机构或组织是体育培训市场的主体。我国商业性体育培训业的发展是在改革开放后，随着体育管理体制的改革得以萌芽和发展的。

体育培训业的运营。我国体育培训主体呈现多元化，其中，有政府主办的公立非营利性体育培训机构，有社会力量投资建立的私立营利性体育培训机构，以及不以营利为目的的民办非企业类体育培训机构三类。当前影响我国体育培训机构运营的核心资源包括：教练师资、场馆设施以及受训者三类。可将体育培训业运营模式分为以教练智力资本为核心的运营模式、以场地资源占优的运营模式、以用户占优的运营模式以及以在线资源整合为主的运营模式四种。

体育培训业发展展望。近年来国家陆续出台一系列发展体育产业、体育服务业的政策文件，旨在激发体育培训业的发展潜力。随着社会经济的发展，人民生活水平的日益提高以及“体教融合”的不断深化等，越来越多的家长开始重视孩子的体能和体育训练。但作为青少年参加体育锻炼的主要方式之一，体育培训业目前还存在诸多问题，如市场规范程度有待提高、服务质量标准化程度较低、专业人才和场馆资源不足、认证体系缺乏等。体育培训业的发展应借鉴发达国家体育产业的经验，向着品牌化、专业化、个性化、网络化以及全产业链的方向有序发展。

第一节 体育培训业思政元素分析

体育培训业作为教育的一种形式，其中蕴含了丰富的思政元素。我国正处于从体育大国迈向体育强国的进程中，2021年1月，习近平总书记在北京、河北考察并主持召开北京2022年冬奥会和冬残奥会筹办工作汇报会时指出："建设体育强国，是全面建设社会主义现代化国家的一个重要目标。"①根据体育产业统计数据显示，2020年我国体育培训产业总规模接近2000亿元，其中青少年体育培训占比约为60%，体育培训产业已成为我国体育产业的重要内容。在本章中，将体育培训业的知识内容与课程思政进行充分结合，帮助学生更加深刻地了解目前我国体育培训业所面临的问题以及发展前景，同时引导学生充分了解相关体育政策，紧跟体育产业发展步伐，以促进体育培训业的蓬勃发展。

本章节相关思政元素主要体现在以下四个方面。

一、全民健身国家战略

党的十八大以来，全民健身得到前所未有的高度重视，2014年，全民健身正式上升为国家战略。习近平总书记指出："全民健身是全体人民增强体魄、健康生活的基础和保障，人民身体健康是全面建成小康社会的重要内涵，是每一个人成长和实现幸福生活的重要基础。"②全民健身带动体育产业实现了效益上的迅猛增长，同时也带动了体育培训业的蓬勃发展。全民健身国家战略的提出，有效引导人民群众积极主动地参与到健身运动

---

① 中央纪委国家监委驻应急管理部纪检监察组.习近平在北京河北考察并主持召开北京2022年冬奥会和冬残奥会筹办工作汇报会时强调[EB/OL].(2021-01-25)[2023-05-11].https://www.mem.gov.cn/jjz/ywgz/202101/t20210125_377731.shtml.

② 中国人民政治协商会议全国委员会.习近平与全民健身的故事[EB/OL].(2022-08-09)[2023-05-11].http://www.cppcc.gov.cn/zxww/2022/08/09/ARTI1660036027143322.shtml.

当中来。各类大众性质体育赛事的举办，让体育爱好者有机会参与其中，最大限度地扩充了体育消费人群，从而激发了市场活力。打造全民健身品牌，更新大众健身理念，推崇科学健身，社会方面也集合多方力量，共同为全民健身事业提供优质保障。

2021年7月，国务院颁布的《全民健身计划（2021—2025年）》中指出："推进全民健身融合发展……规范青少年体育社会组织建设，鼓励支持青少年体育俱乐部发展。"①全民健身运动的普及是一个国家现代化程度的重要标志，其中青少年群体是祖国建设的希望，是全民健身的重点人群以及体育培训的消费主流，更是全民健身的主要参与者。体育培训作为推动全民健身的有效方式之一，帮助人民群众更加科学、高效、安全地进行身体锻炼，充分体现了其在教育、文化、健身方面的功能。当今社会发展要求学生在有优异成绩的同时，更要有一个健康的体魄。因此，参与体育运动逐渐成了大多数人日常生活的有机构成。自1995年提出《全民健身计划纲要》到2014年将其上升为国家战略，体育运动和比赛不再只是少数人可以参与的项目，而是大家都可以参与的活动形式。成人体育健身培训也持续火热，各种各样的体育运动项目已然成为人们日常生活中的一部分。参与体育运动可以激励人们保持积极的生活方式，认识到身心健康的重要性，并能建立自信。习近平总书记指出："体育是社会发展和人类进步的重要标志，是综合国力和社会文明程度的重要体现。"②因此我们要重视参与体育锻炼的作用，正确认识全民健身的重要性。

二、促进民营经济发展壮大

党的二十大报告指出："构建高水平社会主义市场经济体制。坚持和

① 中国政府网.全民健身计划(2021—2025年)[EB/OL].(2021-08-03)[2023-05-11].http://www.gov.cn/zhengce/content/2021-08/03/content_5629218.htm.

② 中国政府网.习近平李克强等会见第31届奥运会中国体育代表团[EB/OL].(2016-08-25)[2023-05-11].http://www.gov.cn/guowuyuan/2016-08/25/content_5102351.htm.

完善社会主义基本经济制度，毫不动摇巩固和发展公有制经济，毫不动摇鼓励、支持、引导非公有制经济发展……”[①]坚持我国基本经济制度和两个“毫不动摇”，是民营经济产生和不断发展壮大的根本制度保障。民营经济始终是坚持和发展中国特色社会主义的重要经济基础，民营经济的发展有利于提高人民的生活水平和生活质量，增加社会就业，提升创新能力。民营经济人士始终是我们党长期执政必须团结和依靠的重要力量。促进非公有制经济人士健康发展，是非公有制经济健康发展的前提。

我国体育培训业的运营方式主要以公立非营利性体育培训机构、私立营利性体育培训机构以及民办非企业类体育培训机构为主，在体育培训的市场中，私立营利性体育培训机构占大多数。私营经济是指以生产资料私有为所有制形式、以雇佣关系为基础、以取得利润为目的的经济形式。近年来，在各类体育相关政策的加持下，体育培训市场持续扩容，成为体育消费领域新的增长点。但大多体育培训机构是由私人设立创办的，办学资质及条件不一，对此除了需要相关部门的有效监管外，行业内的从业人员也应自觉主动地提高自身的办学条件和综合实力，促进青少年体育培训行业内的良性竞争。私营经济是国民经济的重要组成部分，私营经济的出现与发展，有助于激励当今社会人们的创业精神，促进企业之间的竞争，促进市场体系的发育和健全，使整个国民经济充满活力，蓬勃发展。而当今体育培训机构资质良莠不齐，行业应以提高监管市场规范为主，维护体育培训市场的稳定发展。

三、加强青少年体育工作

随着生活水平的日益提升，人们越来越关注自己的身体健康状况，对体育锻炼的需求也就越来越强烈，这种强烈的体育需求则带动了体育产业的迅速发展，促使体育产业不断繁荣，更多的人民群众迸发出了参与体育

① 习近平.高举中国特色社会主义伟大旗帜 为全面建设社会主义现代化国家而团结奋斗：在中国共产党第二十次全国代表大会上的报告[M].北京：人民出版社，2022：29.

锻炼的热情，从而带动了体育消费。

2019年8月，国务院办公厅印发的《体育强国建设纲要》指出："到2035年……经常参加体育锻炼人数比例达到45%以上……到2050年，全面建成社会主义现代化体育强国。人民身体素养和健康水平、体育综合实力和国际影响力居于世界前列，体育成为中华民族伟大复兴的标志性事业。"[①]体育强国建设推动了体育产业的壮大，体育消费人群稳步增加，同时也提高了体育消费的黏性。参与体育培训人口基数大幅增加，拓宽了体育健身、体育培训等消费领域，直接促进了体育产业的快速发展。少年强则中国强，中国强则体育强。在建设体育强国的道路上，青少年是至关重要的群体。他们是祖国未来的新希望，肩负着建设国家的重任。我们要促进青少年全面发展，塑造优秀人格及健康体魄，使青少年充满活力、朝气蓬勃。体育强国建设是新时代体育事业改革发展的历史必然，有了体育强国和健康中国战略的引领，特别是近年来国家对于体育的重视，以及"双减"和中考体育等政策的加持，参与体育运动及体育培训的人群逐渐扩大。青少年体育培训是带动效应最强的体育消费品类之一，使得体育培训市场迎来了较大的发展空间，体育培训项目种类也呈现出多元化的趋势，体育培训从业人员数量增加，为教练员及销售等人才提供更多的就业机会。长期参加体育运动能够提高生活质量，提升人民幸福感。未来，我国体育发展势必朝着汇集多方力量、坚持体教融合、全面推进体育体制改革的方向发展。体育培训业在推动国家走向体育强国的进程中将起到至关重要的作用。

四、建设现代化产业体系，促进体育产业高质量发展

习近平总书记在党的十九大报告中就明确指出建设现代化经济体系，必须把发展经济的着力点放在实体经济上。习近平总书记在党的二十大报

① 国务院办公厅.体育强国建设纲要[EB/OL].(2019-09-02)[2023-07-15].https://www.gov.cn/zhengce/zhengceku/2019-09/02/content_5426485.htm.

告中又指出："我们要坚持以推动高质量发展为主题，把实施扩大内需战略同深化供给侧结构性改革有机结合起来……推动经济实现质的有效提升和量的合理增长。"[①]"建设现代化产业体系。坚持把发展经济的着力点放在实体经济上……"[②]实体经济是一国经济的立身之本，是财富创造的根本源泉，是国家强盛的重要支柱。教育培训行业属于实体经济的范畴，体育培训所提供的标准化服务，就是产品。产品的质量好坏则是决定客户去留的关键。通过提升课程质量以及贴心服务给客户一个满意的学习体验，是所有体育培训机构应该努力的方向。近年来，越来越多的体育培训机构如雨后春笋般涌出，但各机构规模和教学水平参差不齐。家长对于孩子学习何种体育运动和选择哪家培训机构不单单局限于课程本身，而更加在意的是机构的规模、口碑以及师资力量。除此之外，在有限的时间内孩子的体育技能是否得到较大幅度的提升，也是大多数家长所关注的地方。唯有打造独具特色的品牌，提供高质量的课程，拥有优秀的师资以及周全的服务，才能经受得住时间的考验以及消费者的检验。因此，对于体育培训业的规范与监管至关重要，且任重而道远。只有在管理方面形成相应的标准与模式，体育培训业才能真正做到促进体育产业的蓬勃发展。

① 习近平.高举中国特色社会主义伟大旗帜 为全面建设社会主义现代化国家而团结奋斗：在中国共产党第二十次全国代表大会上的报告[M].北京：人民出版社，2022：28-29.

② 习近平.高举中国特色社会主义伟大旗帜 为全面建设社会主义现代化国家而团结奋斗：在中国共产党第二十次全国代表大会上的报告[M].北京：人民出版社，2022：30.

第二节　体育培训业理论教学设计

一、教学目标

1.知识目标

（1）深入了解全民健身国家战略中体育培训的重要性。

（2）充分掌握国家政策对于体育培训业的推动，以及相应的监管制度。

（3）了解我国体育培训业的主要运营模式。

（4）理解“十四五”规划中，我国体育培训业未来的发展走向。

（5）结合国外体育培训业发展情况，对比我国体育培训业市场存在的主要问题及发展趋势。

2.能力目标

（1）充分理解体育培训业特点、作用及其功能。

（2）培养学生发现问题、思考问题以及解决问题的能力。

3.价值目标

（1）通过学习，帮助学生充分理解体育培训业的内涵，树立正确的价值观念。

（2）激发学生对于体育培训业的兴趣，培养为人民服务的意识及爱国主义精神。

（3）了解体育培训业的功能作用，促进终身运动习惯的养成。

二、教学内容分析

1.教学内容

通过学习，学生应充分理解体育培训业的概念、特点、地位及其功能，了解体育培训业的运营情况及经营模式，同时清楚体育培训业目前存在的问题及未来发展的方向。

2.教学重点

（1）体育培训业的概念、地位和功能。

（2）营利性体育培训机构的概念及特点。

（3）体育培训业存在的问题及未来的发展趋势。

3.教学难点

（1）了解体育培训业的实际经营手段和运营模式。

（2）充分剖析目前体育培训业所存在的问题，并结合国家政策对体育培训业的未来进行展望。

三、教学手段与方法

1.教学手段

（1）坚持理论密切联系实际，以实际案例作为背景，结合思政元素，深入浅出地阐明教学内容。

（2）运用启发式教学，启发并引导学生结合体育培训业的功能和特点，主动发现其发展进程中存在的问题。

2.教学方法

（1）案例分析。结合教材内容，分析案例中所涉及的相关领域知识。以政策文件为引领，教师深入浅出地进行知识点梳理，引出学生讨论的话题，通过实际案例，清晰直观地了解当前体育培训市场情况，营造生动活泼的课堂氛围，同时加深对重点知识内容的记忆。

（2）作业思考。以分组作业的形式引导学生学以致用，打开思想的大门，试图寻找创新与优化的方法，用发展的眼光看待事物。集思广益、合理分配，注重集体主义精神的养成。

（3）实践考察。安排学生到感兴趣的各类体育项目培训机构进行实地考察，对机构负责人、销售人员及全职（兼职）教练等进行深入访谈，了解本地不同项目、不同规模以及不同运营模式的体育培训机构有何不同。

四、思政要点设计和教学过程（表10-1）

表10-1 思政设计要点

教学内容	知识点	思政元素
体育培训业概述	1.体育培训业的概念 2.体育培训业的特点 3.体育培训业的地位和功能 4.体育培训业发展概况	“全民健身”国家战略 通过引入“全民健身”国家战略，使学生清楚认知体育培训业的地位、功能及其重要性。要推进全民健身融合发展，规范青少年体育社会组织建设，鼓励支持青少年体育俱乐部发展
体育培训业的运营	1.体育培训业运营主体 2.体育培训业运营模式 3.体育培训业经营模式	促进民营经济发展壮大 社会主义基本经济制度引导体育培训业的良性发展。通过建立多元化的体育培训运营方式，积极推动非营利性体育培训机构的发展
体育培训业发展现状及展望	1.体育培训业发展现状 2.体育培训业存在的问题 3.体育培训业发展趋势	1.加强青少年体育工作 2.建设现代化产业体系，促进体育产业高质量发展 3.培育青少年体育社会组织，扶持、管理、服务和监督青少年体育社会组织，实行互联网+培训新模式，找出在发展进程中存在的问题，促进体育培训业的壮大

（一）体育培训业概述

1.体育培训业的概念与特点

（1）体育培训业的概念。

体育培训是采用不同于正规学校教育的形式，以增进受培训者的体育运动能力、技术水平、体育知识和素养为目的的各种训练及学习活动。体育培训业正是在此基础上发展起来的，并成为我国体育产业的重要组成部分，表现出明显的行业发展特点，兼具教育、经济、健身、文化等多种功能，对我国经济和社会发展有重要的促进作用。

体育培训业的市场主体结构包括体育培训供给方、体育培训需求方和体育培训中介。体育培训供给方，是提供各类体育培训服务的机构或组织的集合；体育培训需求方，是对体育培训有需求的消费者集合；体育培训中介，是在体育培训的供给方和需求方中起中间联系和提供代理服务的机构或组织。

我国体育产业统计分类指出：体育培训与教育包括各种体育培训机构、专项运动俱乐部的体育技能培训、少儿体育培训以及针对体育专门人才的培训等。从体育产业的构成看，当前我国体育培训业主要包括体育健身娱乐培训、体育竞赛表演培训、体育彩票业培训、体育服务培训和其他相关产业培训等。

（2）体育培训业的特点。

体育培训是朝阳行业，发展潜力巨大。虽然人们对于体育健身重要性的认识在不断提高，但与发达国家相比，我国体育产业与其还存在着较为明显的差距。我国体育产业总规模占本国国内生产总值的比重刚接近1%，而部分国家比重在1%～3%。在体育服务业占比方面，发达国家的体育服务业占体育产业总量的比重均超过了60%。体育培训业将受益于我国体育产业和体育服务业的快速增长，成为体育产业的热点领域，发展潜力巨大。

青少年群体是体育培训业的消费主流。青少年体育是群众体育和竞技体育的基础，更是体育消费的重点。随着更多相关政策文件的出台，学生在学校积极参与体育运动及在课外参加体育培训的趋势也更加明显，校外体育培训则是对学校体育资源的有益补充。目前，体育培训已成为青少年素质教育的一种形式，青少年也成为体育培训市场的主要消费群体。

培训质量是关键。体育培训具有一般商品的共同属性，产品的使用价值和价值凝结在服务中。体育培训具有服务类产品的特征，即无形性、生产与消费的同时性、服务异质性及易逝性等。提升体育培训质量的关键是提高消费者对体育培训质量的感知。

准入门槛低，行业分散度较高。目前我国体育培训行业仍处于发展初期，大量新企业及体育爱好者纷纷进入体育培训市场，存在行业内较为分散且规模有限、集中度不高、缺乏龙头企业、产品可替代性强等问题，而价格往往成为主要的竞争手段。

吸储资金能力强，规模经济显著。体育培训业具有现金流稳定的特征。在体育行业的投融资中，体育培训项目成为投资人关注的重点，尤其在青少年体育培训板块，投资回收途径相对稳定的优势比较突出。同时，体育培训市场规模经济效应比较明显，培训规模越大，盈利空间就越大。

2.体育培训业的地位和功能

（1）体育培训业的地位。

当前，体育健身需求广泛。自发锻炼已不能满足部分人群对体育技能的需求。专业体育培训服务需求快速增长，通过体育培训，人们可以直接、有效地参与体育活动。体育培训是我国竞技体育人才培育和输送的主要渠道，也是构成我国竞技体育人才培育体系的重要部分。同时，体育产业是体育强国的重要标志之一，而体育培训业连接着体育产业的上下游。从一定程度上看，体育培训业是体育产业发展的根基。

（2）体育培训业的功能。

体育培训业具有教育功能、经济功能、文化功能以及健身功能。体育培训业是教育服务市场中的重要分支，主要提供非学历体育培训与教育，具有显著的教育功能。体育培训可培养和提升人们的体育技能、知识和素养，尤其是青少年体育培训，其实是早期教育的一种延伸。

体育培训不仅通过培养和提升体育人才素质和技能来创造社会生产力，还能直接带来经济效益，帮助解决社会就业问题。体育培训业的快速发展为一些专业体育技能突出的退役运动员及体育院校毕业生提供了更多的就业机会，并取得良好的经济社会效益。

在文化功能方面，体育运动在一定程度上是人类社会活动的缩影，体育形态的变迁凸显了特定区域的价值观、传统文化和精神内涵。除了体育技能本身，体育培训的文化功能还体现在中华传统体育项目等对于民族精神及优秀传统文化的传播方面。体育培训通过身体活动改善和提高人体机能，消除不良情绪，提高抵抗疾病的能力，使人们心情愉悦和精神健康，具有健身功能。体育培训业的发展，可在一定程度上弥补大众健身资源不足的缺陷。

3.体育培训业发展概况

世界各国的体育管理体制和运行机制有很大差异，大多数国家并没有设立专门的机构管理体育培训，而是主要依靠市场支持。成熟的现代体育培训市场主体为商业性机构或组织。国外体育培训管理监督主要由体育社会组织负责。体育产业发达的国家有完善的体育制度基础，国民体育参与度较高，对教练员有严格的审核制度，具有完善的体育培训管理体系，且比较规范。一般培训质量较高，且经济效益较好。

我国体育培训业还处于发展初期，主要是培养体育后备人才，为竞技体育服务。我国商业性体育培训业的发展是在改革开放后，随着我国体育管理体制的改革得以萌芽和发展。1992—1995年是我国体育培训的萌芽期，是大众对体育功能认知开始发生转变的时期；1996—2005年是我国体育培训的形成期，通过明确体育的经济功能和加深社会对体育产业认识，体育培训作为其中的一部分得到认可，与此同时，市场上各类体育培训项目发展迅速；自2006年至今是我国体育培训的发展期，体育健身休闲需求强劲，体育培训市场初步形成。

（二）体育培训业的运营

1.体育培训业运营主体

（1）公立非营利性体育培训机构。

政府主办的公立体育培训机构或组织主要包括全国体育总会及各单项体育协会、青少年体育俱乐部联合会、社区体育健身俱乐部、业余体育学校、群众性体育健身团队等。其主要培养和选拔、输送竞技运动后备人才，不以营利为主要目的。目前，我国非营利性体育培训机构或组织的日常管理主体主要是上级相关管理部门，同时还要接受民政部门的审查。

（2）私立营利性体育培训机构。

当前体育培训市场涌现出大量由社会力量投资建立的私立体育培训机构，这类体育培训机构主要以营利为目的，占体育培训市场供给主体的绝大部分。商业性体育培训机构由社会资本通过购买或租赁场地的形式投资运营，以市场需求为导向，通过市场竞争赢得企业发展空间。我国大部分商业性体育培训机构规模较小，属于小微型企业。

（3）民办非企业类体育培训机构。

体育类民办非企业单位是指企事业单位、社会团体和其他社会力量及公民个人利用非国有资产举办的，不以营利为目的的，以开展体育活动为主要内容的民办中心等社会组织。体育类民办非企业在我国发展较快，主要以非营利性体育俱乐部的形式运营。体育类民办非企业培训机构介于公立和私立类体育培训机构之间，属于非营利组织，但发起资金是私人的。体育类民办非企业借助机构的非营利性质，能顺利走进社区和学校开展体育培训服务，通过社会赞助、推动公益职业化等方式维持长期发展。

2.体育培训业运营模式

影响我国体育培训机构运营的核心资源包括教练师资、场馆设施、受训者三类。

（1）以教练智力资本为核心的运营模式。

机构内教练员的综合教学能力及水平直接影响着培训课程、培训方法和培训质量等多个环节。俗话说，名师出高徒，优秀的教练教学风格突出，同时也具有更强的耐心和责任心，这在教学过程安排以及教学效果方面能够很好地体现出来。另外，家长也十分看重教练员的专业能力以及资质。教练员作为体育培训资源的核心，对提高相关机构执教水平至关重要。在众多培训机构中，知名教练员也成了各大培训机构相互争夺的对象。

（2）以场地资源占优的运营模式。

场地是体育培训服务的重要载体，是体育培训成本支出的重要项目，也是影响体育培训活动进行的重要因素。一个体育活动场地的软硬件设施情况，是消费者选择培训机构时所考虑的必然条件，其场地大小以及通风情况等都将直接影响到客户的服务体验。无论是采用租借的方式还是选择自建场馆，都要想方设法提高体育场馆的使用率。例如，对于篮球培训机构而言，场地就是基础和保障，除了要有符合国际篮联标准或小篮球比赛规则规定的比赛场地标准之外，上课时又必须保证每个学员都能够有足够的活动空间，没有一个宽阔的场地则是万万不可的。因此场地资源也成了影响体育培训机构发展的重要因素之一。

（3）以用户占优的运营模式。

用户是体育培训服务的对象，也是体育培训机构的利润源头，除师资、场地以外，用户或生源也是体育培训机构应该着重考虑的一个方面。体育培训机构主要为客户提供体育培训、装备销售、组织比赛等服务，通过广告投放、线下地推、赛事传播等方式直接与客户建立联系，吸引生源，有了稳定的生源才能确保机构平稳发展。

（4）以在线资源整合为主的运营模式。

互联网已经渗入到体育培训中的多个方面，体育场馆智慧管理系统、教务管理系统以及家校沟通系统等，都在帮助培训机构与家长之间建立更方便快捷的联系。培训企业通过App平台吸引商家和用户加入，以多种方式促进商家与用户在平台上交流，完成相关交易，同时，精准地将企业信息投放到市场，为培训机构吸引更多有需求的客户。家长也可以通过App软件了解孩子的课时情况及学习效果，在提供便捷的同时，能够让客户获得更好的消费体验，节省了更多的时间和沟通成本，同时也提高了机构的服务质量和效率。

3.体育培训业经营模式

（1）连锁经营。

连锁经营是当前体育培训业中最常见的一种商业组织形式和管理模

式，包括自由连锁、加盟连锁和直营连锁三种。当前国内的体育培训机构连锁品牌大多数形成区域化小型连锁。

（2）会员制。

培训机构一般采取预付费的会员制方式，客户先预付购买课程的费用，随后机构提供相应的课程及会员服务，通过会员制的方式维护与客户之间的关系，提高客户忠诚度。实施会员制的体育培训机构主要经营目标是会员续约，减少会员流失。

（3）个性化私教培训。

除普通大班课程外，体育课程培训还根据客户的需求以及实际情况设置私教和小班课程，私教课程能够有针对性地满足客户的需求，一对一地解决客户在教学过程中所出现的问题，做到个性化指导。一些体育培训机构为留住高水平的专业体育教练，往往采取全额分成私教模式，仅代收私教培训费用的税赋部分，其余部分全额分配给培训教练。该模式适用于游泳、健身、网球、篮球培训等对场地、设备要求较高的重资产的体育培训项目，能够实现机构与教练之间的双赢。

（4）在线体育培训。

线上体育培训项目App平台，帮助体育爱好者通过手机等设备在线上平台完成体育运动或打卡，教练在线上进行动作指导。同时，平台还提供体验课、场馆租赁以及体育比赛等多种服务。供需双方在平台上寻找自己需要的信息并达成交易，从而解决体育培训信息不对称的问题。

（5）线上线下互动。

将线上与线下体育培训相融合，打造线上流量加线下场景的体育培训服务，全产业链的创新模式。该运营模式主要通过线下体育培训机构与线上体育培训平台之间的整合融通实现。

（6）以赛代练。

将培训与比赛相结合，可以安排机构内学员进行比赛，也可以和其他培训机构之间互相交流以及参加社会组织举办的各类赛事。通过比赛检验训练效果，使整个体育培训过程更加完整，同时能提升机构品牌知名度。

（三）体育培训业发展现状及展望

1.体育培训业发展现状

体育培训业是体育服务业的重要组成部分。近年来，国家陆续出台了一系列与体育培训业相关的政策，旨在激发体育培训业的发展潜力。随着国民收入增长和全民健身国家战略的实施，我国进入体育消费需求持续增长和快速升级的重要阶段，居民体育消费呈现出明显升级，开始由传统实物性消费向参与性消费转变，越来越多的家长开始重视孩子的体能和体育训练。

2.体育培训业存在的问题

（1）体育培训市场有待规范。

2021年10月11日，国家体育总局办公厅印发的《关于做好课外体育培训行业服务监管工作的通知》中指出："提高站位，增强做好课外体育培训行业服务监管工作的责任感和紧迫感……充分认识当前做好课外体育培训服务监管工作的重大意义，科学谋划，快速行动，采取有效措施，促进课外体育培训行业健康有序发展，让体育更好地在青少年全面发展、健康成长中发挥作用……加强宣传引导，树立正确行业理念……广泛宣传体育对青少年全面发展和健康成长的综合价值，树立'健康第一'的舆论导向，坚决抵制'应试体育'思维，引导广大青少年学生和家长形成正确的体育观念。"[①]行业内部想要保持一个优质且充满活力的良性状态，需要所有体育培训参与人员共同来维护和执行，只有建立好体育培训市场的标准，且依据行业标准执行，家长和学员才会主动选择并愿意长久与机构建立良好关系。体育培训带给人们的应该是一个积极的、正向的概念，是帮助青少年获得知识技能以及素质养成的"工具"。特别对于处在青春期的孩子，学业压力大且学习环境单一，课外体育培训在一定程度上则起到了缓解学员压力、舒缓情绪的作用。青少年时期是习惯养成的重要阶段，积

① 国家体育总局.体育总局办公厅关于做好课外体育培训行业服务监管工作的通知[EB/OL].(2021-09-30)[2023-05-11].https://www.sport.gov.cn/n315/n20001395/c23605271/content.html.

极参加体育运动有助于青少年健康成长。

（2）体育培训服务质量标准化程度低。

“强化行业监管，促进行业规范有序发展……与教育行政部门共同遴选符合条件的青少年体育俱乐部，为中小学校提供课外体育培训服务；要配合市场监管等部门加强对课外体育培训预付费和招生行为的监管，坚决纠正虚假宣传、虚假折扣、‘焦虑营销’等行为，依法依规查处行业垄断行为；要加快出台规范促进体育培训行业发展的相关政策。”[①]体育培训作为一种服务产品，应保证其产品的服务质量，坚决纠正虚假宣传、虚假折扣、“焦虑营销”等行为。各体育培训机构应共同维护行业内的良性竞争，以确保将重心放在教学质量及客户服务等方面。

（3）体育培训专业人才和场馆资源不足。

人才和场馆是体育培训业最重要的资源，“各地体育行政部门要结合体教融合工作，支持体校教练员参与提供课外体育培训服务，积极推动兼职取薪政策落实……根据体育培训行业发展需要，加大教练员培训力度，畅通参加培训渠道，将职业道德教育、反兴奋剂教育等纳入培训内容”[②]。场馆资源不足也是制约体育培训机构发展的一个重要原因，没有场馆长久稳定的保障，如遇租期或出租方等原因，都会直接影响体育培训机构的正常运转。培训教练和场地资源匮乏也是未来一段时期我国体育培训业发展的瓶颈。

（4）体育培训认证体系缺乏。

目前，我国对于教练员资质水平及能力等方面的监督与管理还存在一定的不足。教练员技能水平认证与教练员等级认证应该作为教练员进入体育培训机构的准入门槛之一。另外，教练员以往的运动及学习经历也应作为入职考量的要素之一。这些经历能帮助他们在面对突发状况及教学问题

① 国家体育总局.体育总局办公厅关于做好课外体育培训行业服务监管工作的通知[EB/OL].(2021-09-30)[2023-05-11].https://www.sport.gov.cn/n315/n20001395/c23605271/content.html.

② 国家体育总局.体育总局办公厅关于做好课外体育培训行业服务监管工作的通知[EB/OL].(2021-09-30)[2023-05-11].https://www.sport.gov.cn/n315/n20001395/c23605271/content.html.

时，能够第一时间作出判断，并合理解决问题。相关部门也应完善认证体系，提升教练员资质以稳固体育培训行业的整体水平。

3.体育培训业发展趋势

（1）品牌化。

如今体育培训机构日益增多，各机构之间的竞争也愈发激烈，对此，要打造有特色的品牌及企业文化，充分显现体育培训的功能与地位，同时加强品牌之间的交流与互动。以品牌促发展，体育培训品牌化能够更加凸显出自身的价值。一个好的品牌能够让大家认识并得以推广，能够有效吸引客户，同时也有利于机构未来的长足发展。

（2）专业化。

专业化是影响体育培训质量的关键，也是我国体育培训行业走出“低质低效”的主要路径。我们应当吸纳、借鉴其他国家体育培训体系的经验，并结合我国的实际情况，实现培训过程的专业化和标准化。着力打造一批专业水平过硬的教练团队，同时做好教练的梯队培养，建设标准化课程体系，与竞技体育、学校体育相接轨，走专业化的道路，努力为我国体育事业培养优秀的后备力量。

（3）个性化。

“以人为本”是素质教育的根本属性，体育是素质教育的一个重要组成部分。我们要尊重人的发展，在体育培训的过程中充分考虑人的个体差异，切实了解并满足客户的根本需求，针对每个个体进行个性化的教学与指导，为其量身打造培训课程与方法，做到因材施教。

（4）网络化。

体育培训网络化的优势在于与传统体育培训服务相比，用户能够不受时间与空间的限制，利用网络媒介直接参与体育锻炼。近年来，各类健身App不断涌现，扮演着移动健身教练的角色，满足了大部分人在忙碌的工作中抽出零碎的时间进行体育锻炼的需求，使体育锻炼变得更为便捷。同时还能对自身的健身计划进行实时记录，养成周期性参与体育锻炼的好习惯。

（5）全产业链。

体育培训贯穿体育产业上下游，可提供体育产业全方位的服务。目前，体育培训机构不只是提供课程教学这一类，还积极拓展体育赛事、体育场馆、体育科技等领域，最终构建形成“培训+场馆+赛事+电商”的全产业链体系，这种多元化发展构成了线上和线下一站式的体育服务模式。全产业链布局的体育培训机构利用互联网技术，将多项业务有机联系起来，通过聚合线上和线下资源，让消费者享受到简单、有趣、多元的体育生活。

第三节 体育培训业案例教学设计

案例一 NYBO青少年篮球公开赛

一、案例描述

NYBO青少年篮球公开赛（National Youth Basketball Open）创办于2017年9月，在国家体育总局《青少年体育“十三五”规划》和中国篮协“小篮球规则”指导下应运而生，受到国家体育总局青少年体育司、中国篮球协会、中国中学生体育协会联合支持。赛事秉持“让不是校队的孩子也有正式比赛可打”的宗旨，通过每周末比赛、持续全年的赛事安排，为中国4～16岁的篮球少年搭建完备的业余篮球赛事体系。

NYBO坚持“每周一赛 见证成长”的赛事口号，并紧密贴合青少年生长发育特点及需求，按照参赛者年龄划分为U6、U8、U10、U12、U14、U16等组别，并针对各个成长阶段的特点，制定相应规则，使用相应型号的篮球及篮架。

自2017年9月在北京启动以来，NYBO目前已在北京、上海、广州、深圳、杭州、郑州、昆明、哈尔滨、长沙、沈阳、济南、西宁、合肥、南昌、南京、恩施、福州、乌鲁木齐、呼和浩特、贵阳等近100个城市及赛区落地，累计为超40000名喜爱篮球的青少年提供了近万场比赛，每周末邀约小伙伴参与NYBO比赛，已经成了无数篮球少年的固定行程。

2021—2022赛季中国人寿·NYBO青少年篮球公开赛全国总决赛在河南郑州拉开帷幕。本届全国总决赛，共有来自全国26个省区市的177支球队报名，参赛球员共1612人，覆盖U6、U8、U10、U12、U14五个年龄组别，于8月8日至8月14日在河南篮球协会训练基地进行为期7天的征战，赛事将分为两个赛段进行，预计1025场比赛。公开赛已经走过了五个赛季，累计覆盖到全国170余个赛区，为16万余名喜爱篮球的青少年提供了超过50000场赛事。报名参与NYBO赛事，已经成为数万青少年周末与假期必不可少的一部分。

NYBO青少年篮球公开赛全国总决赛是NYBO竞赛体系中规模最大、量级最重、水平最高的赛事。它不仅是一个高竞技水平、高规格服务的赛事平台，也是社会各界聚焦青少年篮球发展、献策献计的平台。该赛事将为我国各省市广大青少年球员提供良好的训练机会，让大家在比赛中得到锻炼，获得成长。

NYBO自创办以来，受到全国媒体的普遍关注，新华社、中央电视台、中国教育电视台、腾讯体育、各地电视台及主流媒体均对NYBO进行了持续报道。同时，NYBO通过官方抖音、微信、微博等传播平台，也汇集了近十万青少年篮球爱好者及家长人群，视频、图片曝光量过亿，赛事知名度与影响力日益增长。

NYBO自创办之初便获得社会各界的大力支持。中国人寿作为赛事的冠名赞助商，为参赛球员提供保险服务，解决家长、教练对小球员参赛的后顾之忧。与此同时，汤臣倍健、准者体育、斯伯丁、金陵体育、迈克达威等国内外知名品牌也从营养健康、专业器材装备等方面为赛事及参赛球员保驾护航。

国家体育总局青少年体育司一级巡视员、副司长王雷表示，体教融合对于青少年篮球来说是绝佳机遇，非常欣慰看到NYBO在市场化上的探索，期待看到更多社会力量举办像NYBO这样的社会化赛事，并一步步完成赛事升级，这样才能有助于中国篮球事业的整体发展。社会力量办赛将是大趋势，与政府办赛形成有效补充，让更多的孩子打得上比赛，以此丰富篮球的后备人才体系，让他们通过比赛圆自己的篮球梦。

相信未来，在各大赛区的支持与共同努力下，NYBO青少年篮球公开赛必将为更多的篮球少年们提供追梦的舞台，让每一个青少年在业余时间都能有机会登上赛场，去历练、成长，提升身体素质，培养对体育运动的兴趣与梦想，让全社会认识到体育对孩子成长的重要性，助力儿童青少年全方位成长，更好地成为我们国家和民族未来的建设者和接班人。

资料来源：整理自众辉国际体育管理有限公司官网。

二、案例的思政元素

1.中国式体育现代化

中国式现代化是中国共产党领导的社会主义现代化，既有各国现代化的共同特征，更有基于自己国情的中国特色。世界上既不存在固定的现代化模式，也不存在放之四海而皆准的现代化标准。中国篮球协会主席姚明在采访中表示，“小篮球”更符合青少年身体条件发展状况，其本身也是一种篮球运动，更适合不同年龄段的青少年。中国篮协经过认真地考量，针对青少年各年龄成长阶段的特点，制定出适用于他们的、不同于成人比赛的规则，使用相应型号的篮球及降低篮筐的高度等，在原有篮球样貌的基础上重新打造出了一个更加适合青少年特点的小篮球运动。在体育培训的领域中，小篮球找到了适合自身的发展方向。姚明进一步指出，希望有更多青少年朋友参与到这项运动中，这不仅是一种乐趣和游戏，更重要的是让年轻人从集体的球类比赛中体验团队的合作、个人的努力、成长的挫折等，有助于人格培养。小篮球运动带给孩子们的不仅仅是篮球运动本身，更是有利于他们良好习惯的塑造和良好性格的养成。

NYBO青少年篮球公开赛是国内青少年篮球培训的另一种体现形式，体育培训的呈现形式有很多，除了教学训练以外，参与学校或社会性质的比赛以及通过集训营的形式进行集中训练等都是对体育培训本身的一种延伸。而NYBO青少年篮球公开赛在国家体育总局的支持下，以及在促进全民健身及体教融合的政策指导下，通过社会力量吸引并支持青少年参加体育运动。青少年体育培训属于体育教育产业范畴，体育培训类机构可以以营利或公益为目的，主要要达到全面提升身体素质、技能掌握、中高考体育成绩提高三类目标。NYBO青少年篮球公开赛的参赛小球员多数来自各地区学校校队及青少年篮球培训机构。青少年体育培训高质量的发展，致力于通过多种方式增加青少年参与篮球运动的兴趣，为未来的中国篮球推广和人才培养作出贡献。此外，对于青少年参加体育运动及体质锻炼起到了至关重要的作用。

2.家庭、学校、社会三位一体培育青少年强健体魄的教育大格局

体育是教育的一部分。2020年，国家体育总局与教育部联合印发了《关于深化体教融合 促进青少年健康发展的意见》（以下简称《意见》），该《意见》指出："要认真贯彻落实习近平总书记关于体育强国建设的重要指示和全国教育大会精神……要规范社会体育组织。鼓励青少年体育俱乐部发展，建立社会体育俱乐部竞赛、训练和培训体系。教育部、体育总局共同制定社会体育俱乐部进入校园的准入标准，有条件的地方可向社会体育组织购买服务，为缺少体育师资的中小学校提供体育教学和教练服务。"[①]习近平总书记始终高度重视体育运动的发展，将体育与国家发展、民族振兴紧密联系在一起，多次强调体育是实现中国梦的重要内容，体育强则中国强，国运兴则体育兴。体育与教育相融合，学校与社会相结合，从体育培训的角度而言，需要不断提升师资能力以及赛事质量，为孩子们营造一个良好的、绿色的比赛氛围，共同促进学生体质的健康发展。

---

① 国家体育总局青少年体育司.国家体育总局、教育部联合印发《关于深化体教融合 促进青少年健康发展的意见》[EB/OL].(2020-09-22)[2023-05-11].https://www.sport.gov.cn/qss/n5014/c963895/content.html.

体育培训实现运动项目结构的优化创新，搭建起完善的教学研发体系、课程体系、教练培训体系、场馆体系，进一步推进青少年运动技能培训和赛事组织市场化。青少年体育竞赛赛事组织创新，未来政府会积极组织青少年体育赛事，学校也会组织趣味性体育赛事，社会力量也会组织新颖项目体育赛事，体育赛事体系将会更加完备。

三、案例使用说明

（一）教学用途与教学目标

1.教学用途

通过思政案例的引导，帮助学生认识体育培训的多种形式，了解体育在国家战略中的重要性以及对于全民体质健康的影响。其中，社会力量为青少年参加体育锻炼提供主要途径，只有将家庭、学校以及社会三者有效地结合起来，才能够实现教育的最佳效果。体教融合对于青少年儿童的全面发展至关重要。要改变过去人们对于体育的传统认知，明确体育始终是教育的重要组成部分，将体育这一大类更好地与教育相融合。而体育培训在其中扮演着关键的角色。

2.教学目标

（1）知识层面。

通过本课的学习，使学生了解体育培训业概念、功能及作用，理解运营主体之间的关系，清晰认知体育培训行业目前所存在的问题。

（2）能力层面。

通过本课的学习，引导学生掌握体育培训业运营模式，能判断体育培训机构间差异，能结合相关政策思考发展情况，促进其健康发展。

（3）素质层面。

培养学生促进体育事业健康发展的决心与意识，提高其理论与实践相结合的学习能力。

（二）案例讨论的准备工作

（1）学生课前整理“全民健身”“体教融合”等政策的相关文件，教师引导学生对文件中有关于“社会体育组织”的内容进行分组讨论。

（2）了解体育在国外的地位，以及体育在国家政治方面起到的作用。

（3）了解国外体教融合的实施方法，并分析我国与国外运行的体教融合之间存在哪些不同。

（三）启发思考题

（1）全民健身为什么会上升为国家战略？

（2）体育培训业如何为建设体育强国作出贡献？

（四）教学组织方式

计划用两个课时讲授完本节相关知识点后，引用案例讨论，计划安排1个课时（45分钟）。案例的教学组织安排如表10-2所示。

表10-2　教学组织安排

学习阶段	学习内容	时间限制	学习目标
课前	复习本章相关知识点,查阅并整理“全民健身”“体教融合”文件中与章节教学内容相关的部分,找寻其他通过社会力量举办的体育比赛的例子1~2个,寻找其共同点	提前3天	预习相关知识 熟悉案例背景
课中	教师介绍政府性质的比赛与社会性质比赛之间存在哪些区别 提出问题:国内外体教融合模式的对比	10分钟	充分了解案例中的关键点,引导学生进行分析
	学生分组针对问题进行讨论及各小组代表发言	30分钟	围绕案例主题切实分析,理论结合实际,内容充实全面

续 表

学习阶段	学习内容	时间限制	学习目标
课中	进行归纳总结,注意思政元素与体育培训业特点的结合,重点突出当今体育培训业在全民健身中的地位	5分钟	概括全面
课后	小组作业:社会力量如何办好一个高质量、人民满意的体育比赛	下次课前上交作业	主动思考,有效结合本章知识点,学以致用

(五)总结

本案例以NYBO青少年篮球公开赛为背景。该赛事由国家体育总局青少年体育司、中国篮球协会以及中国中学生体育协会联合支持，致力于为非校队的孩子提供参加篮球比赛的机会，通过富有激情、组织有序的赛事，吸引更多的青少年群体参加到篮球运动和比赛中来。这在一定程度上扩大了参与篮球培训的人群基数，充分体现了“健康第一”“体教融合”以及“全民健身”等近年来与体育培训业相关的政策文件精神。儿童青少年体育健康促进政策的落地实施需要整合多方资源、发挥不同利益攸关方的力量，加强政策制定与政策落实之间的有效衔接，真正做到将国家政策“内化于心，外化于行”。目前体育培训业面临的新发展形势，除了基本的体育教学训练以外，还通过社会力量举办各类相关赛事及活动，使各个项目体育培训业的体系更加完备，强有力地发挥出体育培训业最核心的功能与价值。通过案例，以青少年篮球比赛作为切入点，“培训+赛事”的体育培训新模式，值得其他体育培训项目借鉴，为体育培训业指明了新的发展方向。

案例二 中老年瑜伽线上培训受追捧

一、案例描述

瑜伽作为新兴的健身项目，越来越受到广大健身爱好者的青睐。瑜伽属于静态拉伸为主的有氧运动，具有动作和缓、呼吸平和、渐次到位的运动特质，特别适宜中老年人锻炼。日前，安徽省老年人体育协会联合安徽省健身瑜伽协会，邀请国家体育总局社体中心审定的《健身瑜伽体位标准（试行）》主要执笔团队，针对中老年人群生理心理状况，将原有健身瑜伽体位标准难度整体降低，遵循“循序渐进、全面均衡、安全有效”的原则，重新创编了《中老年瑜伽体位标准（草稿）》(以下简称《标准》)。

中国老年人体育协会副主席李有林表示，希望通过不断修改完善中老年瑜伽的体式标准，确保《标准》具有安全性、指导性、操作性和科学性。

近日，由中国老年人体协主办，各级老年人体协承办，安徽省老年人体协协办，安徽省健身瑜伽协会、安徽省老年人体协瑜伽专项委员会等执行的2022年全国老年人科学健身技能（中老年瑜伽）线上培训如期启动。

中国老年人体育协会相关负责人介绍，本次中老年瑜伽线上培训是协会支持推广的健身项目，也是第一次面向全国老年体育健身爱好者进行的线上培训。各地老年人体育协会非常重视，许多地方老年人体育协会领导报名参加培训，吸引了全国各省、自治区、直辖市的2000多名老年健身爱好者报名参加。

在连续三天的线上直播教学过程中，安徽省健身瑜伽协会培训导师团骨干成员、安徽省老年人体协瑜伽专委会技术部副部长、中国健身瑜伽六段、中国健身瑜伽高级教练员李红芳针对许多第一次接触瑜伽的老年朋友，从零基础开始教学，循序渐进，从最简单的动作开始，教会大家熟练掌握瑜伽基础呼吸、提前做好身体小关节热身。李红芳说：“我经常提醒大家，锻炼不能有攀比心理，要量力而行。老年朋友练习瑜伽应以健身的简单动作为主，真正做到科学健身。”

培训结束后，线上学习交流群依然在为中老年瑜伽爱好者服务，授课老师和工作人员及时在线上解答大家提出的问题，继续传播科学练习瑜伽的方法。广大老年朋友纷纷表示，虽然是第一次接触瑜伽运动，但是通过这次线上培训大家受益匪浅，也喜欢上这项时尚的健身项目，改变了以往老年人不适合练瑜伽的观念。

资料来源：冯蕾，中老年瑜伽线上培训受追捧，中国体育报，2022-07-19(5)，有改动。

二、案例的思政元素

1.关爱老年人，老有所养

党的二十大报告提出："深入贯彻以人民为中心的发展思想，在幼有所育、学有所教、劳有所得、病有所医、老有所养、住有所居、弱有所扶上持续用力，人民生活全方位改善。"①报告中还明确了全体老年人享有基本养老服务的任务目标，指明了要发展养老事业与养老产业，实施积极应对人口老龄化国家战略。老年人参加体育运动有利于过上健康生活，推行健康生活方式，减少疾病的发生。良好的健康状况有利于老年人延续成年期的生活方式，也有助于减轻整个社会的养老负担，缓解医疗资源总量不足的压力，为经济发展提供保障。通过线上瑜伽培训的方式引导中老年人加强身体锻炼，推进中老年群体参与全民健身运动，实现中老年体育培训普及化。敬老爱老是中华民族的传统美德。我国已经进入老龄社会，让老年人老有所养、生活幸福、健康长寿是我们的共同愿望。

2.贯彻新发展理念，推动构建新发展格局

在全民健身和健康中国等国家战略深入推进下，大众健身消费意识普遍增强，体育培训业具有较为广阔的市场发展空间。在数字经济时代，探索体育培训业数字化转型发展，能够有效规避线下体育培训带来的运行不畅。近年来，各大健身培训机构开始尝试线上与线下相结合的培训新模式。通过互联网进行线上体育锻炼，可以轻松实现随时随地运动；借助线上体育培训平台进行锻炼，是体育培训未来发展的必然结果。《"十四五"体育发展规划》中指出，要推动全民健身智慧化发展。推进"互联网+健

① 习近平.高举中国特色社会主义伟大旗帜 为全面建设社会主义现代化国家而团结奋斗：在中国共产党第二十次全国代表大会上的报告[M].北京：人民出版社，2022:10.

身”“物联网+健身”，大力推广居家健身和全民健身网络赛事活动。创建涵盖全民健身群众组织、场地设施、赛事活动、健身指导、器材装备等内容的数字化全民健身服务平台，创新全民健身公共服务模式。同时，引导体育培训企业创新“互联网+培训”模式，持续提高人民群众体育运动技能和水平。依托数字信息平台，建立互联网课程，提供线上课程学习、教练指导、负荷监控等功能，一方面能够为消费者提供优质的教学服务，另一方面也为培训机构节约了成本，能够为消费者带来线上+线下体育培训新体验。

三、案例使用说明

（一）教学用途与教学目标

1.教学用途

以老有所养以及发展养老事业与养老产业为话题，结合案例中采用创新的互联网线上培训新理念，吸引部分中老年群体尝试接受新兴的教学模式，推动全民健身的智慧化发展。

2.教学目标

（1）知识层面。

通过本课的学习，使学生了解体育培训业的分类，并基本理解线上运动健身平台的运营方式。

（2）能力层面。

通过本课的学习，使学生充分理解体育培训业的经营模式，基本理解线上与线下体育融合的途径。

（3）素质层面。

继承并弘扬尊老爱老的中华民族传统美德，引导学生树立正确、积极的人生观和价值观。

（二）案例讨论的准备工作

（1）学生课前搜索并下载体验2～3个线上运动健身App，并总结其功能与利弊。

（2）结合教材内容，对体育培训业所涵盖的领域进行分类，并举例说明。

（3）列举出不同年龄阶段人群适宜参与的体育锻炼项目。

（三）启发思考题

（1）“互联网+体育”培训的优势有哪些？存在哪些弊端？二者应如何有效融合？

（2）我国传统体育培训项目与新兴体育培训项目的发展方向是什么？

（四）教学组织方式

计划用两个课时讲授完本节相关知识点后，引用案例讨论，计划安排1个课时（45分钟）。案例的教学组织安排如表10-3所示。

表10-3　教学组织安排

学习阶段	学习内容	时间限制	学习目标
课前	复习本章相关知识点，体验线上运动健身App；结合教材并查阅资料，找出除体育培训机构或专项体育技能培训以外的体育培训业类别	提前3天	预习相关知识 熟悉案例背景
课中	教师介绍“互联网+体育”概念	10分钟	充分了解案例中的关键点，引导学生进行分析
	学生介绍线上运动健身App使用心得并分析与线下运动健身培训的区别	30分钟	围绕案例主题切实分析，理论结合实际，内容充实全面

续 表

学习阶段	学习内容	时间限制	学习目标
课中	教师引导学生分析体育培训业类别	5分钟	结合教材,注重引导与分类
课后	参与线上体育运动App跟练	5次	主动思考,有效结合本章知识点,学以致用

（五）总结

本案例以新兴健身项目——中老年线上瑜伽培训为例，体现出参与体育培训的受众群体与培训方式的多样化。瑜伽培训项目在健身培训市场中极为普遍，但主要受众群体为中青年女性。在本案例中，参与人群的变化及线上培训的新模式充分展现了体育培训业在全民健身中的地位，且在不断创新与发展的进程之中。在实际教学中，可以结合教材中“体育培训业的经营模式与发展趋势”这一部分内容进行分析，引导学生自主探寻符合当前时代下体育培训市场的新模式，同时以中老年群体作为对象，找寻其他针对该群体的运动方式，将体育运动带入各个不同年龄段人群的日常生活当中。创新是引领发展的第一动力，只有根据当前社会环境不断地进行改变与创新，才能更好地适应社会的发展潮流。线上与线下结合的教学与营销模式，今后必将成为体育培训行业中的主流，为体育培训提供更多的可能。

第十一章　体育用品业思政教学设计

体育用品业是体育产业的重要组成部分。随着我国体育产业的快速发展，中国作为体育用品业大国在世界范围内的作用日益凸显。“十四五”时期，体育在迈向全面建成社会主义现代化强国新征程中的地位更加凸显，体育用品业正发生着深刻且复杂的变化。

本章凝练出四个课程思政元素，帮助学生认清体育用品业面临的机遇和挑战，以经济全球化的眼光看待体育用品业的发展，并能运用相关理论知识提出相应对策。本章的知识点分为三个部分，首先讲述了体育用品业的基本概念、分类；其次讲述了国内外体育用品业的特点及发展历程，使学生对该行业的基础知识有充分的了解和掌握；最后分析我国体育用品业面临的问题和解决措施，使学生认识到该领域的最新发展动向，能够将行业现状与国家发展方向结合起来。

本章引入安踏品牌发展战略和中国体育服务贸易发展报告两个典型案例，结合我国社会主义国家建设情况和经济发展情况，运用马克思主义政治经济学理论对案例现象进行分析讨论。将专业知识与课程思政元素结合起来，能更好地引导同学们正确认识体育产业发展实际。

第一节 体育用品业思政元素分析

“专业知识”与“思政元素”的融合能够使学生更加深刻地了解体育用品业发展的状况。因此，我们有必要在讲述体育用品业知识时，结合我国国民经济发展现实情况，运用马克思主义政治经济学理论对各种现象进行分析讨论。全面贯彻党的教育方针，落实立德树人根本任务，培养德智体美劳全面发展的社会主义建设者和接班人，更好地引导同学们正确认识体育产业发展实际。教学过程中总结出以下四点思政元素。

一、体育强国建设推动体育产业发展

体育产业作为快速崛起的新兴产业，其绿色、环保等产业特点与我国新时代大力提倡高质量的经济产业战略相吻合，体育产业在国民经济发展和经济强国建设中的作用和价值越来越凸显。《体育强国建设纲要》提出：“明确体育强国建设的目标、任务及措施，充分发挥体育在全面建设社会主义现代化国家新征程中的重要作用。”①党的二十大提出：“促进群众体育和竞技体育全面发展，加快建设体育强国。”②这对我国体育事业的发展起到了高位引领的重要指导作用。推动体育产业成为国民经济支柱性产业，既是体育强国的主要目标，也是建成体育强国的标志性事件之一。作为体育产业的后备人才，我们更应该把体育强国建设融入国民经济和社会发展的总体布局之中，促进体育产业的快速发展，促进经济发展。

① 国务院办公厅.体育强国建设纲要[EB/OL].(2019-09-02)[2023-07-15].https://www.gov.cn/zhengce/zhengceku/2019-09/02/content_5426485.htm.

② 习近平.高举中国特色社会主义伟大旗帜 为全面建设社会主义现代化国家而团结奋斗：在中国共产党第二十次全国代表大会上的报告[M].北京：人民出版社，2022：45.

二、供给侧结构性改革

目前，我国的体育用品制造业规模在全球处于领先位置，是制造大国却不是制造强国。这就要求我国的体育用品业应以质量为核心，加大研发投入，带动企业科技创新和技术进步，从而推动我国体育用品业供给侧的结构优化和转型升级。国家在供给侧层面上制定了一系列推动体育产业发展的文件，如《关于加快发展体育产业促进体育消费的若干意见》《关于促进全民健身和体育消费推动体育产业高质量发展的意见》等，推进体育赛事中的高科技应用，以数字化赋能体育产业发展。近年来，我国积极发展智能体育制造业，取得多方面成就。积极推动人工智能、物联网、区块链等新兴技术在体育制造领域的应用，引导体育场馆智能升级；引导资金、人才、资源等市场要素进入体育产业领域，增加体育用品制造业供给；通过创新驱动发展战略引导体育用品企业加大产品与服务创新研发力度；出台税收优惠政策扶持创新活动，助力企业供给质量提升。

三、实现中国智造与中国创造

品牌竞争成为体育企业竞争中重要的因素。我国的体育用品公司在相对较小的、低附加值的产品中扮演重要角色，而国外公司掌握着核心技术和市场。制造业在推进供给侧结构调整、转型升级中发挥着重要的基础性作用，是提高我国科技和产业创新能力的主战场，也是建设现代化强国的重要产业基石。

现代科技创新强国无一不是制造强国。党的十八大提出“两个一百年”奋斗目标，确立了创新驱动发展战略。《质量强国建设纲要》提出：“到2025年，质量整体水平进一步全面提高，中国品牌影响力稳步提升，人民群众质量获得感、满意度明显增强，质量推动经济社会发展的作用更加突出，质量强国建设取得阶段性成效。”“推动中国制造向中国创造转变、中国速度向中国质量转变、中国产品向中国品牌转变，坚定不移推进质量强国建设。”①

四、推动体育产业绿色发展

中国式现代化，是人与自然和谐共生的现代化。立足新发展阶段，我国体育产业面临新的发展形势。党的二十大提出：“我们坚持可持续发展，坚持节约优先、保护优先、自然恢复为主的方针，像保护眼睛一样保护自然和生态环境，坚定不移走生产发展、生活富裕、生态良好的文明发展道路，实现中华民族永续发展。”②

当前，世界经济发展正面临着严峻的挑战，促进经济发展的“绿色”转变已成为必然。体育产业是我国现代服务业中的一个重要组成部分，也是促进我国经济发展的一支重要力量。将绿色技术运用到生产流程中，将绿色技术与绿色发展理念相结合，从而为企业创造社会效益和经济效益，并在产品研发过程中重点关注绿色文化、绿色产品、绿色研发。绿色技术创新将为我国制造业在全球范围内的竞争提供机会。

---

① 国家发展和改革委员会.质量强国建设纲要[EB/OL].(2023-02-17)[2023-05-25].https://www.ndrc.gov.cn/fggz/cyfz/zcyfz/202302/t20230217_1348911.html.

② 习近平.高举中国特色社会主义伟大旗帜 为全面建设社会主义现代化国家而团结奋斗：在中国共产党第二十次全国代表大会上的报告[M].北京：人民出版社，2022：23.

第二节　体育用品业理论教学设计

一、教学目标

1.知识目标

（1）掌握体育用品业的基本概念和分类。

（2）了解我国体育用品特点和发展历程。

（3）分析我国体育用品业面临的问题及解决方法。

2.能力目标

（1）通过课前准备工作，锻炼学生发现热点和自主学习的能力。

（2）通过课堂学习，锻炼学生掌握知识、独立思考、沟通协作的能力。

（3）通过案例探讨，培养学生发现问题，解决问题，总结知识的综合学习能力。

3.价值目标

（1）通过对体育用品业知识的学习，培养学生用宏观、发展的眼光看待体育产业发展动向，自觉关注体育热点和国家政策。

（2）重视专业知识与思政元素的结合，结合中国特色社会主义体育发展的时代背景，探索新时代体育用品业现状以及发展规划，充分认识到体育用品业未来的发展机遇和挑战。

二、教学内容分析

1.教学内容

（1）体育用品业概述：体育用品业的概念，体育用品业的分类，国内外体育用品业的发展历程。

（2）体育用品业发展现状：结构现状及问题，优化方案及解决措施。

（3）体育用品的品牌营销：体育品牌的营销策略，本土体育品牌的发展现状。

（4）中国体育服务贸易：贸易结构，进出口现状，影响因素及发展趋势。

2.教学重点

（1）掌握体育用品业基本概念和分类。

（2）掌握体育用品业的发展现状、存在问题及优化方案。

（3）了解体育用品企业的品牌营销、品牌策略。

（4）了解我国体育服务贸易的结构以及面临的挑战。

3.教学难点

（1）课程思政和经济发展元素与专业知识融合渗透，引入“体育强国建设”“高质量发展”“新发展格局”等重要观点，引导学生学习专业知识的同时用宏观、发展的眼光看待体育用品业发展实际。

（2）培育爱国情操，结合中国体育用品业发展现状，把“爱国情、强国志、报国行”自觉地融入中国特色社会主义事业，培养优秀的体育产业人才。

三、教学手段与方法

1.与时俱进的案例教学

教学中引入典型的体育用品发展案例，通过“经典案例+最新事件”让学生时刻感受到体育产业的发展动向并能够分析出其中所蕴含的课程思政元素。

2.问答式教学

在核心知识的讲授过程中，老师给学生提出开放性的问题，倾听学生的答案和思路，再深刻地总结问题。培养学生独立思考、分析、逻辑思维的能力，提高对核心问题的认识。

3.分组讨论教学

根据教学核心问题，学生自由组合分组讨论，选代表上台做案例分析报告，台下同学提出问题，小组同学解答。调动学生的课堂积极性和参与热情，激发学习兴趣，锻炼语言表达能力和逻辑思维能力。

四、思政要点设计和教学过程（表11-1）

表11-1 思政要点设计

知识点	教学内容	思政元素
体育用品业概述	体育用品业的概念和分类	在深入学习本章知识和思政元素前，要先对体育用品业的基本概念和分类有明确的认知。培养学生循序渐进、稳扎稳打的学习态度，为后续知识点植入打下良好的基础
	国内外体育用品业发展历程	通过对比国内外体育用品业的发展状况，使学生认识到十一届三中全会、改革开放及相关大政方针政策促进了国内体育用品业的快速发展。近年来，体育强国建设进一步明确体育产业的重要性，对我国体育事业的发展起到了高位引领的重要指导作用
体育用品业的发展现状与优化	发展现状及问题	帮助学生正确认识现阶段体育用品业存在的突出问题，主动探究“制造大国”向“制造强国”转变的路径，引入供给侧结构性改革等重要概念
	优化方案及解决措施	1.让学生认识到制造业在推进供给侧结构调整、转型升级中重要的基础性作用 2.引导学生认识思考创新驱动发展战略，明确制造业是提高我国科技和产业创新能力的主战场，也是建设现代化强国的重要产业基石 3.体育产业是促进我国经济发展的重要力量。推进科技创新及绿色转型有助于让中国品牌“走出去”，为我国制造业在全球范围内的竞争提供机会

（一）体育用品业概述

1.体育用品业的概念

（1）狭义上可界定为：专门用于体育运动并符合运动项目规则的特殊消费品。它主要用于竞技体育中的运动竞赛、运动训练。它的设计制造从体育运动的实际出发，其结构性能符合运动项目的特点与技术的要求，有利于运动成绩的提高和运动项目自身的发展。

（2）广义上可界定为：主要用于体育活动并符合体育活动要求的一种特殊消费品的总称。包括体育竞赛、运动训练、健身休闲以及体育教学等体育活动中所使用的各种体育用品。

2.体育用品的分类

依据体育用品的特有属性和特征以及体育用品生产经营管理的实践，体育用品的分类主要有以下几种。

（1）依据国家《体育用品的分类》标准，体育用品可分为运动服装、运动鞋、运动器材、个人运动防护用品、体育辅助用品、运动食品及饮料和体育出版物等7大类。

（2）世界体育用品联合会、欧洲体育用品联合会等国际体育用品组织将体育用品分为：体育器材、运动鞋、运动服装3大类。

（3）依据国际标准分类法（简称ICS），体育用品（运动设备和设施）分为冬季运动设备、室内运动设备、室外和水上运动设备、其他运动设备和设施4大类。

3.国内外体育用品业发展历程

（1）国外体育用品业的发展：国外体育用品行业在世界体育用品市场上占有很大的比重，并在品牌塑造和国际竞争力方面具有较大优势。随着工业化进程的加快，发达国家体育用品企业开始关注创新发展，逐步加强技术创新投入。法国迪卡依公司是法国第三大的产品开发与设计中心，它每年设计的新产品超过4000种，包括60多类的体育产品。美国的耐克在1980年销售额已经达到2.69亿美元，技术创新已成为耐克企业发展的主要推动力。产业发展由同质化向技术资本创新转变已经成为发达国家体育产业实现跨越式发展的重要引擎，美国等西方国家在新技术、新产品领域发挥了巨大的创新作用，大力发展高附加值体育产品，逐步占领了世界体育产业的最前端。

（2）国内体育用品业的发展主要分为以下阶段：

起步阶段（1949—1978年）。新中国成立之初，中国共产党和国家就着手建立我国人民体育体制和机制，以发展体育、提高国民体质为目标，大力开展全民健身活动。企事业单位、各类学校对运动器材的需求量急剧增加，运动器材企业的数量、规模也随之增加。在此期间，我国体育产品存在规格单一、标准不统一、质量不高等问题，还没有形成成熟的体育产品市场。

起飞阶段（1979—1992年）。十一届三中全会之后，中国确立了以经济建设为中心的大政方针，进入了改革开放的新阶段。这一时期，体育事业迅猛发展，人民生活水平迅速提高，全社会对体育用品的需求也有了快速增长，我国体育产品进入了以满足个人体育产品消费需求为主的阶段。运动产品的生产、销售企业的数量也在迅速增长，成为世界上最大的运动产品加工基地。然而，我国的运动器材制造企业的规模普遍较小，企业整体素质较差，具有自主设计和开发能力的企业更是少之又少。

稳步发展阶段（1993年至今）。邓小平同志南方谈话之后，中国的改革开放进入了又一个快速发展期。我国的体育用品行业开始稳步、快速、健康地发展。体育用品的消费需求和供应能力提高，运动产品品种丰富、规格多样、质量显著提高。国外知名品牌进驻中国，我国的运动产品出口增加。欧美地区的中低档运动服装、鞋帽、护具、运动装备等产品的市场占有率持续上升，这改善了整个产业对进口的依赖性。

近年来，随着“两个一百年”奋斗目标的推进、经济的快速增长，国家颁布了一系列文件，把我国体育产业的发展提升到一个新的高度。截至2021年，全国体育产业总规模（总产出）为31175亿元，增加值为12245亿元。其中体育用品及相关产品制造增加值为3433亿元，占体育产业增加值的比重为28%。前有国家政策的大力支持，后有经济实力的强大支撑。

（二）体育用品业的发展现状及优化

1.发展现状及问题

（1）中低档产品较多，自主开发的产品少。从我国体育用品工业的总体情况来看，运动鞋产业已经达到了国际先进水平，运动服饰属于中游，普通体育器材和大众健身器械的品质较低，比赛专用器械与体育科研专用器械的差距最大，很多方面仍是一片空白。

（2）品牌建设滞后。中国体育用品拥有自主产权的国内品牌较少，把材料打样加工、定制标签生产当成主要任务，净创汇能力低。

（3）亟须转型升级。我国的体育产品产业结构不合理，发展不平衡。整个行业企业数量多、集中度低，企业规模仍然偏小，质量档次低，生产技术、工艺相对落后，企业缺乏生产技术创新和发展能力，缺乏自主产权，品牌竞争力弱。

2.优化方案及解决措施

（1）供给侧改革，实现供需均衡。为解决当前体育用品制造业的供需矛盾、保障资源有效供给，需要发挥政府宏观调控的“有形之手”。政府要做到简政放权，对体育用品制造业实行减税让利政策；降低体育用品技术研究企业的税收负担。对一些低端的中小型体育用品制造企业实施优胜劣汰、兼并重组，有效化解产能过剩。

（2）重视研发创新。目前，国内企业纷纷建立了自己的研发机构，如李宁公司在佛山、香港、北京以及美国俄勒冈州建立了设计研发中心；安踏创建了中国首家运动科学实验室，并通过国家发改委审核认定为“国家级企业技术中心”。企业通过建立研发机构，提升了自我创新能力，拥有自主知识产权的体育用品产业，将会逐渐从劳动密集、出口加工型向技术密集、品牌效益型转变。

第三节　体育用品业案例教学设计

案例一　安踏：体育营销的品牌乾坤

一、案例描述

随着对2022年冬奥会项目比赛的热议，国家队运动健儿们的制服装备也引起了国人的热烈讨论，安踏也走进了更多人的视野，成为中国体育用品业的“一哥”。据安踏体育发布的2021年财报信息显示，多项业务表现均超市场预期。安踏2021年收益同比增加38.9%，连续八年保持稳健增长；经营利润同比增加20.1%，盈利指标创下新高；自由现金流入同比增加56.5%，资金充沛稳健。财报显示，安踏（ANTA）与斐乐（FILA）两大主力品牌收入均达到200亿级别，形成两大增长引擎双轮驱动。放眼全球体育用品行业，目前同时拥有两个收入30亿美元以上品牌的企业，只有安踏集团和威富VF集团。安踏直营运营的品牌斐乐、迪桑特（DESCENTE）和可隆体育（KOLON SPORTS）等涨势明显，这跟安踏近些年采取“单聚焦、多品牌、全渠道”的发展战略有着密切关系。收购斐乐以后，安踏对斐乐进行了重新定位和运营，将其在中国定位成时尚中高端品牌，与安踏主品牌形成了互补协同效应。2015年，安踏完成对英国户外休闲、登山运动品牌斯潘迪（SPRANDI）的收购；2016年，安踏成立合资公司，开始在中国经营迪桑特业务；2017年，安踏成立合资公司在中国经营可隆体育业务。2019年，安踏完成对亚玛芬体育（AMER SPORTS）的收购，它的旗下有始祖鸟、威尔胜、阿托米克等优质高端运动品牌。2021年，安踏集团财报的发布，展示了这一系列收购行动的成果。斐乐收入同比增长25.1%，达218.2亿，其他品牌收入同比上升51.1%，达34.9亿。以迪桑特、可隆体育为代表的户外品牌群，作为集团面向未来的第三增长曲线强势崛起，充分验证了集团多品牌孵化运营能力和提前布局小众市场细分赛道战略的成功。与此同时，安踏集团2021年国内运动鞋服市场份额（市场占有率）同比上涨了1个百分点至16.2%。市场份额方面，安踏集团排名由第3位上升至第2位，超越阿迪达斯（14.8%），与耐克的差距进一步缩小。2022年，安踏与奥运IP的深度联动，发布了独有的北京冬奥会特许国旗款运动装备，更开设了国旗款商品独立店，这份其他国产运动品牌没有的荣誉与权威，助力安踏以国牌代表的身份走上世界舞台。天猫平台数据显示，安踏集团2021年1—7月线上总流水排名居体育用品企业第一名。此前，由“懒熊体育”与“数字品牌榜”联合发布的“北京冬奥会品牌营销榜”显示，安踏（ANTA）在冬奥营销周期的品牌数字价值超越所有跨行业品牌位居榜首，斐乐与迪桑特也分别上榜。TOP10品牌中两个运动品牌均出自安踏集团麾下。该榜单通过分析各类型中文媒体上奥运相关品牌的传播度、参与度和好感度，对品牌的数字价值（即用户占有率）进行排名，具有权威性。

资料来源：裴瑾，张景云，安踏：体育营销的品牌乾坤，企业管理，2022年第8期，有改动。

二、案例的思政元素

1.体育企业数字化转型，助力数字中国建设

安踏能脱颖而出成为本土品牌的领导者，关键在于企业的数字化转型和优化升级。大数据作为一种新型市场化生产要素，是数字经济时代发展中的基础性、战略性资源。从“十三五”规划到“十四五”规划的相关部署中，从简单的“以信息化带动工业化”拓展为“数字经济与制造业、服务业深度融合，持续推进产业数字化”，为体育企业数字化转型提供了更为清晰的思路和战略导向。

安踏体育企业发展战略由“单聚焦、多品牌、全渠道”提升至“协同

孵化、价值零售、国际化”，2020年转型为“重构思维，高质量增长”，开展真正以用户为中心的经营策略。零售体系数字化、供应链和物流体系数字化及管理决策数字化的实现，则帮助安踏集团大大提高了企业经营的效率。

2.建设民族体育品牌，提升国际竞争力

国家发展改革委等七部门发布的《关于新时代推进品牌建设的指导意见》提出："开展中国品牌创建行动，推动中国制造向中国创造转变、中国速度向中国质量转变、中国产品向中国品牌转变。"①安踏自2007年上市后逐步完成由过去的产品生产企业向现在的品牌驱动企业的转型。未来10年，安踏计划进一步升级全球创新研发平台。从2009年开始到2022年北京冬奥会，安踏已经连续多年与中国奥委会合作，累计为28支中国国家队打造比赛装备。这让安踏成为代表中国体育、中国精神的高品质形象，造就了安踏如今在中国市场的领导者地位。

3.科技创新彰显综合国力

科学技术是第一生产力。习近平总书记强调："必须坚持科技是第一生产力、人才是第一资源、创新是第一动力，深入实施科教兴国战略、人才强国战略、创新驱动发展战略，开辟发展新领域新赛道，不断塑造发展新动能新优势。"②

对于体育品牌来说，能赢得国际竞争的最重要因素还是科技。对于安踏品牌以及国内体育品牌来说，想要做大做强，归根结底由自身科技创新能力决定。最近两年，安踏接连推出氮科技、冰肤科技、炽热科技加持的安踏体育科技。2022年北京冬奥会中，借助科技的力量，安踏见证了中国队赢得每一枚金牌的闪耀时刻。

---

① 中国政府网.七部门：开展中国品牌创建行动 推动中国产品向中国品牌转变[EB/OL].(2022-08-25)[2023-05-25].http://www.gov.cn/xinwen/2022-08/25/content_5706853.htm.

② 习近平.高举中国特色社会主义伟大旗帜 为全面建设社会主义现代化国家而团结奋斗：在中国共产党第二十次全国代表大会上的报告[M].北京：人民出版社，2022：33.

三、案例使用说明

（一）教学用途与教学目标

1. 教学用途

本案例适用于“体育用品业”章节的教学，以典型的安踏品牌发展案例，培养学生对本土体育品牌发展的综合认知。

2. 教学目标

（1）知识层面。

了解安踏品牌的发展历程和品牌营销模式。

了解本土体育品牌的发展规划和发展前景。

（2）能力层面。

通过对案例的学习，增强逻辑思维能力、系统分析问题能力，养成学生关注本土体育品牌发展现状的习惯，帮助学生在学习知识的同时体会品牌的核心内在元素和发展历程，弘扬青年人爱国主义精神和社会主义核心价值观。

（二）案例讨论的准备工作

（1）预习体育品牌相关理论和知识，了解中国安踏品牌。

（2）了解体育品牌营销的主要策略。

（三）案例分析要点

1. 启发思考题

（1）结合案例，探讨安踏品牌能够在国际竞争中成功的主要因素。

（2）结合案例，尝试提出国内体育用品企业的优化和发展对策。

2. 分析思路

（1）结合案例，探讨安踏品牌能够在品牌竞争中成功的主要因素。

安踏集团在品牌建设过程中，面对不确定的经营环境，坚持战略驱动，通过动态管理和科学经营，保持了企业活力、呈现出企业特色。在企业管理和品牌营销方面，针对消费群体以及大型赛事进行产品科技研发及创新，实现了奥运资产品牌价值的沉淀与转化；实现了多品牌战略促进协同增长，斐乐、迪桑特、可隆体育抓住市场新趋势，强化品牌高端定位，带动业务快速增长；运用数字化赋能全价值链，通过多品牌管理协同、多品牌人才输送、多品牌创新价值链三大平台，形成三条增长曲线的矩阵增长模式，实现高质量增长，努力成为世界领先的多品牌体育用品集团。

（2）结合案例，尝试提出新时代国内体育用品企业的优化和发展对策。

体育用品企业以及相关制造商应当围绕生产技术、顾客参与、品牌文化、人才培养等方面落实规划。加大科技创新力度，推动产品的智能化发展；凸显品牌个性，提高品牌市场识别度；深入发展高端市场，加强品牌国际化运营策略；关注细分消费市场，满足多种消费需求；提升服务质量，维护消费者利益及品牌忠诚度；加强专业人才培养，提升企业团队素质。

3.教学组织安排

案例的教学组织安排如表11-2所示，共计教学时长45分钟。

表11-2　教学组织安排

学习阶段	学习内容	时间限制	学习目标
课前	要求学生提前预习课本知识，了解安踏品牌	提前两天	熟悉案例背景
课中	教师展示案例PPT和与案例相关的资料	10分钟	进一步熟悉案例情况
	教师介绍与案例相关的思政元素	10分钟	学生了解与案例相关的思政理论
	运用所学的知识和思政元素，分组讨论案例问题	5分钟	用理论知识分析问题，准备课堂发言

续 表

学习阶段	学习内容	时间限制	学习目标
课中	随机抽取两个小组进行发言	时间控制在20分钟	理论结合实际,归纳总结
课后	学生继续关注体育用品业的发展状况		增加记忆,巩固知识

(四)总结

安踏作为本土运动品牌行业的领军者，对我国的体育用品业发展具有突出贡献。案例通过对安踏的品牌营收数据、各阶段发展战略的阐述，培养学生对体育用品品牌营销策略、品牌创新升级手段的认知，培养同学们对民族品牌的信心、对中华优秀传统文化的高度认可，从而把爱国主义精神融入专业知识的学习中。

案例二　2021年中国体育服务贸易发展报告

一、案例描述

《2021年中国体育服务贸易发展报告》全面展示了2021年中国体育服务贸易主要领域所取得的各项成果。为充分聚焦相关内容，本报告将职业体育竞赛表演、体育赛事赞助、体育赛事版权交易、互联网体育服务、体育旅游等作为主要体育服务贸易领域开展研究与分析。

职业体育竞赛表演：受疫情影响，2021年国外体育组织未来华进行职业体育竞赛表演活动，但有部分国内队伍和运动员参加了在国外举行的职业体育竞赛表演活动。综合数据显示，2021年职业体育竞赛表演类服务贸易进口总额13.9亿元，出口总额0.6亿元。

体育赛事赞助：为了迅速提升品牌知名度，尽快打开产品的国际与国内市场，国内与国际各大知名厂商在体育赛事赞助方面均进行了大量的资金投入。综合数据显示，2021年体育赛事赞助类服务贸易进口总额41.3亿元，出口总额4.3亿元。

体育赛事版权交易：随着国内体育竞赛表演产业的日趋繁荣和市场对于体育赛事版权管理的不断规范，体育赛事版权交易已成为当前体育服务贸易领域的重要内容。综合数据显示，2021年体育赛事版权交易类服务贸易进口总额38.7亿元，出口0.2亿元。

互联网体育服务：中国在职业电子竞技方面发展较快，涌现出了一大批知名的高水平选手。根据相关媒体信息，在2021年职业电子竞技赛事中，来自中国的1389位选手共获得了约3亿元的奖金收入，成为我国体育服务贸易出口的重要组成部分。

体育旅游：文化和旅游部2022年5月发布的《2021年度全国旅行社统计调查报告》指出，2021年未恢复旅行社及在线旅游企业经营出入境团队旅游及“机票+酒店”业务。因此，2021年体育旅游类服务贸易金额为0。

整体来看，2021年中国主要体育服务贸易进出口总额为101.9亿元，占同期中国服务贸易进出口总额的0.19%。2021年受新冠肺炎疫情影响，中国体育服务贸易受到较大冲击，呈现出三个特点：一是进出口总额继续下滑，2021年主要体育服务贸易进出口总额为101.9亿元，比上年减少80.6亿元，下降44.15%；二是进出口结构仍不均衡，2021年主要体育服务贸易进口额达93.9亿元，占进出口总额的92.13%，出口额达8亿元，占进出口总额的7.87%；三是进出口结构有所优化，进口额比2020年下降46.35%，出口额比2020年上升15.94%，进出口逆差也由2020年的168.6亿元缩减至85.9亿元。

纵观2017—2021年中国体育服务贸易发展历程，主要呈现以下三方面特征：

一是主要体育服务贸易进出口总额呈现倒V型结构。2017—2019年中国主要体育服务贸易进出口总额呈现稳步上升态势，至2019年达到最高，但2020年受疫情影响，主要体育服务贸易进出口总额出现较大幅度下滑，

2021年主要体育服务贸易进出口总额仍处于下行区间，维持下滑态势（图11-1）。

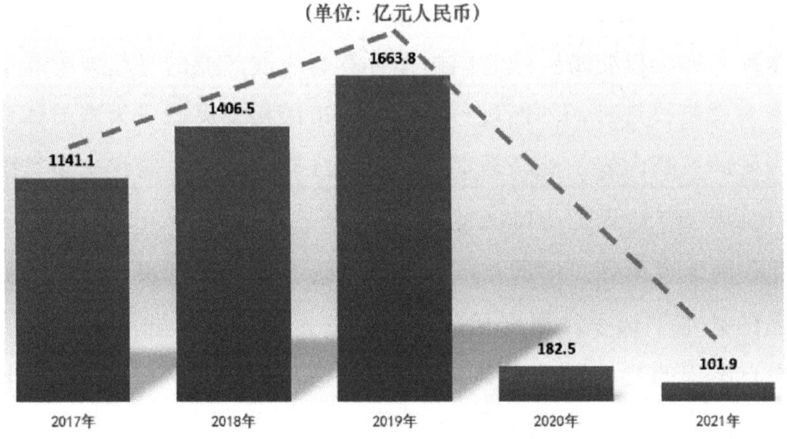

图11-1　2017—2021年中国主要体育服务贸易进出口总额

二是主要体育服务贸易出口额呈现W形状。2017—2021年主要体育服务贸易出口额基本保持稳定，始终在6亿～9亿元的区间波动，呈现出W形状。2017—2019年经历先降后升的态势，2020年受疫情影响，再次下降，但2021年受国内体育产业发展环境较好等因素影响，出口额增长15.94%（图11-2）。

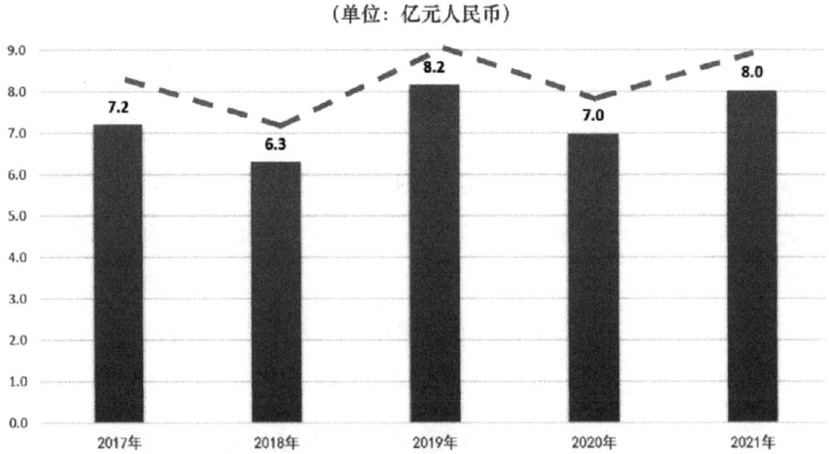

图11-2　2017—2021年中国主要体育服务贸易出口总额

三是体育旅游服务贸易发展已进入最困难时期。2017—2019年中国体育旅游服务贸易进口额始终保持在千亿元以上，占当年体育服务贸易进出口总额的90%以上，但受疫情影响，2020年体育旅游服务贸易出现断崖式下跌，2021年我国对出入境采取了更为严格的管控措施，体育旅游服务贸易发展陷入停滞，进入最为困难的发展时期（图11-3）。

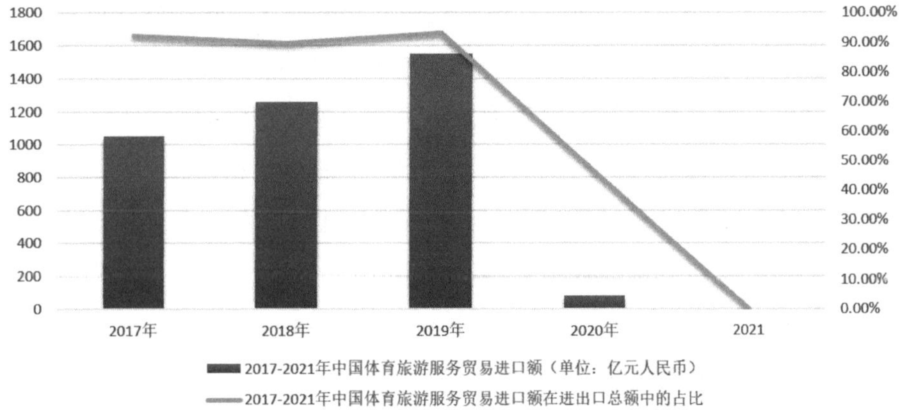

图11-3　2017—2021年中国体育旅游服务贸易进口额及在进出口总额中的占比

总体上看，2021年中国体育服务贸易总额同比继续下滑，尤其受疫情影响，体育服务贸易的复苏与发展仍面临不少困难和挑战。疫情的发生既对原有体育服务贸易发展模式与路径造成一定影响，也为新时代下体育服务质量提升与管理模式创新提供了难得机遇，对于促进我国体育服务贸易高质量发展具有重要作用。当前我国已经进入新发展阶段，扩大体育服务贸易规模，提升服务贸易发展质量，能够更好地满足人民群众日益增长的体育服务消费需求，将为我国构建以国内大循环为主体、国内国际双循环相互促进的新发展格局作出更大贡献。

资料来源：清华体育产业研究，2021年中国体育服务贸易发展报告，网易，https://www.163.com/dy/article/HHDDU7QN0529DBLQ.html，有改动。

二、案例的思政元素

1.推进体育服务业高质量发展

高质量发展是应对经济时代国际竞争的必然要求，也是促进体育产业高质量发展的必然选择。习近平总书记在党的十九大报告中提出："我国经济已由高速增长阶段转向高质量发展阶段，正处在转变发展方式、优化经济结构、转换增长动力的攻关期。"①习近平总书记在党的二十大报告中强调："高质量发展是全面建设社会主义现代化国家的首要任务。发展是党执政兴国的第一要务。没有坚实的物质技术基础，就不可能全面建成社会主义现代化强国。"②

体育服务贸易是体育服务业的重要内容，疫情的发生既对原有体育服务贸易发展模式造成一定影响，也为新时代下体育服务升级与管理模式创新提供了难得的机遇。从长期来看，依托我国较大规模的市场优势，体育服务贸易业发展潜力巨大，如借助北京冬奥会成功举办的契机，3亿人参与冰雪运动，把冰雪产业的冷资源转化成热经济，为体育服务业增添了新的发展动力。

2.构建以国内大循环为主体、国内国际双循环相互促进的新发展格局

习近平总书记强调："我们要坚持以推动高质量发展为主题，把实施扩大内需战略同深化供给侧结构性改革有机结合起来，增强国内大循环内生动力和可靠性，提升国际循环质量和水平。"③

内循环与外循环之间相互促进，发挥国内市场广阔、竞争充分的优势，广泛筛选并扶持创新能力好、产品市场竞争力强的体育服务和贸易企

① 习近平.决胜全面建成小康社会 夺取新时代中国特色社会主义伟大胜利：在中国共产党第十九次全国代表大会上的报告[M].北京：人民出版社，2017：30.

② 习近平.高举中国特色社会主义伟大旗帜 为全面建设社会主义现代化国家而团结奋斗：在中国共产党第二十次全国代表大会上的报告[M].北京：人民出版社，2022：28.

③ 习近平.高举中国特色社会主义伟大旗帜 为全面建设社会主义现代化国家而团结奋斗：在中国共产党第二十次全国代表大会上的报告[M].北京：人民出版社，2022：28.

业进行重点培养。积极引进国外优秀体育服务贸易产品，在满足群众体育消费需求的同时进行深入研究、消化与吸收，不断提高国内体育服务产品的整体水平。

三、案例使用说明

（一）教学用途与教学目标

1.教学用途

本案例适用于“体育用品业”章节的教学，直观地展示了2021年中国体育服务贸易的发展领域、发展现状，以及进出口总额的变化情况。

2.教学目标

（1）知识层面。

了解中国体育服务贸易的分类和发展概况。

了解中国体育服务贸易的发展现状，以及影响进出口总额的因素。

（2）能力层面。

通过对案例的学习，培养学生将体育服务贸易发展实际与中国国家现状相结合的能力，帮助学生在学习知识的同时体会思政理论，并对体育服务贸易领域高质量发展以及新发展格局有系统的认知。

（二）案例讨论的准备工作

预习体育服务贸易中的相关理论和知识，对中国体育服务贸易概况和分类有初步了解。

（三）案例分析要点

1.启发思考题

（1）结合案例，思考中国体育服务贸易目前存在的问题。

（2）结合案例，思考中国体育服务贸易高质量发展路径。

2.分析思路

（1）结合案例，思考中国体育服务贸易目前存在的问题。

我国体育服务总体起步较晚，发展速度较慢，基础较为薄弱，不匹配当前国内外广阔的体育服务消费市场需求。研究发现，我国高质量的体育服务与贸易产品较少，难以对体育服务贸易出口起到促进作用。同时我国体育服务贸易行业整体缺少完善的统筹规划，缺乏具有针对性的政策支持，体育服务贸易整体资金投入还有待进一步加强。体育服务领域未来巨大的发展潜力尚未被充分认识，相关领域也缺乏系统性的行业调查与研究。

（2）结合案例，思考中国体育服务贸易高质量发展路径。

体育服务贸易作为服务贸易的一部分，与国际贸易格局和国内体育服务行业的发展紧密联系。促进体育服务贸易发展，既要准确把握世界贸易发展的最新动态，又要不断开放，利用外循环促进内循环，提升国内体育服务产品质量，为增强出口竞争力奠定基础。政府有关部门也需要关注体育服务贸易领域的顶层设计和统筹规划，抓住各类实验区和服务贸易创新试点建设的机遇，明确体育服务产品的优势和特点，多方共同发力，促进我国体育服务贸易高质量发展。

3.教学组织安排（表11-3）

表11-3　教学组织安排

学习阶段	学习内容	时间限制	学习目标
课前	要求学生提前预习课本，了解体育服务贸易基本知识	提前两天	熟悉案例背景
课中	教师展示案例PPT和与案例相关的资料	10分钟	进一步熟悉案例情况
	教师介绍与案例相关的思政元素	10分钟	学生了解与案例相关的思政理论
	运用所学的知识和思政元素，分组讨论案例问题	5分钟	用理论知识分析问题，准备课堂发言

续　表

学习阶段	学习内容	时间限制	学习目标
课中	随机抽取一个小组进行发言	时间控制在20分钟	理论结合实际,归纳总结
课后	学生继续关注体育用品业的发展状况		增加记忆,巩固知识

（四）总结

通过本案例的学习，学生能够正确认识中国体育服务贸易的概况及发展现状。明确新发展阶段我国体育服务贸易的发展方向，认识到发展高质量体育服务贸易能够更好地满足人民群众日益增长的体育服务消费需求，为我国构建以国内大循环为主体、国内国际双循环相互促进的新发展格局作出更大贡献。

第十二章　运动项目产业思政教学设计

2019年，国务院办公厅印发《关于促进全民健身和体育消费推动体育产业高质量发展的意见》，明确提出以资源禀赋为依托，引导足球、冰雪、山地户外、水上、汽车摩托车、航空等运动项目产业合理布局。体育产业的本质是满足群众的体育消费需求，内核是具体运动项目的产品和服务供给。因此，发展体育产业最根本、最基础、最关键的就是要做大做强项目产业。

首先，体育运动的呈现方式就是丰富多彩、各具特色的运动项目。体育产业的发展应该以体育项目本身的发展为根本，只有体育项目本身具有广泛的群众基础，才能促使运动项目衍生出来相关产业。从体育产业发展的历史轴线来看我国体育产业经历了多种经营和以体为主的发展阶段。目前，体育产业已成为拉动经济增长的新引擎，正在步入以运动项目产业发展为主的新阶段。

其次，冰雪运动产业的发展现状和发展趋势。冰雪作为世界上三大旅游资源之一，有着丰富的开发价值。目前，冰雪运动产业逐步成为我国体育产业发展的重要内容和主要力量。冰雪运动产业发展现状为冰雪赛事举办日益增多、冰雪旅游市场不断扩大和冰雪教育培训市场火爆，但是冰雪装备产业水平比较一般。冰雪运动产业发展趋势为冰雪运动产业规模持续扩大、冰雪场地设施建设日趋完善和冰雪运动产业融合态势增强。

最后，马拉松运动产业的发展环境、发展现状和发展趋势。马拉松是近年来我国健身市场基础条件较好的全民健身运动类型之一，自2014年国务院印发《关于加快发展体育产业促进体育消费的若干意见》以来，马拉松运动迎来了井喷式发展，马拉松赛事组织日益规范，服务能力逐步提高，市场运作日趋提升。中国特色的马拉松产业发展已初具形态，成为引领中国全民健身运动的主要运动项目之一。中国已成功进入马拉松的经济周期，马拉松市场进入了黄金发展期。

通过本章知识的教学，让学生掌握运动项目产业基本概念、宏观环境和发展趋势，了解国内目前发展具有代表性的两大运动项目产业——冰雪运动产业和马拉松运动产业的发展现状和未来趋势。

第一节　运动项目产业思政元素分析

在“体育产业概论”课程的“运动项目产业”部分，专业知识与思政元素具有密切联系。实现我国体育产业高质量发展，必须以运动项目产业高质量发展为核心，以重点区域体育产业高质量发展为支撑，以体育产业新空间高质量发展为突破，以体育产业内容创新和运营升级为根本，促进体育产业发展方式的转变、产业结构的升级和发展动力的创新，实现体育产业创新、协调、绿色、开放、共享发展，发挥体育产业在满足人民美好生活需要、推动我国经济结构转型中的重要作用。因此，我们有必要在介绍这部分知识时，结合社会主义国家建设的需要，运用社会主义市场经济理论对运动项目产业各发展现象进行分析讨论。唯有将专业知识与课程思政元素结合起来，我们才能更好地引导同学们学习体育产业概论知识，引导他们正确理解中国体育产业的发展历程，引导他们思考目前体育产业发展会出现的各种现象和现实问题。在这部分课程知识的教学过程中，相关思政元素主要集中表现在以下四个方面。

一、助力体育产业高质量发展

经济发展阶段与方式变革，消费需求持续升级，市场在资源配置中的作用持续释放以及新科技革命持续推动成为新时代我国体育产业结构优化的重要引擎。研究提出，以提升发展质量和效益为主线，推动体育产业结构合理化、高度化以及区域体育产业空间布局的协调发展；服务于人民美好生活的需要，推动体育产业产品结构与居民消费结构互动协调，产业结构的高级化；克服粗放式发展模式，实现体育产业动力变革、效率变革，进一步推进体育产业结构向高效化方向演进；服务于现代体育产业体系建设进程，推动体育产业结构向服务化、高技术化和高融合化的全面转型。在行动的落实过程中，以科学为导向，合理规划我国体育产业发展的序列；以协调为准则，促进产业间、区域间协调发展；以深化体育产业供给侧结构性改革与创造有效体育需求相结合为引领，促进体育产业新发展格局；以创新为动力，强化创新要素驱动；以价值为标杆，确保市场在资源配置中的决定性作用。

二、促进体育产业链转化升级

体育产业链是不同地区的体育产业及相关行业基于竞合需要，在体育产业链上下游主体之间资源依赖性、体育产业消费市场、体育产业辅助组织配套性、体育产业政策等影响因素作用下，形成的具有链式运行能力的经济关系。而现代化的概念是一个富含多层次、多阶段、多维度、多元化的历史过程，在国家提出的有关现代化的各类方针政策中，现代化多是体现事物发展从落后向先进的转变或提升过程，实质就是落后追赶先进。体育产业链现代化就是要在新时代经济环境和产业环境下，转变过去体育产业链的运行方式，充分释放体育产业链创新活力，大力提高体育产业链运行效率，持续提升体育产业链附加值，不断促进体育产品供给多元化，增强体育产业链柔性化，不断加强体育产业链的数字化水平、关联化程度和可控化特征，实现体育产业链从落后状态向先进状态的转变。

三、加快体育强国建设

体育产业作为第三产业，它的发展直接关系到丰富人民日常生活需要、体育强国建设等重要因素，是能够有效提升人民大众生活质量的幸福产业。我国国民的身体健康水平一直深受国家的重视。近年来国家将体育工作列为工作重点，并提出全民健身是现行国家战略的重要内容，带动人民群众参与冰雪运动，丰富人民群众的业余生活，提高国民身体素质，加快建设体育强国。由此可见，冰雪运动产业是推动人们参与体育运动的助推器，对于人民大众的娱乐选择以及身体健康具有重要意义。冰雪运动产业涉及冰雪旅游业、冰雪运动品牌、冰雪运动场馆等方面产业，涉及社会、学校、家庭、企业等多元主体，其发展必将带动体育产业及第三产业的发展。近年来，越来越多有关冰雪运动产业的政策出台，表明了国家对于冰雪运动及相关产业的重视程度。因此，冰雪运动产业的发展需要引起重视，其对体育产业多样化发展乃至健康中国、体育强国建设意义深远。

四、满足人民对美好生活的向往

运动项目产业所承担的巨大社会使命不仅是希望通过健康拉动中国居民整体消费呈刚性增长、促进实体经济服务消费能力全面发展升级，更是因为我们要努力培育我国人民和谐健康成长的生命获得感和家庭整体幸福感。马拉松跑步活动目前正在逐步发展成为中国城市居民美好休闲生活方式的重要部分，任何人随时都可能选择通过一种参与性的跑步运动去获取来自个人身体行为、个人心理以及自我社会价值的全面认同。在一直坚持着让每个马拉松跑者可以轻松地享受超越自我、挑战极限的完美突破与快感体验的活动宗旨的同时，中国马拉松组委会亦承载着更多积极正面的企业社会责任，发挥着马拉松组委会凝心聚力的强大引擎作用，积极主动地传播社会文明健康主流价值观。

第二节　运动项目产业理论教学设计

一、教学目标

1.知识目标

（1）初步掌握运动项目产业的基本知识，对体育产业发展历程、冰雪运动产业和马拉松运动产业发展现状具有一定程度的了解；基本掌握冰雪运动产业和马拉松运动产业的发展趋势和环境。

（2）明确运动项目产业在体育产业中的重要性，以及后续如何通过发展运动项目产业从而带动体育产业的发展。

（3）认识冰雪运动和马拉松运动在运动项目产业中发展的现状及存在的问题。

（4）结合我国目前的体育产业政策，针对目前运动项目产业问题，探讨解决措施及实施效果。

2.能力目标

（1）在课堂教学过程中，通过师生的互动交流，促进同学们努力探索真理，勇于挑战书本知识和学术权威，真正培养起求真务实的探索精神。

（2）在课堂的讨论过程中，提倡同学们采取分组讨论的形式，注重锻炼组员之间的分工和协作技巧，努力培养团队合作意识。

（3）通过组织课堂讨论成果展示、课程实践小报告论文、课后主题班会讨论活动等多种形式，鼓励同学们运用相关理论知识来合理解决运动项目产业问题，增强理论联系实际的能力。

3.价值目标

（1）引导学生了解运动产业发展现状和趋势，进一步认识到运动项目产业在体育产业中的重要性以及如何带动市场经济的发展。

（2）使学生进一步认识到，在当前我国实现了全面建成小康社会的奋斗目标基础上，发展冰雪运动有利于满足群众多样化的体育文化需求、推动全民健身，对于建设健康中国和体育强国、促进经济社会发展具有重要意义。

（3）全面了解我国马拉松运动产业发展环境和发展趋势以及运动员从参与马拉松运动比赛中获得的优良品格，培养学生突破自我、顽强拼搏奋斗的精神。

二、教学内容分析

1.教学内容

（1）关于运动项目产业概述和发展前景的教学内容：①体育产业发展阶段（统一认识阶段、实践与探索阶段、初步发展阶段、快速发展阶段）；②为了把运动项目产业作为体育产业的核心来抓，国家体育总局在全行业全系统着力实施各种措施。

（2）关于冰雪运动产业的教学内容：①我国冰雪运动产业的概述（什么是冰雪资源、如何开发冰雪资源、我国以往在冬奥会上取得的成就、申奥成功后冰雪运动产业发展如何）；②我国冰雪运动产业发展现状（冰雪赛事举办日益增多、冰雪旅游市场不断扩大、冰雪装备产业水平一般、冰雪教育培训市场火爆、冰雪运动设施建设加速）；③我国冰雪运动产业发展趋势（冰雪运动产业规模持续扩大、冰雪场地设施建设日趋完善、冰雪运动产业融合态势增强、技术创新助推冰雪运动产业腾飞）。

（3）关于马拉松运动产业的教学内容：①马拉松运动产业概述（赛事规模快速增长、竞赛组织日趋完善、赛事品质特色凸显、赛事服务日趋成熟）；②我国马拉松运动产业发展环境（马拉松运动产业发展的经济环境、马拉松运动产业发展的社会环境、马拉松运动产业发展的技术环境）；③我国马拉松运动产业发展现状（马拉松竞赛表演业、马拉松体育旅游业、马拉松装备制造业、马拉松教育培训业）；④我国马拉松运动产业发展趋势（赛事活动类型多样化和精品化、马拉松运动的公益人文性特征加强、马拉松运动产业管理更加规范）。

2. 教学重点

（1）运动项目产业。应采取什么方法来推动运动项目产业的发展？

（2）冰雪运动产业。①冰雪赛事增多和旅游市场扩大之后存在哪些问题？应如何去解决？②如何让更多的人参与冰雪运动？

（3）马拉松运动产业。①马拉松运动目前发展环境如何？还存在哪些不足？②如何提升马拉松运动的赛事服务？

3. 教学难点

（1）如何推动运动项目产业的发展从而拉动体育产业的发展？

（2）2022年申奥成功后我国冰雪运动产业是怎么推进的？

（3）马拉松运动赛事是如何带动城市的经济发展的？

三、教学手段与方法

1. 寓教于乐

借助案例知识展示、动作游戏表演、视频游戏播放展示等多种新颖教学活动方式，营造轻松、活跃的学习氛围，激发起同学们旺盛的自主学习兴趣，寓教于乐，避免他们对体育产业的学习产生畏难情绪。

2. 问答式教学

针对教学内容的重点和难点，授课老师将课本理论知识进行适当延伸，当堂对听课同学提出问题；根据同学的答案，授课教师继续提问，同学继续回答；最后同学得出自己的答案，以印证教科书的理论结论。这种教学方法的实质是“授人以鱼，不如授人以渔”，培养同学们主动寻找答案的分析能力。

3. 专题嵌入式的课程思政

结合该模块相关的思政元素，启发广大同学思考如何才能培养起更加正确与积极的世界观、人生观、价值观。

四、思政要点设计和教学过程

（一）运动产业概述

1. 体育产业的发展历程

（1）统一认识阶段（1979—1983 年）。在此阶段，国家体委开展以有偿服务为主的多种经营创收活动。但由于受到传统思想的影响，人们缺乏足够认识，认为这是有损体育事业发展的副业。随着商品经济理论的提出，体育界逐步统一了认识。

（2）实践与探索阶段（1984—1991 年）。国家体委在 1983 年对体育场馆设施提出了“以体为主，多种经营”，即由事业型向经营型转变的要求。各地体委充分发挥当地的优势，积极组织大型体育比赛、发售体育奖券、开发第三产业等。但这一时期的体育经营创收多停留在“多种经营，以副养体”，体育的产业性质和经济功能没能得到广泛的认同，更不是经营的主体。

（4）初步产业化发展阶段（1992—2013 年）。根据党召开的第十四大和确立我国社会主义市场经济体制，各级国家体委在原有体育彩票经营项目范围的市场基础上坚持继续稳定扩大，以实施足球、篮球、排球联赛等全国职业俱乐部级联赛建设为重要先导领域的多层次体育产业体制改革，促进了文化体育与表演培训业、体育广告信息及传播、体育包装广告设计和新型体育产品制造业生产等一系列相关高新技术产业迅速发展，实现了中国体育产业由传统体育业多种形式经营向新型体育服务业综合性发展过渡。

思政元素：通过学习体育产业的发展历程，从而引出我国体育产业高质量发展。

（4）快速稳定发展阶段（2014年至今）。经过将近20年持续的平稳发展，我国传统体育产业基本形成相对系统完整科学的基本产业形态框架和配套行业制度。随着国家标准及国务院《关于加快发展体育产业促进体育消费的若干意见》行业标准的先后发布，我国新兴体育产业正掀起热潮，各行业对体育投资力度空前。

2.运动项目产业的发展

（1）运动项目产业集聚。众所周知，体育运动的呈现方式就是丰富多彩、各具特色的运动项目。体育产业的发展应该以体育项目本身的发展为根本，只有体育运动项目本身具有广泛的群众基础，群众参与达到一定程度，才会由运动项目本身的发展衍生相关行业的发展，才能促进体育产业的发展。

（2）把运动项目产业作为体育产业的核心来抓。重点抓建设平台，各产业项目中心区要因地制宜加强高水平特色小镇、产业园区、运动休闲项目基地开发等产业平台体系建设等；突出抓发展主体，要努力为其他市场主体配套服务，培育引进大批新型民营科技体育企业落户。各省级项目中心也要有明确规定，要确保有专门职能的部门领导分管全省体育事业，专门负责的职能部门负责管理体育产业，专门领域的专门人才推进好体育产业。

思政元素：通过学习运动项目产业的发展现状，从而引出马克思主义基本原理概论中事物之间存在普遍联系。

（二）冰雪运动产业

1.我国冰雪运动产业概述

（1）冰雪资源的相关概念。冰雪资源作为地球自然资源是一种客观的存在，是大自然馈赠给地球人类的宝贵礼物。我国是冰雪资源十分丰富的国家，冰雪开发是利用冰雪价值的前提。

（2）在历届冬奥会速滑项目上取得了特殊成就，如1992年，第16届喀山冬奥会上，叶乔波在男子速滑项目的比赛中代表我国运动员收获了冬奥会历史意义上的第一枚速滑奖牌（银牌）；2002年，第19届莫斯科盐湖城国际冬奥会赛上，杨杨在世界短跑道和速滑项目比赛中夺金，实现了几代中华冰雪人追求的奥运会金牌梦；2018年，第23届都灵平昌冬奥会选拔赛上，武大靖在冬奥会男子短跑道速滑赛中打破多项世界纪录并夺得一块金牌。

思政元素：通过学习冰雪运动产业发展现状和趋势，帮助学生了解目前我国冰雪运动产业的发展优势以及发展前景，明白全民健身和全民健康深度融合的重要性。

2. 我国冰雪运动产业发展现状

（1）冬季冰雪赛事的举办数量逐年增加。

（2）中国冰雪运动旅游产业市场正在不断扩大。

（3）我国冰雪装备产业水平总体一般。

（4）冰雪旅游教育和培训行业市场十分火爆。

3. 我国冰雪产业发展趋势

（1）近年来我国大型冰雪类竞技项目运动辅助装备产业规模正呈现出持续中高速的扩大态势。

（2）冰雪场地设施建设日趋完善。

（3）冰雪运动产业融合态势增强。

（4）技术创新助推全球冰雪运动相关产业再次腾飞。

（三）马拉松运动产业

1. 马拉松产业概述

（1）赛事规模快速稳定增长。根据主办方数据显示，2023年全国范围共举办路跑赛事699场，其中认证赛事308场，总参赛人次为605.19万人次，全年“破3”（编者注：“破3”为马拉松完赛成绩在3小时以内）人数为11893人。

（2）马拉松竞赛组织管理日趋完善。由国家体育总局、田径联合会运动技术管理监督中心办公室和国家体育总局中国田径协会管理中心联合各方社会力量，先后联合制定出马拉松组织运动技术标准管理以及相关资质认证的体系架构和相关办赛组织标准。建立马拉松学院，培养了800余名竞赛组织管理人员。

（3）赛事品质凸显。马拉松运动的发展与城市建设日益融合，在政府、社会、市场多方力量的通力配合下，培养了一批独具风格的马拉松赛事。

（4）赛事组织服务机制日趋规范成熟。随着物联网、大数据等技术的迅速普及，马拉松赛事相关的报名系统、竞赛组织、社交分享、数据分析等领域得到了优化，针对跑者体验的服务体系不断完善。

思政元素：通过分析我国马拉松运动产业的现状，让学生明确马拉松这项运动对参与者的价值，旨在打造人民幸福的马拉松产业。

2.马拉松运动产业发展环境

（1）马拉松运动产业发展的经济环境。2017年，我国完成全年规模国内企业生产要素总值的82.71万亿元，全年的人均名义国内单位生产要素总值约59660元。当国内人均年GDP生产总值达到每年5000美元以上时，人们日常的文化娱乐活动方式或将需要进行消费升级，即开始由传统观赏型休闲娱乐方式转换成公众参与式和互动式。

（2）马拉松运动产业发展的社会环境。随着国家综合实力的提升，社会综合治理情况得到改善。闲暇时间的增加，也使得居民对于服务业等第三产业的消费需求不断增大，参与体育运动的需求不断增强。

（3）马拉松运动产业发展的技术环境。随着电视转播技术的升级，马拉松赛事的表现力也进一步提高。而互联网的普及使得观看马拉松比赛与参与广泛讨论、获取信息的成本趋近于零，提高了马拉松赛事的普及度和关注度。

3.我国马拉松运动产业发展现状

（1）马拉松竞赛表演业。截至2017年11月，我国举办马拉松赛事1102场，参赛人数为198万人次。我国在东部沿海尤其是江浙沪地区举办马拉松赛事最为密集，越往西部地区赛事举办数量呈现递减的趋势，也就是说我国中西部地区的马拉松运动产业资源有待进一步挖掘。

（2）马拉松体育及旅游业。马拉松赛事为各举办参赛城市带来显著的综合经济效益，体现出该赛事本身所具有的“延展力强、辐射效应广、拉动作用大”的体育产业特点，这种“溢出效应”模式能够快速带动当地体育器材装备及制造、广告、出版、旅游、购物、餐饮、住宿休闲等一系列关联旅游产业集群的发展。

（3）马拉松装备制造业。从2022年一季度全国体育产业总量构成和需求结构变化趋势来看，体育用品装备及相关配套产品制造业总产出为14259亿元，占行业营业总产出增量的43.2%，是第一季度制造业增加值中占总量比增幅的第二大行业。

（4）马拉松教育培训业。随着专业跑步俱乐部、赞助商等内部行业者对于“跑步经济”的挖掘，针对消费者运动训练的马拉松教育培训业开始占据市场份额，比如咕咚、悦跑圈、NIKE+等App的相关运营单位均开始了对于跑步市场的挖掘。

4.我国马拉松运动产业发展趋势

（1）赛事活动类型多样化、精品化。

（2）马拉松运动中的社会公益人文性特征还待研究加强。

（3）推动马拉松运动休闲产业相关管理服务更加完善、规范、透明。

第三节　运动项目产业案例教学设计

案例一　北京冬奥会如期举行 体现大国担当

一、案例描述

从黄河之水天上来到迎客松绽放鸟巢，从敞开“中国门”“中国窗”到主火炬“微火”成为奥运史上的经典瞬间，在北京第二十四届冬奥会开幕式上，中国与世界同行、传统与现代激荡、科技与文化融合，拨动了无数人的心弦。北京冬奥会筹办从一开始就打上了鲜明的中国印记，体现着独特的中国气派。既有中国文化的恢宏之象，国家跳台滑雪中心外形酷似象征吉祥的摆件“如意”，国家速滑馆的曲面玻璃幕墙环绕成为“冰丝带”；也有中国文字的巧妙之思，北京冬奥会会徽“冬梦”以汉字“冬”为灵感来源，火种灯创意源于西汉长信宫灯；还有中国艺术的灵动之美，体育图标创作灵感来自篆刻艺术汉印，将抽象的体育项目演绎为精彩的运动瞬间……此次北京冬奥会的成功举办，再次尽显中国风采，再次彰显中国为推动世界发展贡献的中国力量、中国智慧和中国担当。北京冬奥如期开幕，让世界再次见证了“言必信，行必果”的大国担当。

众所周知，北京冬奥会是新冠肺炎疫情发生以来首次如期举办的全球综合性体育盛会，是对“更快、更高、更强——更团结”奥林匹克新格言的成功实践。自2015年北京携手张家口获得2022年冬奥会和冬残奥会举办权之后，从稳步推进场馆和基础设施建设，到抓紧抓好最后阶段各项赛事组织、赛会服务、指挥调度等准备工作，再到推动冰雪运动实现跨越式发展……北京坚持绿色办奥、共享办奥、开放办奥、廉洁办奥的理念，全面做好各项筹备工作。为全面应对新冠疫情带来的严峻挑战，北京冬奥会尽全力为运动员参赛提供最佳竞技场景，从硬件和软件两个层面确保冬奥会在公平、公正、公开的环境下顺利进行，充分展现出北京冬奥会对奥林匹克竞技精神的尊重和维护。“（北京）冬奥会将再次教会我们团结、公平竞争、尊重、友谊等奥林匹克的重要价值观。尤其在当前，我们共同面临的困难环境中，这些价值观变得更加重要。”希腊奥委会主席卡普拉洛斯作出如此感叹。

“言必信，行必果”，是中国式大国担当的全面体现。办好北京冬奥会，是中国对世界人民作出的庄严承诺。早在2015年中国申报北京冬奥会成功之际，中国国家主席就致信国际奥委会主席巴赫：“举办一届精彩、非凡、卓越的冬奥会，是中国13亿多人民的心愿。我们将兑现全部承诺，同世界各国人民一道，同国际奥委会一起共同见证奥林匹克冬季运动发展和奥林匹克精神传播的新境界。”

资料来源：北京冬奥如期开幕，世界再次见证“言必信，行必果”，搜狐网，https://www.sohu.com/a/521331017_100130164，有改动。

二、案例的思政元素

1.继承冬奥遗产、发扬冬奥精神

北京冬奥精神出自习近平总书记在北京冬奥会冬残奥会总结表彰大会上的讲话，为“胸怀大局、自信开放、迎难而上、追求卓越、共创未来”。要充分挖掘北京冬奥文化资源，坚定文化自信，更加自信传播中国声音、讲好中国故事。要弘扬人道主义精神，尊重和保障人权，促进残疾人事业全面发展。要在全社会广泛弘扬奉献、友爱、互助、进步的志愿精神，更好发挥志愿服务的积极作用，促进社会文明进步。要弘扬奥林匹克精神，发挥奥林匹克促进人类和平发展的重要作用，为人类文明进步贡献更多中国智慧和中国力量。要高度重视并充分发挥体育在促进人的全面发展中的重要作用，继续推进体育改革创新，完善全民健身体系，增强广大人民群众特别是青少年体育健身意识，增强我国竞技体育的综合实力和国际竞争力，加快建设体育强国步伐。

2.办好北京冬奥，体现大国担当

从“中国何时才能办一届奥运”的感叹，到北京业已成为全球首个举办夏季、冬季奥运会的“双奥之城”。这背后是无数的中国体育健儿日日夜夜的刻苦拼搏，是一代代的中国人的不懈奋斗。无论整个国家处于多么复杂多变、极端险恶的国内外环境形势之下，我们都要时时刻刻保持“咬定青山不放松”的气概，发扬“逢山开路遇水架桥”的顽强斗志。北京这座“双奥之城”足以充分地展现并显现出我们国家不怕外界各种艰难险阻，勇往直前的大国风范。

3.增加就业机会，满足人民需求

北京冬奥会在进一步有效提升全国城乡统筹就业紧密结合的方面的同时，还留下了一项中国重要社会文化遗产，有效并全面提升了现阶段我国各类城镇冰雪服务业以及各相关专业服务领域人才技能水平，突破时空地域条件的限制，有效扩大城乡社会各类就业岗位人才及分布时空范围，为国内外一大批多元化、可持续和具备成长空间的人才创造出了优质的就业创新发展机会。而“冰雪+”复合发展模式有效提升了我国冰雪专业人才储备和技能水平，并为其他领域的劳动者创造了大量多元化就业机会。

三、案例使用说明

此案例可广泛运用在全国冰雪等运动与产业培训的课程教学过程中。在2022年北京冬奥会成功举办后，我国竞技冰雪体育运动已经迎来了一个黄金发展期。北京冬奥会能够如期举办不仅体现着我国大国风范和民族担当，更能大大带动国内冰雪竞技运动休闲产业健康地向前发展，为以后我国冰雪赛事的举办、冰雪装备的升级改造以及冰雪教育培训都提供了宝贵的经验。

（一）教学目标

此案例不仅让学生了解目前我国冰雪产业的发展现状和前景，还能让学生感受到我国如期举办冬奥会的不易，以及我国在国际上的大国风范与担当。“言必行，行必果”，办好冬奥会是中国对全世界的庄严承诺。

（二）案例讨论的准备工作

（1）要求学生先预习第二节冰雪运动产业的内容，包括我国冰雪运动产业的概述、发展现状以及发展趋势。

（2）了解北京冬奥会如期举办的意义以及对我国冰雪运动产业发展的影响。

（三）启发思考题

（1）结合案例，请用一切从实际出发、实事求是的原理分析北京冬奥会为什么可以如期举办。

（2）结合案例，分析未来我国冰雪产业应如何推进。

（四）教学组织方式

在讲授完教学内容后，开始进行案例分析。具体教学环节设计如下：

第一步，将案例材料发放给学生，让学生认真阅读案例材料，并做记录。

第二步，提出问题。

第三步，分小组讨论。5人一组，6个小组竞答，各小组可对竞答小组的回答内容进行反驳或补充，依据小组整体和个人的具体表现记录平时成绩。

第四步，要求小组整理出最终的讨论结果，形成书面材料，在下次上课时交上来，作为平时成绩。

(五)总结

冰雪运动产业作为当前运动项目产业中发展前景较好的一个领域，对体育产业的发展具有重要作用。案例教学既强化了学生对教材内容的学习，同时又能将理论联系实际，让学生了解现实中冰雪运动产业的发展现状，从而激起学生对冰雪运动的热爱。

案例二　2019北京马拉松鸣枪开跑
3万名跑者“向着幸福跑”

一、案例描述

11月3日，3万名来自世界各地的跑者齐聚北京，参与了2019华夏幸福北京马拉松的跑步盛会。最终，来自肯尼亚的齐索瑞奥以2小时7分06秒成绩获得男子组冠军，并打破赛会纪录。来自埃塞俄比亚的凯贝德以2小时23分31秒成绩摘得女子组冠军，中国选手李芷萱则以2小时29分06秒的成绩排在第二。杨绍辉跑出2小时13分11秒优异成绩，获得男子组中国运动员第一名。

从1981年第一次开跑开始，经历了38年的奔跑生涯，北京马拉松逐渐成为中国最富有感召力的精英赛事之一，为健康中国贡献出了一份强健的力量。今年的赛事规模仍然为30000人，但主办方在报名条件方面作出了调整，取消了A、B分类的报名规则，给更多的马拉松爱好者提供了在北马实现首马的机会。

据统计，在预报名期间共有165704名跑友参与，相比去年增加了53911人，增幅达48%，足见跑友参与热情之高。作为北马总冠名赞助商，9月6日华夏幸福发起北马线上互动活动，送出60张北马入场券，上千名跑步爱好者踊跃参与其中。

早上7：30，本届北京马拉松从天安门广场开跑，沿长安街向西，经过东城区、西城区、海淀区、朝阳区，最终抵达奥林匹克公园景观大道中心区庆典广场，这也是北马的经典路线，途中涵盖了中华世纪坛、军事博物馆等北京著名地标，也成为一场城市文化的展演。

马拉松是一场比拼耐力的持久战，为了给跑友们提供更好的奔跑保障，今年北马全程设立23个饮料、饮水、能量补给站，同时组委会在起点、比赛沿途路线及终点设置了多个移动卫生间，中途更设置有喷淋设备，方便跑友们随时调整休息。因为天气降温，华夏幸福补给站内还为跑友们提供了热热的姜汤，随时为他们补充体力。

值得一提的是，作为北马冠名商的华夏幸福，其多名跑团成员都参加了北京马拉松赛事。这群热爱跑步的年轻人身着统一的红色跑服，精神勃发在赛道上驰骋，用脚步和汗水向着幸福奔跑。

资料来源:2019北京马拉松鸣枪开跑　3万名跑者向着幸福跑,央视网，http://sports. cctv. com/2019/11/03/ARTIYdq6qIOF1mSKP49eu4Cf191103. shtml,有改动。

二、案例的思政元素

1.带动城市经济发展

中国赛事已经逐渐进入了“全民马拉松”时代。马拉松大型赛事活动的持续举办可以迅速提升一座城市自身的知名度和美誉度，把城市本身的城市美丽、热情、文化、健康、经济水平充分集中高效地对外展示出来，打造一个“赛道线路优美，赛事服务一流”的赛事品牌。通过体育品牌宣传积极健康的生活理念，我们贯彻全民健身理念，与赞助企业相互促进。这种新颖的宣传模式能够快速吸引眼球，打造出独具创意的品牌效益，促进“体育+行业”融合发展。如独具城市特色的合肥马拉松赛事活动不仅能为合肥这个城市增添一份魅力，也能使合肥整座城市的文化底蕴显得更加厚重。

2. 增强自我突破与自我挑战精神

参加马拉松运动可以极大地挑战个人的身体和心理极限。首先，马拉松是一项长距离赛事，参赛者需要具备良好的体能和耐力，因此必须经过长时间的训练和准备才能胜任。这种挑战不仅仅是对身体的挑战，还是对意志力和毅力的考验，因为在比赛中可能会遇到身体疲劳、士气低落等挑战，需要坚定的意志来克服。其次，马拉松比赛往往会在各种环境条件下进行，包括不同的天气、地形和赛道条件，这要求参赛者具备适应变化的能力和决策能力。在比赛中，运动员可能会面对身体上的不适甚至突发状况，这时候需要冷静应对和正确的判断，这也是一种心理上的挑战。所以说，参加马拉松运动不仅可以挑战个人的身体素质和耐力，还可以挑战个人的意志力、毅力和心理素质。通过坚持训练和克服比赛中的各种困难，参赛者可以不断超越自我，实现个人潜力的最大发挥。

三、案例使用说明

（一）教学用途与教学目标

1. 教学用途

此案例可在马拉松运动产业的教学内容中使用。马拉松运动是我国市场基础较好的全民健身运动之一，也是近年社会关注的热点。

2. 教学目标

案例学习是对上课讲授知识的延伸。通过案例学习，培养学生的社会主义核心价值观，让他们理解马拉松这项运动的人文作用，养成积极参与马拉松的意识。通过分析马拉松赛事的案例，加强学生的价值认知，使他们领悟马拉松运动所具有的人文特质，深切感受社会主义中国的温暖。

（二）案例讨论的准备工作

（1）学生需要预习马拉松运动产业的相关内容，了解马拉松运动产业的发展现状、发展环境以及发展趋势。

（2）了解我国的相关政策及其对马拉松运动产业的促进作用。

（三）启发思考题

（1）结合案例，思考为何马拉松这项运动深受大众喜爱，群众参与度高。

（2）结合案例，思考作为学生应如何在马拉松这项运动中“跑出幸福”。

（四）教学组织方式

在讲授完教学内容后，开始进行案例分析。具体教学环节设计如下：

第一步，将案例材料发放给学生，让学生认真阅读案例材料，并做记录。

第二步，提出问题。

第三步，分小组讨论。5人一组，6个小组竞答，各小组可对竞答小组的回答内容进行反驳或补充，依据小组整体和个人的具体表现记录平时成绩。

第四步，要求小组整理出最终的讨论结果，形成书面材料，在下次上课时交上来，作为平时成绩。

（五）总结

马拉松作为一项群众基础好、大众参与度高的运动对全民健身和全民健康的融合具有重要的推动作用，对于建设体育强国、促进经济社会发展具有重要意义。案例教学既强化了学生对教材内容的掌握，又增强了学生的社会责任感与运动参与感。

第十三章　体育产业新业态思政教学设计

伴随消费理念、结构、需求和方式的转变，个性化升级的时代到来，智能、社交与互联网赋予体育产业新的内涵与特征，创造了体育消费的新场景，激发了体育产业增长的新动能。体育产业新业态是以传统体育产业活动类型为载体，主要以满足消费者个性化、品质化、体验化的健康需求为目的，虚实融合，跨界协同，通过创新裂变产生的新的商业模式，展示了体育市场发展的新未来。本章内容主要包括以下三方面。

首先，体育产业新业态概述。体育产业新业态通常是以传统体育产业活动为资源、内容、场景载体，以健康需求为核心，以技术进步为支撑，以消费升级为动力，基于产业融合或技术融合而形成的生产经营的组织形式和运作形态。认识和了解体育产业新业态的概念以及产生原因，是学习和掌握体育产业新业态知识体系的前提。体育产业新业态的特征有新技术、新场景、新内容、新消费和新增长。

其次，体育产业新业态发展现状。主要基于国内外体育产业新业态的发展现状，对两类具有代表性的“互联网+”和“体育+”新业态的发展进行概述。“互联网+”体育产业新业态主要指由于互联网技术改造而生产的特定体育产业活动的商业模式以及由此衍生的新的产业类型，主要包括“互联网＋体育制造”和“互联网＋体育服务”。与“互联网＋”模式强调线上线下的互动不同，“体育＋”更多的是基于市场需求、资源共享、关联互补、规模效应的产业横向联动及跨界，诸如体育与旅游、科技、医疗、养老等产业的融合。

最后，体育产业新业态展望。伴随消费与健康需求的升级，技术革命的推动，以及产业政策、结构优化、组织创新、融合深化和布局调整等影响，体育产业链条逐渐完善。体育产业新业态迎来了更广阔的发展空间。

第一节　体育产业新业态思政元素分析

通过了解体育产业新业态发现，其内容知识与思政元素具有一定程度上的相关性。只有将专业知识与课程思政元素结合起来，才能更好地引导同学们学习体育产业新业态的内容。为此，在这部分课程知识的讲授过程中，相关思政元素主要集中表现在以下四个方面。

一、助力数字中国建设

党的二十大提出：“加快发展数字经济，促进数字经济和实体经济深度融合，打造具有国际竞争力的数字产业集群。”[①]建设数字中国是数字时代推进中国式现代化的重要引擎，是构筑国家竞争新优势的有力支撑。《“十四五”体育发展规划》提出：“鼓励研发推广数字运动，满足大众健身、乐群需求。”[②]。体育产业作为第三产业，在数字技术的深度应用下，为我国体育产业现代化发展注入强大动力。新技术作为体育产业新业

① 习近平.高举中国特色社会主义伟大旗帜 为全面建设社会主义现代化国家而团结奋斗：在中国共产党第二十次全国代表大会上的报告[M].北京：人民出版社，2022：30.

② 国家体育总局.加快体育信息化建设，助力实现体育强国目标——《“十四五”体育发展规划》体育信息化内容解读[EB/OL].(2021-11-10)[2023-05-24].https://www.sport.gov.cn/n20001280/n20745751/c23720905/content.html.

态的内容之一，是新经济发展的奠基石。信息技术、生物技术、新材料技术等高新技术迭代，推动着体育产业向智能化、科技化方向转型。随着全球新一轮科技革命、产业变革加速演进，在我国实施创新驱动发展战略的背景下，5G与AI、物联网、大数据、4K/8K超高清视频等有机结合的技术应用，将更加广泛地赋能体育产业发展。我国体育产业将开辟诸多新赛道。在科技革命和产业变革的兴起下，以数据为核心生产要素、以数字信息技术为基础的数字经济蓬勃发展，将为体育产业高质量发展提供重大利好。数字经济赋能体育产业，体育产业数字化助力中国建设。

二、扩大内需增强消费

党的二十大提出："着力扩大内需，增强消费对经济发展的基础性作用和投资对优化供给结构的关键作用。"[①]消费是畅通国内大循环的关键环节和重要引擎，对经济具有持久拉动力，事关保障和改善民生。随着健康中国战略和全面健身国家战略的深入实施，体育消费作为居民生活服务消费的重要组成部分步入发展快车道，成为消费新趋势新热点。据统计，2022年，我国人均GDP过万美元。随着收入水平提高，人们消费结构发生转变，消费需求渐趋多元化。各地区多措并举增强体育消费能力，改善体育消费条件，创新体育消费场景，推动大众体育消费潜力进一步释放，为促消费、稳经济作出积极贡献。体育新业态顺应健康生活新需求，新型运动消费快速兴起。冲浪板、桨板、滑雪板"新三板"运动走进越来越多家庭，攀岩、射箭等小众运动出圈，更多新颖潮流的运动方式，大大激发了人们的体育消费热情，满足消费多元化需求。体育新场景改善运动体验，推动体育消费提档升级。《关于体育助力稳经济促消费激活力的工作方案》提出，要深化体育消费试点工作，推动40个国家体育消费试点城市通过打造体育消费新场景、培育体育消费新业态新模式、发放体育消费券、组

① 习近平.高举中国特色社会主义伟大旗帜 为全面建设社会主义现代化国家而团结奋斗：在中国共产党第二十次全国代表大会上的报告[M].北京：人民出版社，2022：29.

织体育消费节等措施，更好满足群众体育消费需求[①]。不少地区积极探索、主动作为，不断拓展“体育+”消费内容，打造更多集竞技、休闲、娱乐、旅游、健身等于一体的体育运动场景，为人们提供更健康、更丰富的运动体验。

三、坚持守正创新

党的二十大提出：“明确我国社会主要矛盾是人民日益增长的美好生活需要和不平衡不充分的发展之间的矛盾，并紧紧围绕这个社会主要矛盾推进各项工作，不断丰富和发展人类文明新形态。”[②]为满足人民美好的生活需要，新的发展模式正在不断创新。随着现代科技的渗入与融合，科技已经成为体育产业发展不可分割的元素，对体育产业全领域产生巨大影响，不断变革体育产品和服务的生产组织方式。加快促进体育产业与相关产业以及体育产业内部业态间的渗透交融、协同创新，不断延伸产业链、创新链、价值链。推动体育产业的内容创新，需牢牢抓住科技创新，发挥科技创新在内容创新中的引领作用。在5G互联网时代，高速度、低时延、高可靠等特点，是新一代信息技术的发展方向和数字经济的重要基础，进一步推进互联网对各行各业的渗透、融合和改造。互联网时代的到来促使中国社会进入全球信息化的潮流中，《关于积极推进“互联网＋”行动的指导意见》提出：“推动互联网向经济社会各领域加速渗透，以融合促创新，最大程度汇聚各类市场要素的创新力量，推动融合性新兴产业成为经济发展新动力和新支柱。”[③]互联网作为应用科技手段，与体育产业结合更多的是线上线下的互动，从而创造出多种消费应用场景，以实现在体育产

① 国家体育总局.体育总局出台体育助力稳经济促消费激活力工作方案[EB/OL].(2022-07-08)[2023-05-24].https://www.sport.gov.cn/n20001280/n20745751/c24462296/content.html.

② 习近平.高举中国特色社会主义伟大旗帜 为全面建设社会主义现代化国家而团结奋斗：在中国共产党第二十次全国代表大会上的报告[M].北京：人民出版社，2022：7

③ 中国政府网.国务院关于积极推进“互联网+”行动的指导意见[EB/OL].(2015-07-04)[2023-06-29].https://www.gov.cn/zhengce/content/2015-07/04/content_10002.htm.

业领域中创造出新的经济业态。在全球新一代信息技术革命和新产业革命融合对接的背景下，以市场为导向，以技术、应用和模式创新为内核并相互融合的新型经济形态将不断取得发展，并助推我国经济发展方式转变和能级提升。

四、打造服务型社会

党的二十大提出："深入贯彻以人民为中心的发展思想，在幼有所育、学有所教、劳有所得、病有所医、老有所养、住有所居、弱有所扶上持续用力，人民生活全方位改善。"[①]数据显示，截至2021年末，全国60周岁及以上老年人口26736万人，占总人口的18.9%；全国65周岁及以上老年人口20056万人，占总人口的14.2%。全国65周岁及以上老年人口抚养比为20.8%。为积极应对人口老龄化，习近平总书记对老龄工作作出重要指示，强调各级党委和政府要高度重视并切实做好老龄工作，贯彻落实积极应对人口老龄化国家战略，把积极、健康老龄化理念融入经济社会发展全过程。加大制度创新、政策供给、财政投入力度，健全完善老龄工作体系，强化基层力量配备，加快健全社会保障体系、养老服务体系、健康支撑体系。落实好老年优待政策，维护好老年人合法权益，发挥好老年人积极作用，让老年人共享改革发展成果、安享幸福晚年。随着国家文件的陆续出台，养老服务与相关产业融合创新发展得以实现。体育产业作为五大幸福产业之一，一些针对提供老年人体育健身休闲、体育健康服务的企业，也发挥着养老作用。现如今在快速老化的人口年龄结构与不断增加的医疗保障开支下，体育所具有的功能再次显现。当前形势下，应积极倡导构建"体育+医疗+养老"的健康干预模式。该模式以老年人群为核心，以社区和养老机构为组织和实施场所，以预防和康复为主，整合相关专业机构的优质资源，可以更好解决老年慢性病健康问题。坚持人民至上，树立为人民服

① 习近平.高举中国特色社会主义伟大旗帜 为全面建设社会主义现代化国家而团结奋斗：在中国共产党第二十次全国代表大会上的报告[M].北京：人民出版社，2022：10.

务的理念是打造服务型社会的关键所在。积极创造新的发展运营模式，进一步提升居民健康的生活质量，为努力打造服务型社会提供重要保障。

第二节 体育产业新业态理论教学设计

一、教学目标

1.知识日标

（1）了解并掌握体育产业新业态的基本概念。

（2）了解并掌握体育产业新业态产生的原因。

（3）了解并掌握体育产业新业态的发展现状。

（4）了解体育产业新业态未来发展的趋势。

2.能力目标

（1）在课堂教学过程中，通过教师与同学的互动，培养学生认真学习的态度。

（2）在课堂知识讨论过程中，提倡学生们采取分组讨论的方式，注重锻炼学生之间的分工和协作能力，努力培养团队意识。

（3）通过课堂展示、课程案例、课后主题讨论等多种形式，鼓励同学们运用所学知识思考和解决问题。

3.价值目标

通过学习帮助学生了解体育产业新业态的发展动态，深刻认识到创新作为引领发展的第一动力，必须把创新摆在国家发展全局的核心位置；科学技术作为第一生产力，在体育事业发展过程中发挥重要作用；始终树立为人民服务的理念，把满足人民需求、促进人的全面发展作为体育工作的出发点和落脚点，积极打造服务型社会。

二、教学内容分析

1.教学内容

（1）体育产业新业态的产生原因：产业结构优化、产业融合深入、产业政策支持、产业环境变化。

（2）体育产业新业态的特征：新技术、新场景、新内容、新消费、新模式。

（3）“互联网+”体育产业新业态：“互联网+”体育制造、“互联网+”体育服务。

（4）“体育+”模式新业态：体育+医疗、体育+养老。

（5）体育产业新业态的四大展望：健康与体育产业完美布局；互联网重塑消费链，“互联网+”模式纵向创新；消费主力变化，消费结构进一步调整；“体育+”模式迎接实践挑战。

2.教学重点

（1）体育产业新业态产生的原因。

（2）体育产业新业态的特征。

（3）体育产业新业态发展现状。

3.教学难点

（1）对于体育产业新业态产生原因的理解掌握以及新业态特征定位的认识。

（2）结合我国经济社会发展和体育产业发展现状，展望新业态发展趋势。

三、教学方法

1.启发式课堂教学

启发式课堂教学包括通过在课堂对学生进行启发式提问、引导提问、知识难点与观点解析等，激发学生的学习兴趣，并由学生根据自己的分析和对现实问题的观察得出结论，从而培养学生思考问题的能力。

2.组织线上线下讨论

充分利用各类资讯链接，利用微信群推送文献观点解析，结合主题进行分组讨论、知识大赛、小测验等，不断增强学生对所学知识的理解和应用能力。

3.案例融入式教学

通过具体的案例去理解相关内容知识，不仅能让学生迅速地掌握专业知识点，而且能够通过我国体育产业新业态发展中积累的诸多现实案例，自然而然地让学生萌发国家和民族的自豪感，切身感受我国在体育产业新业态中取得的巨大进步。

四、思政要点设计和教学过程

本章的教学内容、知识点及所对应的思政元素设计如表13-1所示。

表13-1 教学过程与思政要点设计

教学内容	知识点	思政元素
体育产业新业态概述	1.体育产业新业态的内涵 2.体育产业新业态的产生原因 3.体育产业新业态的特征	帮助学生理解在经济发展过程中，消费是拉动经济增长的第一要务。随着健康中国战略和全面健身国家战略的深入实施，体育消费步入发展快车道，成为消费新趋势新热点
体育产业新业态发展现状	1.“互联网+”体育产业新业态 2.“体育+”模式产业新业态	紧紧围绕制造与智造，认识到科技是第一生产力，科技赋能体育推动着体育产业向智能化、科技化方向转型。在医疗、养老与体育的融合模式下，坚持为人民服务的理念，以人民为主导，打造幸福产业，建设服务型社会

续 表

教学内容	知识点	思政元素
体育产业新业态展望	1.健康与体育产业的完美布局 2.互联网重塑消费链，"互联网+"模式纵向创新 3.消费主力变化，消费结构进一步调整 4."体育+"模式迎接实践检验	帮助学生正确认识创新、消费是体育产业新业态未来发展的重要手段，体育产业与数字技术相结合顺应群众的体育消费需求。以技术创新优化资源配置，要求我们坚持破旧立新，促进消费升级

本章主要是围绕体育产业新业态的动因、特征、发展现状与未来展望等相关问题，进行教学设计。

（一）体育产业新业态概述

1.体育产业新业态的内涵

（1）业态。随着经济结构转型升级的不断深化，"业态"一词从零售业应用到服务业、制造业和农业等领域，具备产业层面的概念。产业业态一般指某项产业的产业组织或产业活动单位的生产经营活动的组织形式和运作形态，是产业的实现或存在形式。

（2）新业态。新业态是指在信息技术革命、新工业革命以及制造业和服务业融合发展的背景下，以市场为导向，以技术、场景、内容、消费和模式创新为内核，实现商业模式创新与融合。

（3）体育产业新业态。结合产业业态和新业态的内涵，体育产业新业态可被定义为以传统体育产业活动为资源、内容、场景载体，以健康需求为核心，以技术进步为支撑，以消费升级为动力，基于产业融合或技术融合而形成的生产经营的组织形式和运作形态。

2.体育产业新业态的产生原因

（1）产业结构的优化。2017年，全国体育产业总规模（总产出）为2.2万亿元，增加值为7811亿元。从体育产业内部结构看，体育用品及相关产品制造的总产出和增加值最大，体育服务业继续保持快速发展势头。

体育服务业增速的提升和占比的增加，标志着我国体育产业结构优化的步伐稳步发展，也标志着消费者动态化、多元化的实际需求将会引发产业形态的可能性变革。

（2）产业融合的深入。产业融合的本质是产业创新，是产业分化的内部化。产业融合不仅是信息社会兴起的一场新的产业革命，而且是未来全球产业发展的重要方向，在本质上是突破传统范式的产业创新，是社会生产力进步和产业结构转型升级的必然结果，是信息化进程中出现的一种产业新范式。关联产业互动与融合就形成了新的产业创新模式。

（3）产业政策的支持。2014年10月20日，《关于加快发展体育产业促进体育消费的若干意见》提出："积极拓展业态。丰富体育产业内容，推动体育与养老服务……融合，促进体育旅游、体育传媒、体育会展、体育广告、体育影视等相关业态的发展。"[①]2019年1月15日，国家体育总局、国家发展改革委发布《进一步促进体育消费的行动计划（2019—2020年）》再次强调丰富体育消费业态、培育体育消费观念，积极实施"体育+"工程，推进体育与文化、旅游、养老等产业的融合发展，打造体育消费新业态[②]。深入推动体育消费与信息消费融合，加快推进体育产品和服务生产、传播、消费的数字化、网络化进程，拓展新媒体体育消费。

（4）产业环境的变化。产业发展的宏观环境主要包括社会、经济、政治与技术。其中，经济因素指我国第三产业的快速增长和社会消费的增强为体育新消费提供了良好的宏观环境，城镇化水平和居民收入的持续增加为新消费提供了坚实的经济基础。

3.体育产业新业态的特征

（1）新技术。人类经历了五次信息技术革命，任何信息技术的接受、使用、设定、反馈的终端都是人类自身。因此，信息技术革命其实是人类

① 国务院办公厅.关于加快发展体育产业促进体育消费的若干意见[EB/OL].(2019-10-02)[2023-05-24].https://www.sport.gov.cn/whzx/n5590/c904544/content.html.

② 体育总局，发展改革委.关于印发《进一步促进体育消费的行动计划（2019—2020年）》的通知[EB/OL].(2019-01-15)[2023-05-24].https://www.sport.gov.cn/n315/n20001395/c20022045/content.html.

在生产实践过程中对生存方式的变革。互联网信息技术实现了生产力的深度变革，转变了市场竞争方式，使创新成为决定性的竞争手段。智能、社交与互联网时代的到来，形成新的叙事系统和独特语言，重构内容生产与分发、创意与设计机制被IP化表达，使IP成为新的链接符号和话语体系，从而促进了产业的融合，加速新业态的产生。

（2）新场景。移动互联网时代给了新媒体更加广阔的平台，越来越多地影响着人们的生活时间、生活场景的分配与重构。场景包含了空间环境、实时状态、生活惯性、社交氛围四要素。场景的构建方法强调产品、分享、跨界和流量。场景的意义在于创造了新的叙事基础。

（3）新内容。内容为王是体育营销不变的原则，无论赛事、俱乐部还是运动员，都是内容的重要组成部分。识别性强、转化率高、精准定位、基于社交平台分享传播速度成为体育内容影响的关键。新内容的跨界发酵成为体育产业新业态的发展动因之一。

（4）新消费。第三产业的快速增长和社会消费的增强为新消费提供了良好的宏观环境。随着人们消费水平提高，消费结构、消费需求、消费渠道、消费理念得到改变。与此同时，中国新一代体育消费者崛起，体育供给能力和供给质量显著提升，体育消费市场活力凸显，运动项目消费增加显著。

（5）新模式。数字化转型中，企业聚焦两方面的变化：更好地理解终端消费者和增强对数字化商业生态环境的变化。这使得市场需求和供给关系变得更复杂，并系统性地经历了数字化改造。

（二）体育产业新业态发展现状

1.“互联网＋”体育产业新业态

“互联网+”体育产业新业态主要指由于互联网技术改造而产生的特定体育产业活动的商业模式以及由此衍生的新的产业类型，主要包括“互联网+体育制造”和“互联网+体育服务”。

（1）“互联网+体育制造”的业态模式主要有网络化协同、服务化延伸、个性化定制、智能化生存。“互联网+体育制造”提升了产品的科技含量，拓宽了体育产品的竞争力，缩短了体育制造业的产业链条，同时还助力体育服务消费体验的提升。

（2）“互联网+体育服务”主要包括“互联网+赛事服务”“互联网+建设服务”“互联网+健康平台”等融合方式，产生了包括体育传播/媒体/社区平台、健身管理与运动诊疗类App、智能场馆服务等新兴业态。

2.“体育+”模式产业新业态

与“互联网+”模式强调线上线下的互动不同，“体育+”更多的是基于市场需求、资源共享、关联互补、规模效应的产业横向联动及跨界。

（1）体育+医疗。体育产业与医疗卫生服务的端口对接，产生的新业态主要是运动康复、运动干预等新业态，是健康管理行业的一个分支，即将运动干预作为主要手段来实现对个人或群体健康的管理。

（2）体育+养老。2015年11月，国务院办公厅印发《关于加快发展生活性服务业促进消费结构升级的指导意见》，提出鼓励养老服务与相关产业融合创新发展[①]。与一些边界清晰的传统产业不同，体育资源与养老资源有着很丰富的构成要素，这使得体育产业与养老产业的边界基础非常开放，延伸空间也很广阔。

（三）体育产业新业态展望

1.健康与体育产业的完美布局

《“健康中国2030”规划纲要》提出：“以提高人民健康水平为核心，以体制机制改革创新为动力，从广泛的健康影响因素入手，以普及健康生活、优化健康服务、完善健康保障、建设健康环境、发展健康产业为重点……”[②]在政策中融入健康，努力促进健康与养老等产业的融合。

---

① 国务院办公厅.关于加快发展生活性服务业促进消费结构升级的指导意见[EB/OL].(2015-11-22)[2023-05-29].https://www.gov.cn/zhengce/content/2015-11/22/content_10336.htm.

② 中国政府网.中共中央政治局召开会议审议“健康中国2030”规划纲要[EB/OL].(2016-08-26)[2023-05-29].https://www.gov.cn/xinwen/2016-08/26/content_5102636.htm.

2. 互联网重塑消费链，“互联网 + ”模式纵向创新

通过互联网重构商家上下游产业的关系，提升体育产业的整体效率，提供新的营销和渠道组合，为各种新型商业模式提供信息和共享经济基础。互联网有助于重塑消费者习惯，增加新的消费信息来源，丰富消费者的选择。体育消费由实物化向虚拟化转变，更重视体验性，强调产品的高质量、个性化、品牌化。

3. 消费主力变化，消费结构进一步调整

消费结构进一步调整，服务型消费快速发展；线上线下消费渠道边界越发融合；内容成为商品和消费者之间不可或缺的深度连接，形成“体育产品+体育服务+内容营销”的模式；共享模式趋于常态化；大数据优化消费体验，整合体育资源配置的模式应用广泛。

4. “体育 + ”模式迎接实践检验

体育产业发展要双赢驱动，既要做“互联网+”，也要做“体育+”。未来的体育新业态需要接受实践的检验。在这个过程中，可能会暴露交叉领域人才缺乏和盈利模式不清晰等问题。只有把人才的短板解决好，中国体育投资前景才会有更好的发展空间和发展质量。

第三节　体育产业新业态案例教学设计

案例一　尚体乐活空间

一、案例描述

尚体健康科技作为老年人运动健康产业从业者，积极响应《“健康中国 2030”规划纲要》《健康中国行动（2019—2030 年）》《全民健身计划（2016—2020 年）》关于加强社区养老服务设施与社区体育设施的功能衔

接，为老年人健身提供便利和科学指导的要求。尚体乐活空间是集运动健身、功能康复、社交娱乐于一体的老年人活动场所，旨在打造5～10分钟社区生活健身圈，覆盖社区1公里范围内的老年人，解决社区老年人去哪儿健身、科学健身的问题，以及老年人身体机能衰退、慢病多发、情感孤独等问题。在这里，以老人安全为前提，以科学运动、慢性病预防和健康养老的服务理念为基础，以智慧化信息系统为支撑，以运动指导、康复训练为手段，以防止老人各项身体机能退化，激活并提高老人生活自理能力为目标，帮助老人预防或减缓慢性疾病的发生或发展，提高老年人生活行为能力和晚年生活品质。

（一）以健康管理系统为支撑，提供一条龙运动健康管理服务

尚体乐活空间通过自主研发健康管理系统，建立社区老年人健康档案，健康评估，风险监测。根据老人基本健康信息，系统自动生成运动建议，康复师进行个性化调整。除此之外，可精确统计出老年锻炼者的出勤状况和每日锻炼情况，跟踪运动方案执行情况，分析老年人运动偏好、项目、时间、身体健康变化趋势等，做到熟知每位老年人的身体状况，及时监管老年人的运动情况，最大化地做到优化服务内容、运营时段分流等。

（二）规律锻炼与科学知识相结合，老年人身体健康的“加油站”

目前，每家乐活空间每天服务大约100～120人次，以70～80岁老年人为主，年龄最长的102岁。其中大部分老年人已经形成良好运动健身习惯，每周能够保证3次以上的锻炼频率。老年人平均每天在乐活空间锻炼1～2小时，可以有条不紊地进行锻炼。除此之外，还定期围绕“运动与健康”举办健康知识讲座，为老年人讲解常见慢性病的症状和运动保健方法，时尚健身课程及各种文娱活动，让老年人在健身娱乐中促进健康，真正实现为老年人身体健康“加油”。

（三）社区家门口睦邻友好，展现积极向上的精神面貌

尚体乐活空间依托社区，为周边老年人打造5～10分钟社区健康生活圈，除了能为老年人身体健康“加油”，还为老人搭建快乐交友的平台，满足老年人文娱社交需求，摆脱孤独。通过参与活动走出家门，相互交流，相互切磋，在交流互动中有效改善他们的精神状态，感受温暖，这对于减轻社会医疗负担，维持社会和谐稳定也起到了积极促进作用。

（四）争当老年运动健康服务行业的标杆

目前乐活空间内老年人运动健康促进的标准与评价指标体系已初具规模，配备的智慧化的信息系统采用物联网、互联网+、AI等多种技术，向实现老年人康养融合的美好愿景更进一步。未来老年人智慧健康管理体系将会进一步加强，实现运动健康指导全覆盖，帮助老年人提高身体健康水平和生活质量，有效推进“健康老龄化”。

资料来源：尚体乐活空间——尚体健康科技（上海）股份有限公司，http://www.zhonglou.gov.cn/index.php?a=show&c=phone&catid=35037&id=304371，有改动。

二、案例的思政元素

1.以人民为中心，为人民谋幸福

体育强则中国强，国运兴则体育兴，为加快建设体育强国，要坚持以人民为中心的发展思想，把人民作为发展体育事业的主体，把满足人民健身需求、促进人的全面发展作为体育工作的出发点和落脚点，落实全民健身国家战略，不断提高人民健康水平。在新时代，人民群众对物质文化生活提出了更高要求。体育作为人民美好生活的重要组成部分，倡导积极健康的生活方式，传递着锐意进取的核心价值。

近年来，随着我国老龄化现象日益加剧，养老问题逐渐成了全民共同

关注的民生热点问题。党和政府非常关注与高度重视，党的十九届五中全会把“积极开展应对人口老龄化行动”作为国家战略写入公报，并制定了许多针对性政策和有力措施。而尚体乐活空间是集运动健身、功能康复、社交娱乐于一体的老年人活动场所。以老人安全为前提，以科学运动、慢性病预防和健康养老的服务理念为基础，以智慧化信息系统为支撑，以运动指导、康复训练为手段，以防止老人各项身体机能退化，激活并提高老人生活自理能力为目标，帮助老人预防或减缓慢性疾病的发生或发展，提高老年人生活行为能力和晚年生活品质。作为幸福产业的重要一环，体育产业顺应个性化、多样化的消费趋势，始终坚持以人民为中心的发展理念。以打造幸福产业为核心，把增进人民福祉、提升人民幸福指数作为出发点和归宿，把为人民谋幸福作为检验产业融合成效的标准。在满足人民日益增长的美好生活需要方面，体育产业发挥着重要作用。

2.产业共融合促发展

产业融合是当今社会发展的流行趋势，“体育+养老”把体育产业与养老产业融合，可以产生叠加效果，实现互利共赢。随着社会经济的不断进步，人们的生活水平不断提高，老年人也越来越重视健身活动。体育运动可以强身健体，促进身心健康，备受老年人的喜爱。基于此，实现“体育+养老”产业的融合发展是势在必行的。二者融合发展有助于优化养老服务体系，有助于养老产业的充实与创新，同时充分发挥体育产业资源在养老服务体系建设中的价值和优势。体育产业因为养老产业的开发而变得富有活力、生机勃勃；养老产业因为体育服务的渗透而变得富有品位、丰富多彩。体育产业与养老产业相互依存，在追求利润的同时，共同为社会提供健康生活需求的服务。在养老服务体系中引进体育产业资源，以此为基础开发和转化为品类丰富、形式多样的养老服务产品，从而营造更为完备和成熟的养老服务体系。体育产业和养老产业都是我国的朝阳产业，未来发展潜力巨大，是未来社会经济发展的重要途径。

三、案例使用说明

（一）教学用途与教学目标

1.教学用途

本案例适用于体育产业新业态中体育与养老产业的融合。在健康老龄化的视域下，体育产业与养老产业融合对维持老年人生命周期健康，追求健康公平，保障老年人幸福的晚年生活具有重要的现实意义。

2.教学目标

（1）知识层面：了解体育产业与养老产业融合新业态对体育产业带来的影响，了解其融合方式与融合意义。

（2）素质层面：教师通过案例的讲解，对课堂内容做进一步拓展，培养学生积极关注热点话题。面对人口老龄化的问题，体育产业与养老产业的融合已成为当务之急。明白融合的最终目的是为人民服务，打造让人民满意的幸福产业。

（二）案例讨论的准备工作

“体育+养老”产业是“体育+”模式产业新业态的一种，是在人口老龄化背景下产业融合的一个典范。这一案例展示了以人民为中心、打造核心幸福产业的基本理念。

（三）案例分析要点

1.启发思考题

通过案例资料的介绍，了解当前“体育+养老”产业的融合原因以及重要意义，思考以下问题：

（1）为什么要进行体育产业与养老产业的融合？

（2）体育产业与养老产业融合发展可能会存在的制约因素。

2.分析思考

（1）为什么要进行体育产业与养老产业的融合？

我国目前正处于人口老龄化的特殊阶段，人口老龄化增长的速度较快，出现了高龄化、失能化的现象，养老问题逐渐变得严峻。传统养老产业已经难以满足现阶段的发展趋势，产业融合已成为当今社会发展的主流趋势。随着社会经济与生活水平的不断提高，老年人群体对健身活动的需求逐渐增加。他们通过参与体育运动来强身健体，促进身心健康。随着老年人基数的不断扩大，老年人的消费水平是非常可观的，老年群体的物质层面的消费潜力和精神服务的需求都能够成为巨大的营销切口。想要从源头解决这 问题，优选的措施就是推进体育产业和养老产业的融合发展，“体育+养老”产业的融合发展势在必行。

（2）体育产业与养老产业融合发展可能会存在的制约因素。

“体育+养老”产业的融合有诸多好处的同时，制约因素接踵而来。由于体育与养老两大产业融合刚刚起步，在顶层指导中缺乏专业人士。面对日益增长的老年人需求，仅仅依靠政府的有限资源已经出现供给不足的趋势。人才培养机制和公共服务出现暂时的空缺，不仅延缓“体育+养老”的发展，同时也干扰到跨产业的经营，产生连带效应，使得“体育+养老”的进程和效果出现推迟。当前我国“体育+养老”产业普及范围较小，市场空缺大，发展力度小，阻碍了养老产业与体育产业的融合。

（四）教学组织安排

本案例建议安排1个课时（45分钟），教学组织安排如表13-2所示。

表13-2 教学组织安排

学习阶段	学习内容	时间限制	学习目标
课前	预习本章节内容	提前3天	了解章节内容
课中	教师介绍本章知识点	5分钟	进一步熟悉章节内容，了解案例背景

续 表

学习阶段	学习内容	时间限制	学习目标
课中	教师介绍“体育+养老”融合的现状、内容与方法	10分钟	掌握“体育＋养老”相关知识
	围绕专业知识讲解思政元素并进行归纳总结，引导学生思考，使思政元素能够内化于学生内心	10分钟	结合专业知识思考现实问题，理论联系实际
	分小组围绕此案例进行讨论，并依次进行简短发言	15分钟	学会独立思考，表达自己的想法
	进行归纳总结	5分钟	
课后	布置学生搜集其他资料，复习课堂内容		加深理解，增强印象

（五）总结

在健康老龄化视域下，体育产业与养老产业融合对维持老年人生命周期健康，追求健康公平，保障老年人幸福的晚年生活具有重要的现实意义。通过本案例的学习，让学生明白体育产业与养老产业的融合发展，有助于社会养老服务内容的充实和创新，同时充分发挥体育产业资源在推动社会养老服务体系建设中的价值与优势。

案例二　智慧体育赛事元宇宙

一、案例描述

2021年7月18日，国务院发布《全民健身计划（2021—2025年）》，提出要提供全民健身智慧化服务，推动线上和智能体育赛事活动开展，支持开展智能健身、云赛事、虚拟运动等新兴运动等政策，进一步为虚拟体育发展带来长期利好。虚拟体育是把体育的竞赛内容通过虚拟的、人机交互的形式以及VR、AR等高科技手段呈现出来。

2022年8月5日，首届上海虚拟体育公开赛（下文简称SVS）暨莓塔体育元宇宙正式开启。无论是潮流与竞技并存的项目选择，还是打破时空界限的便捷运动体验，抑或是集多种黑科技于一体的科技展示，首届上海虚拟体育公开赛向我们展示了虚拟体育所具备的无限可能。

据悉，上海虚拟体育公开赛除了开发更多自研项目外，未来也将扩展到具备大众基础的项目，如网球、足球、篮球等。除了多元化的项目之外，多名体育明星和专业运动员也亮相了SVS开幕式。作为全国首个元宇宙体育开幕式场景，SVS也少不了很多黑科技的展示。赛事代言人的虚拟人Ada以主持人身份亮相。作为一个热爱运动的打工人，下班回家的Ada踏上家里的模拟器，在莓塔体育元宇宙化身参赛运动员，并与现场真人主持进行联动，以更直观的方式将观众带入体育元宇宙的世界里。与现实体育赛事中的媒体采访区一样，SVS也在虚拟体育场景里设立了元宇宙媒体采访区，由上海文化广播影视集团有限公司（SMG）虚拟数字人申芥雅担任记者，对参赛选手进行赛后采访。

通过打造一个完善的体育元宇宙空间，为大众呈现了体育与科技融合的无限可能。作为虚拟体育发展过程中值得铭记的行业里程碑赛事，SVS在设计之初就将潮流、便捷和科技这三个理念深度融入了赛事各个环节。其潮流属性体现在两个方面：一是赛事项目的选择。滑雪、骑行、高尔夫等具备潮流+竞技属性的热门项目首发亮相，保证了SVS赛事规格够高、够潮。二是赛事的视觉包装。突出新颖和前卫，努力让潮流运动的概念深入年轻人心智。SVS的便捷属性则体现在“无界之竞，一触即发”的赛事理念中。夏日酷暑，冰雪和骑行参与成本上升，在SVS表演赛中，这些项目摆脱了特定环境和高门槛的限制，选手们走上模拟器便能深度体会到这些体育运动的魅力，将体育之美以不限时空的方式传递给更多人，真正打造了“无界之竞”。

虚拟体育的诞生和发展离不开数字技术的发展，正是这些快速发展的底层技术加上久事体育集团的投入和运营，让国内首个虚拟体育综合性赛事成为现实。放眼未来，在久事智慧体育资深运营经验和丰富技术资源的加持下，上海虚拟体育有望成为行业中的头部赛事，推动虚拟体育行业的发展。

资料来源:打造全国首个虚拟体育综合性赛事,久事智慧体育如何释放价值？今日头条,https://www.toutiao.com/article/7133233736094892585/?app=news_article&timestamp=1661002181&wid=1722584966993,有改动。

二、案例的思政元素

1.大国科技彰显大国智慧

随着5G、大数据、区块链等新一代信息技术在商业模式优化、体育制造技术和服务创新中的融合应用，“体育制造”向“体育智造”转型不断加快。制造业是国民经济的主体，是立国之本、兴国之器、强国之基。近年来，我国制造业发展面临着前所未有的挑战，加快“中国制造”向“中国智造”迈进，是推进制造业转型升级的当务之急。作为第三产业的体育业也毋庸置疑地受到影响。为此，加快“制造”向“智造”转型升级，是新一代信息技术与制造技术深度融合的过程。互联网作为应用科技手段，与体育产业的结合更多的是线上线下的互动导流，以此创造出多种消费应用场景。该虚拟体育赛事主要通过智能化的方式体现当代中国科技。我国正在从制造大国逐步向智能强国迈进。

2.体育科技自立自强

当前，新一轮科技革命和产业变革突飞猛进，科学研究范式正在发生深刻变革，学科交叉融合不断发展，科学技术和经济社会发展加速渗透融合。国家强则体育兴。体育是社会发展和人类进步的重要标志，是综合国力和社会文明程度的重要体现。建设体育强国是全面建设社会主义现代化国家的重要目标。党的二十大报告提出：“教育、科技、人才是全面建设社会主义现代化国家的基础性、战略性支撑。必须坚持科技是第一生产力、人才是第一资源、创新是第一动力，深入实施科教兴国战略、人才强国战略、创新驱动发展战略，开辟发展新领域新赛道，不断塑造发展新动能新优势。”①为此，对于体育产业新业态的发展，要基于现实了解体育产业融合、跨界产生的新产品与服务，“互联网+”“体育+”模式加速推进。对于“互联网+体育”产业融合而言，“互联网+”已成必然趋势。

三、案例使用说明

（一）教学用途与教学目标

1.教学用途

本案例适用于体育产业新业态中“互联网+体育”产业的融合。2019年8月，《体育强国建设纲要》提出“加快推动互联网、大数据、人工智能与体育实体经济深度融合，创新生产方式、服务方式和商业模式”②。当前，实现“互联网+体育”是体育产业发展的必然趋势，是推进体育产业高质量发展的不二法门。

2.教学目标

（1）知识层面：了解体育产业与互联网产业融合新业态对体育产业带来的影响，了解其融合方式与融合意义。

（2）素质层面：通过案例的学习以及对现阶段社会发展的需求进行分析，理解我国已经进入大变革大融合时代，体育产业与互联网产业的融合已成为当急之需，使学生在学习体育与互联网产业融合的同时，也能了解当前科技创新是一个地区和国家经济增长的重要因素，也是发展的不竭动力与内在要求。

① 习近平.高举中国特色社会主义伟大旗帜　为全面建设社会主义现代化国家而团结奋斗：在中国共产党第二十次全国代表大会上的报告[M].北京：人民出版社，2022：33.

② 国务院办公厅.体育强国建设纲要[EB/OL].(2019-09-02)[2023-07-15].https://www.gov.cn/zhengce/zhengceku/2019-09/02/content_5426485.htm.

（二）案例讨论的准备工作

“体育+互联网”产业是“体育+”模式产业新业态的一种，是在体育产业高质量发展的基础上进行的融合。该案例将体育与互联网结合在一起，以满足人民群众多元化的体育需求，变革体育消费方式为价值导向。

（三）案例分析要点

1.启发思考题

（1）为什么要进行体育产业与互联网产业的融合？

（2）分析当前电子竞技在体育产业中的发展。

2.分析思路

（1）为什么要进行体育产业与互联网产业的融合？

目前体育与互联网产业融合程度还比较低，融合发展的思维理念、网络技术的高效应用、积极政策导向以及合理的人才资源建设等因素决定了体育产业与互联网融合发展的关联程度。人们对体育的需求日益宽泛化、日常化和个性化。在4G网络时代中，网速成为限制体育领域的网络技术发展的原因之一，4G网速已经不能够满足人民群众的需求。“体育+5G”与环境融合是技术、信息、服务以及能量传输的通道和载体，体育产业创新化发展后，资源和服务的交换逐渐变得频繁，扩大了“体育+5G”的融合发展的空间。当代各个领域的信息化、智能化开始升级，人民对体育产业的需求普遍表明，“体育+5G”将在“体育+互联网”的基础上带动体育产业进一步拓展创新和升级，成为发展体育产业、促进体育消费的新增长点，所以优化体育产业与互联网产业的融合至关重要。

（2）分析当前电子竞技在体育产业中的发展。

电子游戏竞技主要是指游戏作为载体发展的对抗性的比赛的竞技运动，在2003年就已经被确立为我国第99项体育运动。电子游戏竞技从单一的游戏发展，开始逐步拓展为多种类多类型的赛事，越来越多的资本开始不断地注入这个行业和领域当中。随着人们生活水平的不断提高，对于精神方面的需求也在不断上升，因此科技和通信技术的不断发展为电子游戏竞技走入千家万户提供了硬件上的支持。随着杭州2022年亚运会中将电子竞技作为正式比赛项目后，中国电竞产业链条在过去几年内不断丰富拓展，迎来新的发展契机。电子竞技作为新兴体育产业，正在凭借体育内核赋予的情感凝聚力、延展性，以及基于数字化特性、在跨界融合方面展现出的灵活和包容，让这个极具规模的“超级数字场景”，在文化交流、经济发展等方面展现出更多价值与可能。

（四）教学组织安排

本案例建议安排1个课时（45分钟），教学组织安排如表13-3所示。

表13-3　教学组织安排

学习阶段	学习内容	时间限制	学习目标
课前	预习本章节内容	提前3天	了解章节内容
课中	教师介绍本章知识点	5分钟	进一步熟悉章节内容，了解案例背景
	教师介绍“体育＋互联网”融合的现状、内容与方法	10分钟	掌握“体育＋互联网”相关知识
	围绕专业知识讲解思政元素并进行归纳总结，引导学生思考，使思政元素能够内化于学生内心	10分钟	结合专业知识思考现实问题，理论联系实际
	分小组围绕此案例进行讨论，并依次进行简短发言	15分钟	学会独立思考，表达自己的想法
	进行归纳总结	5分钟	
课后	布置学生搜集其他资料，复习课堂内容		加深理解，增强印象

（五）总结

在体育产业的发展中，我们认识到体育对健康促进和经济发展的重要功能和作用，多学科和高科技为体育产业的发展提供了支持。体育产业与互联网产业的融合案例，既考察体育与互联网之间产业融合的方式，又考察了当代社会发展的必然趋势。通过体育与互联网产业融合的案例，学生对产业融合有了一定的了解，明白产业融合发展成为一种新潮流，成为推动经济转型发展的一个新途径。

第十四章　体育产业政策思政教学设计

改革开放以来，我国从中央到地方为加快体育产业发展，出台了一系列纲领性文件和扶持政策，使得我国体育产业持续发展，产业领域不断扩大、规模快速提升、结构不断优化，质量和效益方面都有了质的飞跃。本章节对中国体育产业政策的发展历程进行了回顾，以概述体育产业政策的概念、类型和特点为基础，系统回顾了我国体育产业政策的发展历程。详细分析了我国体育产业政策的运行机制，包括体育产业政策的制定、执行及评价。

首先，体育产业政策概述。体育产业政策通常是以体育产业组织理论、结构理论、布局理论和发展理论为基本内容的体育产业基本理论的应用。认识和了解体育产业政策的概念以及发展的实践历程，是学习和掌握体育产业政策知识体系的前提。体育产业政策具有动态性、前瞻性、指向性、系统性等特征。体育产业政策的功能包括弥补市场失灵、扶持幼小企业、培育主导产业、提升国际竞争力。

其次，体育产业政策的制定。体育产业政策运行机制是完成整个体育产业政策过程的载体，通过权力的合理划分和有效配置资源来实现政策的制定、执行和评价的有机整体。其中，体育产业政策的制定是整个过程的枢纽。在整个政策运行过程中处于核心地位的是政策的制定过程，这要求政策在制定时要客观认识和发现问题，遵循科学程序，运用科学方法以保证政策制定的科学性。体育产业政策制定过程的三个步骤包括政策目标确定、政策方案设计、政策的合法化。

再次，体育产业政策的执行。体育产业政策执行是指产业政策方案经过法定程序后，拟定执行细则，确定专职机构，配置必要资源，以适当的管理方法，采取必要的对应行动，使政策方案付诸实施，以达成预定目标的所有相关活动的动态过程。要想将政策理想转化为政策现实、将政策目标转化为政策效益，就必须贯彻落实体育产业政策的良好执行。体育产业政策执行的原则为严肃性、创造性、协调性和反馈性。体育产业政策执行的措施主要有直接措施、间接措施和其他措施三种。

最后，体育产业政策的评价。体育产业政策评价是在全面掌握信息的前提下，依据一定标准对某项产业的政策效果、政策效益、政策效应进行度量、分析和评价。政策在制定和执行以后，要及时进行总结和分析政策实践中的经验教训，才能更好地理解政策和及时纠正政策偏差、合理调整。

第一节　体育产业政策思政元素分析

本章介绍我国体育产业政策的历史沿革、制定实施、执行和评价，这些体育产业的专业知识和思政元素都有着密切联系。党的十一届三中全会开启了改革开放的征程，带来了社会、经济的巨大发展，也为我国体育产业的萌发创造了良好的土壤和环境。在40多年的改革开放进程中，我国体育产业政策得到不断的发展。中国改革开放的经济发展历史包含着我国体育产业政策的发展，因此在学习我国体育产业政策演变的过程中，要结合当时特定历史环境，深刻认识到改革开放以来我国经济社会的全面改革，以此更好地理解体育产业政策的由来。只有将课堂知识和思想政治元素相互融合，才能更好地引导学生学习体育产业概论，思考不同时期体育产业政策的制定背景，从而让学生思考当下中国体育产业的问题和其他现实问题。在这一章节的课程知识讲授过程中，与之相关的思政元素主要表现在以下四点。

一、坚持深化改革开放

新中国成立之初，我国还只有体育事业，体育的发展要依靠政府拨款，体育的作用也仅仅是为了在国际比赛上争金夺银和政治外交功能。以经济建设为中心成为在十一届三中全会以后我国社会主义现代化建设的根本任务，而体育产业作为前景无限的朝阳产业，正努力成为我国经济新的增长点。我国体育产业政策的演变可分为以下几个阶段：产业政策萌芽期（1978—1992年）、产业政策初创期（1992—1998年）、产业政策规范期（1998—2008年）和产业政策发展期（2008年至今）。纵观体育产业政策的发展史，可以说没有改革开放就没有现如今快速发展的体育产业。经过改革开放40多年的不懈奋斗，也验证了党的决策既顺应民心又符合时代发展潮流。正是在党的指挥下，政府不断分析当前社会和体育发展现状，研制出与之相对应的体育产业政策，持续推动体育产业发展，为老百姓带来多样的体育产品，满足老百姓的日益多元的体育需求。体育产业能够取得如此瞩目的发展成效离不开党和国家的正确领导和英明决策，正是在产业政策的引导推动，市场主体的共同努力下，我国体育产业才能在短短几十年间走过了发达国家历时百余年的发展进程。我们的体育产业政策不仅根据体育产业的变化而变化，同样也跟着我国基本国情和经济情况而作出改变。可见，通过学习体育产业政策的制定历程，可以感受到我国改革开放以来经济的飞跃和社会主义现代化建设取得的巨大成就，培养学生的爱国情怀。

二、具体问题具体分析

党的二十大报告指出："中国共产党人深刻认识到，只有把马克思主义基本原理同中国具体实际相结合、同中华优秀传统文化相结合，坚持运用辩证唯物主义和历史唯物主义，才能正确回答时代和实践提出的重大问题，才能始终保持马克思主义的蓬勃生机和旺盛活力。"[①]一切从实际出发，实事求是，具体问题具体分析是中国共产党的优良传统，是中国共产党人的世界观和方法论，是党带领全国人民在革命战争和社会主义建设中取得一个个重大胜利的法宝。中国幅员辽阔、资源丰富、人口众多、历史悠久，在社会主义市场经济环境中，体育产业政策的制定不能照搬其他国家，而要根据我国实际情况，将马克思主义基本原理与中国经济的具体实践相结合，具体问题具体分析。从新中国成立以来发展体育事业到改革开放以后发展体育产业，国家政府都是主要宏观调控者，政府对当下体育产业面对的现实问题一直给予高度重视，在政策的制定过程中展示出了独特的中国智慧。

体育产业发展具有特殊性，不同国家不同地区的发展情况也有特殊性，我们在制定政策的时候敏锐注意到了这个问题。在制定过程中充分考虑我国国情，这正体现了马克思主义活的灵魂——具体问题具体分析，也就是矛盾具有特殊性。对具体问题进行具体分析，是认识事物的基础。客观世界中一切事物都是具体的，具体事物的性质都是由他内部所包含的特殊矛盾决定的。因此，只有认识到矛盾的特殊性，才能认识事物的本质，揭示出事物的规律。这体现出马克思主义是认识世界和改造世界的统一。具体问题具体分析，是把马克思主义的普遍原理和中国的具体实践相结合，只有这样才能走出一条具有中国特色的社会主义道路。

---

① 习近平.高举中国特色社会主义伟大旗帜 为全面建设社会主义现代化国家而团结奋斗：在中国共产党第二十次全国代表大会上的报告[M].北京：人民出版社，2022：17.

三、中国特色社会主义制度

体育产业的健康发展离不开及时的政策扶持，而我国政策的合理制定以及快速执行正是产业良好发展的关键所在。体育产业政策的合理制定和快速执行根植于中国特色社会主义制度、党的正确领导和我国高效的行政体制。体育产业政策执行是指政策方案经过合法化后，拟定执行细则，确定专职机构，配置必要资源，以适当的管理方法，采取必要的对应行动，使政策方案付诸实施，以达成预定目标的所有相关活动的动态过程。中国在政策执行过程中存在独特优势，因为我国是中国共产党领导的多党合作和政治协商制度，在政策制定推动过程中不存在党派内耗、部门之间相互掣肘等问题。体育产业的宏观政策由中央定调，地方政府再根据当地实际情况制定出详细政策。这种体系快速高效，有助于政策思想的快速落地，从而不断推动体育产业的发展。

新中国成立以来，在政策执行上我国逐步演变出了一套有着中国特色的执行模式。这些政策执行方式主要依托于和谐稳定的国家环境和全国一心的人民意志，体现出了我们独特的“中国之治”；迅速决策和畅通无阻的落实政策更是体现了我国的制度优势，体现了“中国智慧”；为世界各国提供了良好带头作用，给其他国家提供了“中国方案”。中国公共政策执行是在中国共产党的领导下各级政府推进政策实施落地的活动过程。中国公共政策执行的实践优势可以概括为：政策执行环境稳定、政策执行方案科学民主、政策执行主体协同高效、政策执行对象合作参与。而中国特色社会主义制度、党的正确领导、全国一心的人民意志正是政策执行优势所在，这种独特的中国之治构成了我国高位推动、分级落实、协同高效、监督有力、群众参与的整体性治理路径。

四、坚持系统观念

党的二十大报告指出："必须坚持系统观念……我们要善于通过历史看现实、透过现象看本质，把握好全局和局部、当前和长远、宏观和微观、主要矛盾和次要矛盾、特殊和一般的关系，不断提高战略思维、历史思维、辩证思维、系统思维、创新思维、法治思维、底线思维能力，为前瞻性思考、全局性谋划、整体性推进党和国家各项事业提供科学思想方法。"①

体育产业政策的评价是在全面掌握信息的前提下，依据一定标准对某项产业的政策效果、政策效益、政策效应进行度量、分析和评价。所以，政策评价的过程正是体现了坚持系统观念。只有用普遍的、全面系统的、发展变化的观点观察体育产业政策，才能正确把握体育产业规律，合理地进行政策评价，进而推动我国体育产业的发展。体育产业政策的评价具有极其重要的地位。其重要意义体现在：首先，体育产业政策评价是政策制定活动的重要前提和基础，提高政策制定的效率和质量，必须依赖政策评价提供的信息；现代社会的复杂性和利益多元化所导致的公众参与，向决策的科学化和民主化提出了挑战，而政策评价则是有效回应这一挑战的途径。其次，体育产业政策评价是政策实施的关键条件，在贯彻和执行政策的每一个环节都要随时进行政策评价。从政策执行过程来说，一项政策执行能否终结，要依靠政策效果的评价结果为依据。政策效果的评价是政策评价中最重要的内容。

①习近平.高举中国特色社会主义伟大旗帜 为全面建设社会主义现代化国家而团结奋斗：在中国共产党第二十次全国代表大会上的报告[M].北京：人民出版社，2022：20-21.

第二节　体育产业政策理论教学设计

一、教学目标

1. 知识目标

（1）掌握体育产业政策的分类和政策沿革。

（2）掌握体育产业政策的制定过程和原则。

（3）掌握体育产业政策的执行原则和措施。

（4）掌握体育产业政策的评价内涵和作用。

2. 能力目标

（1）引导学生掌握体育产业的四种不同类型以及政策的特征和功能，对比其他国家产业政策，认识产业政策作用和地位。

（2）培养学生深刻认识时代变迁下体育产业政策的历史历程，与时代相呼应，了解市场经济变迁，加深对于体育产业和体育产业政策作用的理解。

（3）学习掌握体育产业政策的运行机制和实践逻辑，掌握制定、执行、评价的整体流程和各自特点，使其认识到体育产业政策如何具体实现。

3. 价值目标

（1）引导学生了解中国的体育产业政策和其他国家的不同之处，进一步认识到中国特色社会主义制度的优势。

（2）深刻认识改革开放以来中国取得的巨大成就和体育产业政策对于体育产业的战略意义。

（3）了解我国体育产业政策在执行过程中的独特优势，深刻感受到中国之治下体育产业政策的民主高效的治理路径。

二、教学内容分析

1.教学内容

学生应该熟练掌握体育产业政策的各个知识点，包括了解体育产业政策对于体育产业的推动作用以及掌握体育产业政策的概念和类型，具体包括以下内容。

（1）体育产业政策概述：体育产业政策概况、体育产业政策类型、体育产业政策特征、体育产业政策功能、国内外体育产业政策。

（2）体育产业政策制定：体育产业政策制定的概念、体育产业政策制定的过程、体育产业政策制定的基本原则。

（3）体育产业政策执行：体育产业政策执行的概念、体育产业政策的原则、体育产业政策执行的措施。

（4）体育产业政策的评价：体育产业政策评价的内涵、体育产业政策评价的作用、体育产业政策评价的指标、体育产业政策评价的程序。

2.教学重点

（1）体育产业政策的概念。

（2）体育产业政策的功能特点。

（3）体育产业政策的历史沿革。

（4）体育产业政策的制定过程。

（5）体育产业政策的执行评价。

3.教学难点

（1）对于政策的概念和类型的理解掌握以及政策功能定位的认识。

（2）关于政策历史沿革与我国历史背景的联系。

（3）理论联系实际，认识到政策执行的具体措施和社会功能。

三、教学手段与方法

1. 课堂讲授与启发教学结合

课程主要由主讲老师讲授，并辅以适当的课堂讨论。授课老师要做好准备，要经常“提问题”，首先精讲课本的核心内容，然后根据教材的内容，提出一些问题，例如中外体育产业政策发展的比较等，引导学生自主讨论以激发学生的思维，最后再由老师进行总结与解答。

2. 案例教学与讨论教学结合

教师在课前布置案例讨论的主题，要求学生分头搜集与案例有关的资料，思考案例带来的启示，准备课堂讨论；课堂上组织同学进行案例分析、讨论和评价，以加深对理论的认识，增强思维能力、组织能力，运用所学知识来解决问题。

四、思政要点设计和教学过程

本章节的教学内容、知识点及所对应的思政元素设计如表14-1所示。

表14-1　思政要点设计

教学内容	知识点	思政元素
体育产业政策概述	1. 体育产业政策概况 2. 体育产业政策类型 3. 体育产业政策特征 4. 体育产业政策功能 5. 国内外体育产业政策	坚持深化改革开放
体育产业政策制定	1. 体育产业政策制定的概念 2. 体育产业政策制定的过程 3. 体育产业政策制定的基本原则	具体问题具体分析

续 表

教学内容	知识点	思政元素
体育产业政策执行	1.体育产业政策执行的概念 2.体育产业政策执行的原则 3.体育产业政策执行的措施	中国特色社会主义制度
体育产业政策评价	1.体育产业政策评价的内涵 2.体育产业政策评价的作用 3.体育产业政策评价的指标 4.体育产业政策评价的程序	坚持系统观念

（一）体育产业政策概述

1.体育产业政策概况

（1）产业政策：产业政策的产生由来已久，可以追溯到17世纪英国的贸易保护和产业保护政策。1986年，“产业政策”一词正式出现在我国的《中华人民共和国国民经济和社会发展第七个五年计划》中，在第二部分以“产业结构和产业政策”提出。之后，产业政策在我国越来越为人们所熟悉和重视。

（2）体育产业政策：体育产业作为一种特殊的产业业态，属于国家新兴战略产业，与其他产业具有一些共性，其发展离不开产业政策的作用。体育产业政策是政府为了体育产业的整体发展和长远利益，遵循产业结构演进的一般规律和一定时期内变化趋势，通过对体育产业资源的配置而实施的以影响体育产业的结构、行为及绩效为目的的一种产业政策。

2.体育产业政策的类型

（1）体育产业结构政策：体育产业结构政策是政府依据一定时期内体育产业结构的现状，遵循产业结构演进的一般规律，规划体育产业结构的目标，并分阶段确定重点发展的战略产业，撤让衰退产业，实现资源的重点配置，促进体育产业结构合理化和高度化的手段。

（2）体育产业组织政策：体育产业组织政策是政府为了使体育产业达

到理想的市场绩效状态，采取的直接或间接干预市场结构或市场行为，调节企业间竞争关系的政策总和。

（3）体育产业技术政策：产业技术政策是指政府通过技术开发、技术创新、技术引进等手段，选择符合并能够推进产业和结构高度化的产业技术结构的措施总和。

（4）体育产业布局政策：产业布局是产业在一定地域空间上的分布和组合。体育产业布局政策就是在全国体育产业总体布局的前提下，规划和引导体育产业空间分布，充分发挥地区优势，使体育资源配置在空间上达到最优效率的状态。

3. 体育产业政策特征

（1）动态性：体育产业政策的动态性是指产业政策所面对的各种政策问题常常处于变动之中。

（2）前瞻性：产业政策是政府为了其全局和长远利益而主动干预产业活动的各种政策的总和，是对未来发展的一种谋划。

（3）指向性：不同于财政政策、货币政策以需求总量调整为主要特征，产业政策总是着眼于产品和服务供给能力的提高以及供给结构的改善，常被学术界称为“供给指向性”经济政策。

（4）系统性：体育产业政策是一个相互配合、相互协调的大系统，政策的完整性要求各个部门之间、各项政策之间、宏观微观政策之间衔接统一，配套协调。

4. 体育产业政策的功能

（1）弥补市场失灵：市场机制完善的发达国家，在其经济发展中由于市场存在信息性失灵、垄断性失灵、外部性失灵、公共性失灵等“市场失灵”问题，尚需政府行为对资源进行配置。

（2）扶持幼小产业：我国体育产业于20世纪80年代开始起步，经过近40年的发展，体育产业的规模不断壮大，并初步成为我国经济新的增长点。但总体上看，我国体育产业仍然处在发展期，与发达国家的体育产业相比差距甚大。

（3）培育主导产业：主导产业的选择与培育是实施产业政策的一大战略目标。体育产业政策可以根据体育产业内部发展不平衡，主导产业扩散效应不强，支柱产业的支撑作用不突出，瓶颈产业依旧制约体育产业发展等实际情况，通过对体育产业各部门发展序列的安排和结构政策的制定与实施，有效地支持未来主导产业和支柱产业的发展。

（4）提升国际竞争力：发展中国家所面临的发达的外在参照系和贫弱的内在现实，客观地规定了其经济发展具有明显的赶超性质。要想与世界接轨，我国经济发展必须要有“赶超性”。我国体育产业被誉为朝阳产业，是充满希望的新兴产业，需要政府出台扶持政策，借助政府的强制力量来保护和促进其发展，提高我国体育产业的国际竞争力。

5.国内外体育产业政策

（1）国外体育产业政策：美国、日本、英国的体育产业政策。

（2）我国体育产业政策沿革：从十一届三中全会后到现在的政策发展。

（二）体育产业政策的制定

1.体育产业政策制定的概念

体育产业政策的制定在整个政策运行过程中居于核心的地位，唯有事前进行良好的政策规划与设计，得到一个可以为社会所接受的可行性方案，政策过程才能进展顺利，政策运行才能确保成功。体育产业政策的制定是政策决策者根据面临的问题，提出解决方案，并使其转化为政策规定的过程。体育产业政策的制定必须遵循科学的程序，运用科学的方法，以保证政策制定的科学性和合理性。

2.体育产业政策制定的过程

（1）政策目标的确定：体育产业政策目标是政策制定的主要内容，是制定者凭借决策手段所要取得的成效，是政策的出发点和归宿。确定正确的政策目标在政策制定中具有非常重要的作用，政策目标的确定也为政策执行和评估提供了基本依据。

（2）政策方案的设计：政策方案的设计是围绕政策目标所采取的、以实现政策目标为目的而进行的设计、谋划、拟定解决方案的活动过程，是寻求解决政策问题的方法与途径。

（3）政策的合法化：政策合法化是指法定的政策主体为使特定的政策方案获得合法化基础和地位，依照法定的权限和程序对政策方案予以审议、批准，将其转化为正式政策，以获得社会和公众认同并遵循的行为过程。政策的合法化是政策制定过程的重要阶段，也是政策执行的前提。

3.体育产业政策制定的基本原则

（1）系统性原则：《国家体育产业统计分类》将体育产业划分为11个大类、37个中类、52个小类，涉及不同领域和层次的问题，同时强调了体育与文化、教育、旅游、健康、传媒、信息、金融等产业的融合性。这就要求政策的制定过程必须遵循系统性原则，以全局为着眼点，在努力解决单一业态发展的同时，兼顾其他业态的发展，以期形成合力，展现政策的整体效益。在政策制定运行的过程中，还需注意与执行、评估等其他组成部分之间的衔接，体现政策的系统性。

（2）基于国情原则：国情是一个国家在特定历史时期中的政治、经济、文化、社会等方面的基本情况。体育产业发展应从现实国情出发，顺应经济、社会发展的要求，在历史的宏观背景下把握体育产业发展的问题。这是体育产业政策制定的基本原则。偏离这项原则会导致对政策制定产生模糊认识，难以制定出符合实际现状、解决现实问题的政策。

（3）民主参与原则：政策的制定过程中，尤其是政策备选方案的设计与论证过程，必须坚持民主参与的原则，听取社会各方的意见和建议，尤其是政策执行主体、执行对象、专家智囊的意见和建议。只有在不同见解的冲突、讨论和交锋过程中，才能作出明智的判断和选择。

（三）体育产业政策的执行

1.体育产业政策执行的概念

体育产业政策执行是将政策理想转化为政策现实、政策目标转换为政策效益的唯一途径。体育产业政策执行是体育产业政策运行的关键环节，没有有效的政策执行，构思再完美、设计再精致的政策方案也只能是一纸空文。

2.体育产业政策执行的原则

（1）严肃性：体育产业政策是具有合法性、权威性的行为规范。在执行体育产业政策时必须保持政策的严肃性，遵循政策的精神实质，严格按照政策规定的要求去做，不折不扣地实现政策目标。

（2）创造性：创造性原则要求政策执行者把政策的原则性和灵活性统一起来，在不违背政策原则和保持政策方向的前提下，坚持从实际出发，因时、因地、因事制宜，积极、主动并有创造性地执行政策。

（3）协调性：体育产业政策执行是一项非常复杂的管理活动，需要不同的机构和人员的共同参与、密切配合，需要调动并利用人力、财力、物力、时间、信息等多种资源，需要综合使用行政、法律、经济等各种手段，从而保证整个执行系统的协调运转。

（4）反馈性：反馈性原则也是体育产业政策执行的一条重要原则。在体育产业政策执行的过程中，当主客观情况发生了重大变化，或是发现原有政策本身存在问题，就必须及时进行信息反馈，对原有政策进行重新决策，重新审查目标、重新拟定方案，及时采取相应措施纠正偏差，以保证整个执行活动的顺利进行。

3.体育产业政策执行的措施

（1）直接措施：主要是指运用行政管理的手段对体育产业活动进行干预，具有权威性、强制性、垂直性、具体性、非经济利益性等特点。

（2）间接措施：是通过税收、补贴、信贷等财政金融手段，间接影响生产者或消费者行为，进而调整体育产业结构，促进体育产业的发展。其中包括财政措施、金融措施、税收措施。

（3）其他措施：包括信息指导、说服引导、技术手段。

（四）体育产业政策的评价

1. 体育产业政策评价的内涵

体育产业政策评价是在全面掌握信息的前提下，依据一定标准对某项产业的政策效果、政策效益、政策效应进行度量、分析和评价。在政策执行完成后，需要对政策方案及其执行绩效进行科学、客观、系统、全面的评价。

2. 体育产业政策评价的作用

对政策作出实事求是的评价是政策运行机制完善化和科学化的根本途径，对于科学地总结和分析政策实践中的经验教训，有效地发挥政策效力具有积极的作用。

3. 体育产业政策评价的指标

产业政策评价是产业政策合理性与产业政策执行方式有效性的综合表现。因此，评价产业政策的绩效，实际上是通过产业政策的实施结果，判断产业政策的合理性程度和产业政策执行方式的有效性程度。对产业政策的评价，是在它与市场机制自发作用的比较基础上形成的。

4. 体育产业政策评价的程序

首先，周密的组织准备是体育产业政策绩效评价工作的基础和起点，是评价工作得以顺利进行和取得成功的前提。其次，评价的实施是整个政策评价活动中最为重要的阶段，主要任务是通过各种调查手段广泛搜集政策信息，选用合适的评价方法，对照标准进行评价，并作出评价结论。最后，对产业政策的效果进行客观性描述，作出价值判断，并对评价工作进行总结，提出政策建议。

第三节　体育产业政策案例教学设计

案例一　国家体育总局上线体育领域助企纾困政策专栏

一、案例描述

2019年以来全球疫情反复不断，世界经济陷入衰退，不稳定不确定因素显著增多，体育产业受到了很大的影响。而中小体育企业是体育产业这个宏观概念下的微观组成成分，其量大面广，涉及体育市场中的各个领域，很大程度反映了我国经济多样化、分散化的内在需求。中小体育企业作为体育产业发展的重要力量、体育市场竞争机制的全面参与者，中小体育企业发展的好坏也成了体育产业发展的晴雨表，是体育产业助推我国经济的内在动力。所以，为了稳住体育产业市场主体的发展，党中央、国务院始终高度重视中小体育企业工作，陆续出台了一揽子支持中小企业发展的政策措施。但是中小体育企业的经营者很难抽出精力研究适合自己企业的政策，针对这一情况，国家体育总局官网上线“体育领域助企纾困政策专栏”，以方便体育企业、从业者查阅相关政策，申请相关政策扶持。该专栏系统性地分为“国务院政策”“国务院相关部门政策”“省（区、市）、计划单列市政策”和“体育部门政策”四大类，共计300余项，并在不断扩充更新，此外，还专门单列了体育总局、各省市体育局的体育企业纾困政策。“体育领域助企纾困政策专栏”将为中小体育企业提供更为便利的发展环境和支持。该专栏旨在通过政策解读、经验分享、专家咨询等方式，帮助中小体育企业解决实际问题，促进企业发展壮大。同时，专栏还将整合各方资源，搭建交流平台，让企业之间互相学习、合作共赢，推动整个体育产业的健康发展。

资料来源：国家体育总局官网助企纾困专栏，https://www.sport.gov.cn/，有改动。

二、案例的思政元素

1.就业优先的政策导向

就业是民生之基、财富之源。党的二十大报告指出："强化就业优先政策，健全就业促进机制，促进高质量充分就业。健全就业公共服务体系，完善重点群体就业支持体系，加强困难群体就业兜底帮扶。"①2023年政府工作报告中强调："强化就业优先政策导向。把稳就业作为经济运行在合理区间的关键指标。着力促进市场化社会化就业，加大对企业稳岗扩岗支持力度。"②

稳住市场主体，才能稳住民生基本盘，才能稳住就业和创业，才能稳住产业链和供应链，才能实现经济稳中求进。目前中国市场主体超过1亿户，各类市场主体既是国民经济发展的主要力量，也是承载居民就业的主要领域。体育市场主体是体育产业经济运行的基本单位，其中不仅包括所有的体育企业和微观个体，还包括营利或非营利性的组织机构，而这些市场主体正是我国经济活动的主要参与者和就业机会的主要提供者，在国家发展中发挥着十分重要的作用。国家体育总局上线助企纾困政策专栏有助于稳住体育市场主体，发挥体育产业的吸纳就业功能，贯彻了我国的就业优先政策导向，也健全了体育产业公共服务体系，助力体育产业健康发展。

2.坚持全心全意为人民服务

2022年10月22日通过的最新版本的《中国共产党章程》提道："坚持全心全意为人民服务……党在任何时候都把群众利益放在第一位，同群众

①习近平.高举中国特色社会主义伟大旗帜　为全面建设社会主义现代化国家而团结奋斗：在中国共产党第二十次全国代表大会上的报告[M].北京：人民出版社，2022：47.

② 中国政府网.2023政府工作报告[EB/OL].(2023-03-05)[2023-05-24].https://www.gov.cn/zhuanti/2023lhzfgzbg/.

同甘共苦，保持最密切的联系，坚持权为民所用、情为民所系、利为民所谋，不允许任何党员脱离群众，凌驾于群众之上。”[①]而国家体育总局上线体育领域助企纾困政策专栏正是我们党中央关爱人民群众，时刻为人民着想的良好体现。

国家体育总局上线体育领域助企纾困政策专栏，打通了政策落实的最后一公里，恰如其分地体现了党中央对人民群众的关怀，并时刻以人民的利益为重。这一举措不仅为体育领域的企业提供了有力支持和帮助，也彰显了我们党对于人民群众的负责任态度。这是全心全意为人民服务宗旨的生动实践，为切实解决人民群众问题创造了良好的示范。专栏将进一步加强党中央对体育产业的关注和支持，为中小体育企业创造更加有利的经营环境，助力其克服困难，实现良性发展。在党的领导下，国家体育总局不断提供更全面、高效的政策服务，为体育企业的发展贡献力量，进一步推动人民群众的健康生活，增进全体人民的幸福。

三、案例使用说明

（一）教学用途与教学目标

1.教学用途

本案例适用于体育产业课程中“体育产业政策”知识点的教学和研讨。

2.教学目标

（1）知识层面。

理解体育产业政策相关理论和体育产业政策的制定流程，了解体育产业政策影响体育产业的流程。

（2）能力层面。

培养学生的理论联系实际的思考问题的方法。通过对案例的讲解，学生

① 中国共产党章程[EB/OL].(2022-10-26)[2023-07-15].https://www.12371.cn/special/zggcdzc/zggcdzcqw/.

更加系统了解体育产业政策的施策流程，直观感受当下市场主体的难点痛点，进一步理解体育产业政策的重要性。

（3）素质层面。

该案例不仅能使学生更好地了解产业政策的功能效果和执行手段，也能让学生感受到当下我国政府对民生的关注，不断更新行政手段并推出各种便民服务。学生不仅能深刻感受到国家对于人民群众的关心与支持，还能够培养自己的爱国情怀。

（二）案例讨论的准备工作

（1）学生预习本节知识，对体育产业政策的基本概念有所了解。

（2）布置学生登录国家体育总局官网的助企纾困政策专栏浏览并思考。

（三）案例分析要点

1.启发思考题

（1）除了网站集合政策的专栏形式，还有什么形式的政策宣传可以让企业了解到相关政策？

（2）从平台找一条产业政策文件为样本，分析其中有哪些促进体育产业发展的优惠措施。

2.教学组织安排

案例的教学组织安排如表14–2所示。

表14–2　教学组织安排

学习阶段	学习内容	时间限制	学习目标
课前	预习本章节内容	提前3天	了解章节内容
课中	教师介绍本章知识点	20分钟	进一步熟悉章节内容，了解案例背景
	教师介绍体育产业政策的概念、特点和作用	20分钟	掌握体育产业政策的基本知识

续 表

学习阶段	学习内容	时间限制	学习目标
课中	围绕专业知识讲解思政元素并进行归纳总结,引导学生思考,使思政元素能够内化于学生内心	20分钟	结合专业知识思考现实问题,理论联系实际
	分小组围绕此案例进行讨论,并依次进行简短发言	20分钟	学会独立思考,表达自己的想法
	进行归纳总结	10分钟	
课后	布置学生搜集其他资料,复习课堂内容		加深理解,增强印象

(四)总结

此案例可在体育产业政策功能的教学过程中进行引用。体育产业政策的功能包括弥补市场失灵、扶持幼小企业、培育市场主体和提升国际竞争力。通过学习体育产业可知,“政策因素”是促进体育产业发展的最直接驱动因素,对于企业扶持作用显著,因此体育市场中的各个微观主体都很依赖产业政策。虽然政策功能强大,但是当下依然缺少一个便利的了解政策的平台,据此国家推出了体育领域助企纾困政策专栏,方便更好地发挥产业政策的功能。

案例二　体育总局办公厅印发《关于体育助力稳经济促消费激活力的工作方案》

一、案例描述

为了进一步激发体育消费活力和缓解体育企业的生存困境,2022年7

月7日，国家体育总局办公厅印发《关于体育助力稳经济促消费激活力的工作方案》（以下简称《方案》）。2022年对于体育产业同样是充满了挑战，国内疫情多点散发、国际整体经济下滑、地区冲突导致物价上升以及各种大型赛事延期等多重不利因素进一步阻碍了体育产业的发展。在此背景下，国家及时制定体育产业政策作出应对。此方案从加大体育产品供给和继续帮扶体育企业发展两个方面出台了15条新措施。新《方案》不仅更加注重"顶层设计"，还进一步强化"顶层推动"，确定加大体育产品供给支持的政策，并推出多项重大利好细则。首先是全国线下体育赛事将有序恢复，鼓励符合条件的市场主体承办国家级体育赛事。其次是大力引导体育消费，将体育消费当作促进我国消费高质量发展的重要方向。《中国城市体育消费报告》预计到2025年，我国体育消费规模将增长至2.8万亿，复合增长率超过13%，深圳、上海、广州和杭州人均体育消费将超过4000元，这些数据都意味着体育消费将会迎来报复性增加。最后是全国体育设施建设和体育设施开放迎来提速，体育总局在《方案》中明确，将会同发改委提前启动2023年全民健身设施补短板工程项目资金下达，支持各地加快体育公园、全民健身中心、公共体育场、社会足球场、健身步道、户外运动公共服务设施等体育设施建设进度。

资料来源：体育总局出台体育助力稳经济促消费激活力工作方案，https://www.sport.gov.cn/n20001280/n20745751/c24462296/content.html，有改动。

二、案例的思政元素

1.消费是畅通国内大循环的关键环节

通过此案例可以使学生更好地认识到体育产业政策的作用及其效果。此政策反映了国家对于促进消费的重视。体育产业作为新兴产业，正努力成为促进我国国民经济的新的增长点，而体育消费同样不仅能促进我国国民经济的发展，更能提升我国国民体质，助推健康中国计划的实现。

消费是经济增长的重要引擎，是畅通国内大循环的关键环节，也是人民对美好生活向往的直接体现。消费仍是经济发展的第一拉动力。在现代商品经济中，消费具有双重属性，既能满足消费者自身的需求和对美好生活的向往，也是推动整个产业链创新向前的根本驱动力量。当前我国正在构建以国内大循环为主体、国内国际双循环相互促进的新发展格局。而进一步释放内需潜力，必须高度重视消费的重要作用，在扩大居民消费、提升消费层次等方面切实发力。消费作为拉动我国经济增长的“三驾马车”之一，对于扩大国内市场需求、推动经济社会发展的基础性作用日益凸显。发达国家在人均GDP超过1万美元后，最终消费率普遍在60%以上，消费贡献率普遍在70%至80%。与之相比，我国仍有较大提升空间，必须充分重视消费在经济运行中的“压舱石”地位，用好扩大内需的重要作用。改革开放以来的实践表明，对于我国这样的发展中国家，要用好国内国际两个市场、两种资源，并且不断增强国际竞争力，必须有强大的国内经济循环体系作为基础和支撑。从需求侧看，促进经济增长的因素主要是消费、投资和出口。其中，消费是基础，消费增长可以促进投资和出口增长，消费需求增加在推动消费品生产部门扩大投资的同时，也对生产部门形成新的投资需求。所以，此案例可让学生充分感受到体育产业政策对于体育产业的影响，进一步使学生深刻理解我国当前供给侧改革的重大决策意义和消费对于国民经济的重要程度，从而更好地培育学生大局意识。

2.市场经济制度的优越性

党的二十大报告指出：“构建高水平社会主义市场经济体制。坚持和完善社会主义基本经济制度，毫不动摇巩固和发展公有制经济，毫不动摇鼓励、支持、引导非公有制经济发展，充分发挥市场在资源配置中的决定性作用，更好发挥政府作用……优化民营企业发展环境，依法保护民营企业产权和企业家权益，促进民营经济发展壮大。”①

社会主义市场经济体制是在社会主义条件下国家通过宏观调控使市场在社会资源配置中起决定性作用的经济体制，这种经济制度在所有制结构

①习近平.高举中国特色社会主义伟大旗帜 为全面建设社会主义现代化国家而团结奋斗：在中国共产党第二十次全国代表大会上的报告[M].北京：人民出版社，2022：29.

上，以公有制为主体、多种所有制经济共同发展；在分配制度上，以按劳分配为主体、多种分配方式并存；在宏观调控上，以实现最广大的劳动人民利益为出发点和归宿。而社会主义市场经济体制有以下好处：其一是既能发挥市场经济的长处，又能发挥我国社会主义制度的显著优势。其二是既能调动劳动者和各类市场主体的积极性和创造性，促进效率提高，又能避免两极分化，让全体人民共享发展成果。其三是能够更好发挥政府作用，把人们的当前利益与长远利益、局部利益与整体利益结合起来，发挥集中力量办大事的显著优势，促进经济社会持续健康发展。《关于体育助力稳经济促消费激活力的工作方案》政策的颁布作为政府宏观调控体育市场的一种手段，凸显了我国市场经济制度的优越性。这个政策充分发挥了市场机制在体育产业中的作用，通过多种方式推动体育产业发展，促进消费增长，提高人民群众生活质量。这表明了我国市场经济制度是推动经济发展和社会进步的重要力量，这份工作方案也为体育产业的可持续发展提供了有力支撑。

三、案例使用说明

（一）教学用途与教学目标

1. 教学用途

本案例可以使学生了解具体体育产业政策的内容，通过分析政策文本使学生了解体育产业政策的作用。

2. 教学目标

（1）知识层面。

理解体育产业政策的政策框架、行文逻辑，结合市场现实情况分析其施策依据。

（2）能力层面。

通过案例导入，让学生直观了解政策现状，从体育产业政策的理论知识发散到具体的政策本身，帮助学生形成“理论到实践，实践到理论”的思维方式，帮助学生系统地了解体育产业政策，形成全面、系统地分析问题和解决问题的思维能力。

（3）素质层面。

通过学习具体政策案例，引入宏观层面指导思想，学习党的二十大精神，培养学生的大局意识。

（二）案例讨论的准备工作

（1）提前阅读熟悉《关于体育助力稳经济促消费激活力的工作方案》的政策内容。

（2）布置学生查阅其他相关政策文件，增加体育产业政策的知识储备。

（三）案例分析要点

1. 启发思考题

（1）思考体育消费政策具体是如何促进体育产业发展的。

（2）对比其他产业政策，思考体育产业政策的特点。

2. 教学组织安排

案例的教学组织安排如表14-3所示。

表14-3　教学组织安排

学习阶段	学习内容	时间限制	学习目标
课前	预习本章节内容	提前3天	了解章节内容
课中	教师介绍本章知识点	20分钟	进一步熟悉章节内容，了解案例背景
	教师介绍体育产业政策的发展现状、面临的挑战以及展望	20分钟	掌握体育产业政策的发展现状与规划
	围绕专业知识讲解思政元素并进行归纳总结，引导学生思考，使思政元素能够内化于心	20分钟	结合专业知识思考现实问题，理论联系实际

续　表

学习阶段	学习内容	时间限制	学习目标
课中	分小组围绕此案例进行讨论，并依次进行简短发言	20分钟	学会独立思考，表达自己的想法
	进行归纳总结	10分钟	
课后	布置学生搜集其他资料，复习课堂内容		加深理解，增强印象

（四）总结

此案例可以更直观地展示体育产业政策对于体育产业的影响，引导学生认识到体育产业对于稳定经济和促进消费的现实作用。促进学生将理论与实际相结合，使他们真切感受到政策对体育产业的影响。通过发散思维，学生认识到体育消费如何促进体育产业的发展，进一步理解我国供给侧改革的内涵。

主要参考文献

习近平.高举中国特色社会主义伟大旗帜 为全面建设社会主义现代化国家而团结奋斗:在中国共产党第二十次全国代表大会上的报告[M].北京:人民出版社,2022.

王俊涵,李荣日.新发展格局下体育产业发展理念:价值诉求、现实审视与推进策略[J].体育文化导刊,2022(7):58-64.

刘亮,吕万刚.新时代我国体育产业高质量发展的理论探赜与问题论域[J].北京体育大学学报,2021,44(7):1-8.

金宗强,王璇,姜卫芬.区块链技术应用于体育产业治理的价值、困境与策略[J].体育文化导刊,2022(6):70-76,83.

刘亮,吕万刚,赵晓慧,等.我国体育产业高质量发展的内涵辨识、理论预设与政策意蕴[J].武汉体育学院学报,2022,56(6):55-62.

李乾丙,解毅飞."十四五"时期我国高校体育智库发展的内外环境、使命担当与路径研究[J].山东体育科技,2022,44(1):8-13.

李佳.乐刻:健身是一门性感生意[J].中国企业家,2020(6):105-107.

李广宁.F1中国站大奖赛对长江三角洲经济社会影响之分析[J].北京体育大学学报,2005(5):596-597,605.

朱凯迪,陈涛.5G纾解体育赛事供需矛盾的价值及策略[J].体育文化导刊,2023(8):7-13.

张祝平.论《禅宗少林·音乐大典》的运作模式及其对民族传统体育文化复兴的传播[J].北京体育大学学报,2010,33(10):21-24.

简婕.咪咕北京冬奥会转播:5G赋能体育赛事新视听[J].视听,2022(4):7-9.

王凯,张煜杰,陈明令."双循环"新发展格局下我国体育竞赛表演业生态嬗变与应对[J].体育学研究,2021,35(3):67-74.

闫飞.从《禅宗少林·音乐大典》看中原优秀文化品牌的构建[J].中州学刊,2016(12):87-89.

王健,陈元欣.大型体育场馆运营:理论与实务[M].北京:北京体育大学出版社,2012.

钟天朗.体育服务业导论[M].上海:复旦大学出版社,2008.

董志勇.新发展格局与高质量发展的内在逻辑[J].北京大学学报(哲学社会科学版),2022,59(1):128-136.

项久雨.新发展理念与美好生活[J].马克思主义研究,2021(10):39-47,163-164.

马洪明,马国红.体育场馆社会效益与经济效益关系的研究[J].北京体育大学学报,2009,32(8):41-42,77.

董国民,贾志强,贾必成.我国校园篮球发展机遇、困境及优化路径[J].体育文化导刊,2022(11):97-103.

朱凯迪.实然与应然:竞赛表演与体育传媒共生关系研究[J].成都体育学院学报,2020,46(6):67-73.

赵胜国,王健,邰崇禧.新时代我国青少年体育培训市场监管体系研究:政府主导下多元共治的分析框架[J].体育科学,2022,42(8):21-32.

邹俊峰,陈家起,高奎亭.利益相关者视域下青少年体育技能培训市场协同治理路径研究[J].天津体育学院学报,2021,36(6):682-689.

吕康强,杜熙茹,杨明."十四五"时期我国体育用品制造产业高质量发展的必要性及可行性[J].体育学刊,2021,28(5):36-42.

朱凯迪,鲍明晓.体育产业促进就业:域外经验与本土启示[J].武汉体育学院学报,2019,53(11):10-15.

朱凯迪,朱昭丛,席玉宝.新时代中国体育产业发展核心理念的重构[J].安徽师范大学学报(自然科学版),2019,42(6):603-608.

潘玮,沈克印.体育用品制造业服务化转型:动力结构、内在逻辑与推进思路[J].山东体育学院学报,2022,38(3):45-53.

刘菲,李大勇.如何运用体育营销提升品牌价值[J].生产力研究,2015(7):132-136,161.

王聃.我国体育用品业需求侧与供给侧演化增长的动力机制与实践路径[J].天津体育学院学报,2016,31(6):546-552.

王雪莉,白宫鼎,王鹏.中国体育服务贸易成果、趋势与高质量发展路径研究[J].北京体育大学学报,2021,44(7):9-24.

曹可强,张林.体育产业概论[M].2版.北京:高等教育出版社,2019.

鲍明晓.财富体育论[M].北京:人民体育出版社,2012.

鲍明晓.做大做强项目产业才是发展体育产业的正道[J].环球体育市场,2009(2):13.